甘肃政法大学丝路法律文库系列丛书为甘肃省级一流学科建设特色成果之一。本书的翻译和出版得到了甘肃省教育厅“双一流”科研重点项目(GSSYLXM-07)的支持。

甘肃政法大学丝路法律文库系列丛书

乌兹别克斯坦共和国
法律法规选编

马　凌　薛小花——编

法律出版社
LAW PRESS·CHINA
北京

图书在版编目(CIP)数据

乌兹别克斯坦共和国法律法规选编 / 马凌，薛小花编. -- 北京：法律出版社，2023
(甘肃政法大学丝路法律文库系列丛书)
ISBN 978-7-5197-6876-8

Ⅰ. ①乌… Ⅱ. ①马… ②薛… Ⅲ. ①法律-汇编-乌兹别克 Ⅳ. ①D936.209

中国版本图书馆 CIP 数据核字(2022)第 116825 号

乌兹别克斯坦共和国法律法规选编
WUZIBIEKESITAN GONGHEGUO FALÜ FAGUI XUANBIAN

马 凌 薛小花 编

策划编辑 刘秀丽
责任编辑 刘秀丽
装帧设计 汪奇峰 臧晓飞

出版发行 法律出版社
编辑统筹 法商出版分社
责任校对 王 丰
责任印制 胡晓雅
经 销 新华书店

开本 710 毫米×1000 毫米 1/16
印张 15.75 **字数** 229 千
版本 2023 年 6 月第 1 版
印次 2023 年 6 月第 1 次印刷
印刷 唐山玺诚印务有限公司

地址：北京市丰台区莲花池西里 7 号(100073)
网址：www.lawpress.com.cn
投稿邮箱：info@lawpress.com.cn
举报盗版邮箱：jbwq@lawpress.com.cn

销售电话：010-83938349
客服电话：010-83938350
咨询电话：010-63939796

书号：ISBN 978-7-5197-6876-8 **定价**：68.00 元
凡购买本社图书，如有印装错误，我社负责退换。电话：010-83938349

Preface 序

自2013年中国国家主席习近平在出访中亚和东南亚国家期间提出“一带一路”倡议以来，“一带一路”建设已成为全球经济发展的重要推动力，其制度建设和发展模式为世界瞩目，被视为全球经济治理的重要组成部分。为确保“一带一路”建设的长期、稳定、健康发展，我国一直努力构建科学的法治保障体系和涉外法治人才培养体系，并在许多方面已取得了一系列的成就。然而“一带一路”沿线国家、地区和国际组织众多，并具有不同的文化、宗教信仰，不同的法律规定与习惯，这增加了法律事务服务的复杂性，需要克服的困难重重。了解“一带一路”沿线国家法律制度的基本情况，是形成多元化法治合作机制、构建“一带一路”法治合作共同体的重要前提。甘肃政法大学积极响应国家政策，并发挥学校地域、学科优势特色，整合校内外资源，共同致力于“一带一路”沿线国家法律制度研究。

甘肃政法大学丝路法律文库系列丛书正是在此背景下应运而生的，系统地开展“丝绸之路经济带”高质量发展的法治保障相关研究。首批丛书着眼于中亚五国的法律法规，所收录的法律法规均围绕中国与中亚五国重点合作领域，主要包括出入境管理、贸易投资、能源环境、知识产权、商事仲裁、人文教育等领域的最新法律法规。系统梳理和编译中亚国家的重点领域法律法规对于中国公民和企业熟悉相关国家法律制度，进而防范风险、解决纠纷不可或缺，对于中国和中亚国家间的人文交流畅通无阻具有重要意义。

众所周知，中亚国家法律法规修改比较频繁，在编译过程中，一些法律法规一修再修，导致丛书稿件也一再修订，也使丛书的出版一再拖延。本丛书的作者——甘肃政法大学涉外法治学院的教师，基于法学学科背景、凭借多种语言优势以及多年的中亚国家区域国别研究的知识积累，力求所编译的法律法规在文字表达上能够尽可能还原中亚国家法律的原义。丛书编译过程中还专门邀请了国内外俄罗斯和中亚国家法律专家对所有编译的条文反复审定，以保障编译的准确性。但受资料、语言和能力等各方面所限，丛书的编译不可避免地存在疏漏和不足，诚请读者指正。

独行快，众行远。法治合作交流是共建“一带一路”共同体的主要方式之一。甘肃政法大学为贯彻实施学校“十四五”发展规划，建设“丝绸之路经济带”沿线国家有较高知名度的高水平政法大学，一直高度重视区域国别法治研究工作，不断提升学校的法治合作国际化水平。希望参与本系列丛书编著的国内外机构携手推动区域国别法治合作交流，构建互知互信、互帮互助、互学互鉴的“一带一路”法治合作共同体，共创法治发展新篇章！

焦盛荣

2023 年 5 月于甘肃政法大学

Preface 前　言

乌兹别克斯坦共和国地处中亚腹地,历史文化悠久,是我国“一带一路”倡议的参与国。1991 年独立之初,乌兹别克斯坦共和国首任总统卡里莫夫提出打造“乌兹别克斯坦共和国发展模式”的“五项原则”:经济优先、国家调控、法律至上、循序渐进和社会保障。独立以来,一直延续“强总统、弱总理、象征性议会”的政治格局。其自然资源丰富,盛产“四金”——黄金、“白金”(棉花)、“乌金”(石油)、“蓝金”(天然气),所涉产业均是国民经济主要支柱产业。

乌兹别克斯坦共和国政治体制的特点是保持秩序、权威主义、控制较严和坚持政权的世俗性质。根据其《宪法》规定,乌兹别克斯坦共和国是主权、民主国家,实行立法、行政、司法分立;总统为国家元首、武装部队最高统帅,经济以多种所有制为基础。议会是行使立法权的国家最高代表机关,乌兹别克斯坦共和国议会为两院制,由最高议会参议院(上院)和最高议会下议院(下院)组成。其政府又称内阁,由乌兹别克斯坦共和国总理、副总理、各部部长及各国家委员会主席组成。乌兹别克斯坦共和国司法权由法院和检察机关行使。

独立以来,乌兹别克斯坦共和国营商环境逐步改善,根据世界银行《2020 年营商环境报告》,在全球 190 个经济体中,乌兹别克斯坦共和国营商环境便利度排名第 69 位。俄罗斯与中国是乌兹别克斯坦共和国最主要贸易伙伴，其中中国是乌兹别克斯坦共和国主要投资来源国，投资额达 90 亿美元。同时，中国为乌兹别克斯坦共和国最大债权国，中国所持债权占乌兹别克斯坦共和国主权外债的 16.4%，其最大债权机构为亚洲开发银行，债权额为 40 亿美元。

乌兹别克斯坦共和国法律法规虽然相对健全，但缺乏实施细则，某些方面缺乏可操作性，执法者自由裁量权较大，易出现权力“寻租”现象。执法不能实现全国统一，且朝令夕改，人事调动频繁，政策缺乏延续性，投资者很难把握未来政策调整趋势。

本书整理了我国学者与中国投资者关注的部分乌兹别克斯坦共和国法律法规，分为六编，分别为乌兹别克斯坦共和国国际条约法、乌兹别克斯坦共和国劳动保护与劳务移民法律法规选编、乌兹别克斯坦共和国商事和经济法律法规选编、乌兹别克斯坦共和国投资与贸易相关立法、乌兹别克斯坦共和国环境保护与矿产资源法及乌兹别克斯坦共和国知识产权法律选编。选择此六编的初衷在于，首先，中乌两国签署了一系列涉及贸易、投资、环境保护等方面的双边条约，随着“一带一路”建设的推进，未来中乌两国将继续在以上各领域精耕细作，了解其国际条约法也势在必行。其次，伴随中国企业在乌兹别克斯坦共和国建设工程的增多，必须重视中国劳务人员在乌兹别克斯坦共和国的利益保护。据我国商务部统计，2019 年中国企业在乌兹别克斯坦共和国新签承包工程合同 237 份，累计派出各类劳务人员 3947 人。再者，中国是乌兹别克斯坦共和国第一大贸易伙伴、第一大进口来源国、第一大出口目的国和最主要投资来源国，截至 2020 年 5 月 1 日，在乌兹别克斯坦共和国注册的中资企业达 1701 家，熟悉乌兹别克斯坦共和国的商经、投资与贸易立法极其必要。最后，中国在乌兹别克斯坦共和国从事投资和经济技术合作的主要行业为能源、基础设施建设、化工、电子、轻工、建材、食品等，对于该国的环境保护以及矿产资源立法不可忽视。

本书的特色为：首先，在深入研究各项法律制度的基础上，将各编的立法简要概括，帮助读者直观地了解乌兹别克斯坦共和国相关立法的内容及特点；其次，完整呈现法律文本全文，为参与乌兹别克斯坦共和国经贸活动的中方企业、个人提供法律支持，并为研究乌兹别克斯坦共和国相关法律法规的学者提供原始资料。由于编者能力有限，不足之处望各位读者指正。

目　录

Contents

Part 1

第一编 乌兹别克斯坦共和国国际条约法

第一节 概　　述

乌兹别克斯坦共和国对外方针是巩固国家独立、维护国家安全与稳定、发展经贸和交通合作、提高在地区和国际上的地位。乌兹别克斯坦共和国奉行独立和平衡的外交政策，以周边国家和大国为重点，视维护国家安全和争取外部经济援助为首要任务。其重视同俄罗斯、美国以及中国的关系，积极发挥其地缘优势，尽可能均衡与各方的关系。目前，共有134个国家同乌兹别克斯坦共和国建交，乌兹别克斯坦共和国是联合国、独联体、欧洲安全与合作组织、伊斯兰会议组织、不结盟运动、上海合作组织、中亚合作组织等国家和地区组织成员，且已加入国际货币基金组织、世界银行、欧洲复兴开发银行、亚洲开发银行、伊斯兰银行、亚洲基础设施投资银行等国际金融组织。

《乌兹别克斯坦共和国国际条约法》内容全面，职责明确。全文共6章，56条，包括总则，国际条约的缔结程序，国际条约的发布、登记和保存，国际条约的执行，国际条约的失效、中止或终止以及国际条约的解释、新旧条约冲突解决条款、条约的保留在内的最后条款。根据该法规定，宪法的效力高于国际条约，国际条约的效力高于法律、行政法规，对于与国际条约不相符的行政法规由内阁负责删除或修改。国内法与国际条约关系适用二元论，国际条约的适用分为直接适用与转化制，例如投资等商事领域国际条约优先，对于本国国内法尚未规定的事项，直接适用条约。外交部负责国际条约的缔结、解释以及监督执行。除外交部之外，总统与相关行政部门亦有权缔结条约。

《乌兹别克斯坦共和国国际条约法》较为完整，体例基本参照《维也纳条约法公约》。首先，条约用语明确，明晰了签约主体以及签约各环节中涉及的法律行为，为日后权利义务的确定作出规范。根据该法规定，乌国确认的国际条约包含国家间、政府间以及政府部门间三类条约。其次，该法对加入条约的前期论证有诸多规定，包括提案、说明以及专家论证。其他有关签订程序以及条约的保留、推出等规定与《维也纳条约法公约》基本一致。整体来说，该法中规中矩，与国际通行做法一致。

中国是乌兹别克斯坦共和国的第一大贸易国、第一大债权国，双方在经贸方面有诸多合作，并且在此方面也签订了若干协定，包括《关于鼓励和相互保护投资协定》(1992 年)、《关于促进和保护投资的协定》(2011 年修订)、《关于对所得避免双重征税和防止偷漏税的协定》(1996 年)、《关于修订 1996 年 7 月 3 日签订的〈中华人民共和国政府和乌兹别克斯坦共和国政府关于对所得避免双重征税和防止偷漏税的协定〉的议定书》(2011 年)、《经济贸易协定》(1992 年)、《关于建立中乌政府间经贸合作委员会的协定》(1992 年)、《关于扩大经贸、投资和金融合作的备忘录》(2004 年)、《政府间非资源和高科技领域合作规划》(2010 年)、《关于成立中乌政府间合作委员会的协定》(2011 年)、《中国商务部与乌兹别克斯坦外经贸部关于投资合作的谅解备忘录》(2016 年)、《中国商务部与乌兹别克斯坦外经贸部关于大宗商品贸易合作的谅解备忘录》(2016 年)、《中国商务部与乌兹别克斯坦国家投资委员会关于加强基础设施建设合作的谅解备忘录》(2017 年)、《中国商务部与乌兹别克斯坦对外贸易部关于促进中小企业合作的谅解备忘录》(2017 年)、《中国商务部与乌兹别克斯坦投资和外贸部关于电子商务合作的谅解备忘录》(2019 年)、《中国商务部与乌兹别克斯坦投资和外贸部关于建立投资合作工作组的谅解备忘录》(2019 年)等。

第二节　法律文本

乌兹别克斯坦共和国国际条约法

2018 年 11 月 22 日由立法院通过

2018 年 12 月 13 日由参议院批准

塔什干市

2019 年 2 月 6 日

乌兹别克斯坦第 518 号法律

（国家法律数据库,2019 年 2 月 7 日,第 03/19/518/2589 号）

第一章　总　　则

第 1 条　本法的目的

该法旨在规范乌兹别克斯坦共和国缔结、执行、中止和终止国际条约方面的关系。

第 2 条　相关立法

乌兹别克斯坦共和国的国际条约立法由本法和其他国际性文件组成。

乌兹别克斯坦共和国国际条约根据一般国际法原则和规范、《乌兹别克斯坦共和国宪法》以及本法和国际条约本身的规定缔结、执行、中止和终止其效力。

乌兹别克斯坦共和国国内法未规定的内容,以国际条约为准。

第 3 条　乌兹别克斯坦共和国批准的国际条约以及一般国际法原则和国际法规范是乌兹别克斯坦共和国法律体系的组成部分。

第4条 用语

就适用本法而言：

缔约方——一国(多国)、一个国际组织(多个国际组织)和(或)另一实体(其他多个实体)拥有(享有)缔结国际条约的权利,作为一项国际条约的独立缔约方,表示同意受本国际协定的约束,不论该协定是否生效;

授权——一人或数人代表乌兹别克斯坦共和国的权利,根据乌兹别克斯坦共和国主管当局(官员)的决定行使,并通过交给参加谈判的一方或保存人的权力证书予以适当执行,目的是:

谈判并正式通过国际条约的案文或确定其真实性;

签署国际条约;

表示乌兹别克斯坦共和国同意接受国际条约的约束;

实施与国际条约有关的另一行为;

国家机构——乌兹别克斯坦共和国国家委员会,以及根据乌兹别克斯坦共和国立法,有权缔结国际条约的乌兹别克斯坦共和国另一机构;

退出——正式拒绝乌兹别克斯坦共和国缔结的国际条约,是终止乌兹别克斯坦共和国国际协定的途径之一;

保存人——国家、国际组织或其首席执行官,按照国际条约的规定,将本国际条约的原件交存该国、该国际组织或其首席执行官,并就国际条约履行本国际条约和国际法规定的职能;

参加谈判的一方——一个国家、一个国际组织和(或)另一个有权缔结国际条约的实体,参与起草和通过国际条约的案文;

批准文书——一份特别文件,证明乌兹别克斯坦共和国议会两院审议了国际条约,并表示同意受乌兹别克斯坦共和国国际条约的约束;

国际组织——一个国家间(政府间)组织,根据该组织的组织法,为执行某些国际性质的任务而成立,具有国际法人资格;

国际条约缔约方——有权以国际条约独立缔约方的身份缔结国际条约的国家、国际组织和(或)另一实体,同意受国际条约约束,且国际条约已对其生效;

乌兹别克斯坦共和国国际条约——乌兹别克斯坦共和国与有权缔结国际条约的国家、国际组织或其他实体以书面形式缔结的、受国际法管辖的国际协定,不论其是否载于一份、两份或多份相互关联的文件,也不论其具体名称和缔结方法(如合同、协定、公约、法令、契约、议定书、换文或照会以及缔结国际条约的其他名称和方法);

签署国际条约——缔结国际条约的阶段,或国际条约规定条约的签署具有效力的情况下,乌兹别克斯坦共和国表示同意接受国际条约约束的一种形式,或乌兹别克斯坦共和国与参加谈判的其他各方达成协议,规定条约的签署应具有此种效力,或使条约的签署具有此种效力的意图来自该方参加谈判的代表的权力,或在谈判期间表达的权力;

缔结国际条约——形成国际条约内容、通过其案文和表示乌兹别克斯坦共和国同意受国际条约约束的一系列程序;

特别条款——乌兹别克斯坦共和国在签署、批准、核准、接受或加入一项国际条约时以任何形式和任何名义发表的单方面正式书面声明,声明中表示希望排除或改变国际条约某些条款在适用于乌兹别克斯坦共和国时的法律效力。

第5条　语言

乌兹别克斯坦共和国的国家语言和缔约另一方的语言具有同等效力。

经与另一缔约方协议,乌兹别克斯坦共和国国际条约的语言可选用另一种语言。本条约案文指明了起草国际条约案文的语言,并由本条约案文确定其真实性和官方性。

第6条　与有权缔结国际条约的外国、国际组织和其他实体的关系

乌兹别克斯坦共和国外交部负责与有权缔结、中止和终止乌兹别克斯坦共和国国际条约的外国、国际组织和其他实体的关系。

第二章　程　　序

第7条　缔结国际条约的权利

乌兹别克斯坦共和国缔结国际条约的权利属于国家。

包括以下形式:

乌兹别克斯坦共和国——国家间条约；

乌兹别克斯坦共和国政府——政府间协定；

在其职权范围内的国家机关——部门间协议。

第8条 关于开始对国际条约草案或乌兹别克斯坦共和国是否适宜加入多边国际条约的问题进行专家研究的倡议提案

在与乌兹别克斯坦共和国外交部达成一致的情况下，国家机构可就其职权范围内的问题提出建议，开始对国际条约草案或乌兹别克斯坦共和国是否适宜加入多边国际条约问题进行专家研究。

在某些情况下，国家机构可根据乌兹别克斯坦共和国外交部的建议，向乌兹别克斯坦共和国内阁或乌兹别克斯坦共和国总统提交倡议提案，就开始进行专家研究作出决定。

下列材料以官方语言随附在倡议提案后，如有必要，可翻译成其他语言：

(1)乌兹别克斯坦共和国拟加入的国际条约初稿、多边国际条约案文、或其主要条款；

(2)国际条约草案或多边国际条约的随附文件；

(3)符合本法第9条要求的解释性说明。

第9条 关于国际条约草案或乌兹别克斯坦共和国是否适宜加入多边国际条约问题的解释性说明

对国际条约草案或乌兹别克斯坦共和国是否适宜加入多边国际条约问题的解释性说明应包括：

(1)为证实乌兹别克斯坦共和国缔结一项国际条约的可行性和实际意义的资料，包括关于缔结条约预期结果的详细资料，以及需要通过缔结国际条约来解决问题的资料；

(2)关于在缔结国际条约时须予以通过、修正、增加和(或)承认为无效的管制法律的资料；

(3)如有必要，评估缔结国际条约可能产生的财政、经济或其他后果。

解释性说明由主管国际条约所涉问题的国家机构进行编写，并由该机构负责人签署(在缺席时由其第一副手签署)。

第 10 条　关于国际条约草案或乌兹别克斯坦共和国是否适宜加入多边国际条约问题的专家研究

专家研究由主管国际条约所涉问题的国家机构、有关国家机构以及乌兹别克斯坦共和国外交部共同进行。

乌兹别克斯坦共和国司法部对乌兹别克斯坦共和国打算加入的国际条约草案或多边国际条约案文进行法律审查，以确保符合乌兹别克斯坦共和国的立法。

如有必要，在专家研究过程中，可由有关国家机构的代表、专家和独立专家组成部门间工作组，起草和审议国际条约草案，或讨论乌兹别克斯坦共和国加入多边国际条约的可行性。

如果一项国际条约所涉及的问题属于两个或两个以上国家机构的职权范围，则应将所有提案汇总，最后确定国际条约草案，并以国家语言或必要时以另一种语言编写案文，以及由乌兹别克斯坦共和国总统或乌兹别克斯坦共和国内阁根据乌兹别克斯坦共和国外交部的建议确定的一个国家机构对乌兹别克斯坦共和国加入多边国际条约的权宜问题进行专家研究。

根据专家研究的结果，乌兹别克斯坦共和国打算加入的国际条约草案或多边国际条约案文，按照本法第 11 条规定的方式提交乌兹别克斯坦共和国外交部进行法律审查。

经乌兹别克斯坦共和国外交部的法律审查，国际条约草案或乌兹别克斯坦共和国是否适宜加入多边国际条约的问题，应按照本法第 13 条规定的方式，提交给乌兹别克斯坦共和国总统或乌兹别克斯坦共和国内阁。

在得到乌兹别克斯坦共和国总统或乌兹别克斯坦共和国内阁的肯定决定后，与外国缔约方进一步研究国际条约草案或乌兹别克斯坦共和国加入多边国际条约的问题。

主管国际条约所涉问题的国家机构负责人，负责起草国际条约草案或参与乌兹别克斯坦共和国加入多边国际条约问题的专家研究的全过程。

第 11 条　法律审查

乌兹别克斯坦共和国拟加入的国际条约草案或多边国际条约案文，经专家研究后,须由乌兹别克斯坦共和国外交部进行强制性法律审查。

在法律审查期间,检查乌兹别克斯坦共和国拟加入的国际条约草案或多边国际条约案文是否遵守下列情况:

(1)公认的国际法原则和规范;

(2)乌兹别克斯坦共和国其他国际条约规定的国际义务;

(3)乌兹别克斯坦共和国在外交政策领域的立法;

(4)法律技术要求和乌兹别克斯坦共和国国际条约的实践。

为进行法律审查,向乌兹别克斯坦共和国外交部提交以下文件:

(1)以本国语言或必要时以另一种语言编制的乌兹别克斯坦共和国拟加入的国际条约草案或多边国际条约案文;

(2)符合本法第9条要求的解释性说明;

(3)对比有关国家机构进行专家研究的结果信息的表格,包括乌兹别克斯坦共和国司法部法律专门知识的结果。

乌兹别克斯坦共和国外交部有权要求提供与所审议问题有关的其他必要材料。

第12条 乌兹别克斯坦共和国拟加入的国际条约草案或多边国际条约案文的其他类型专门知识

乌兹别克斯坦共和国拟加入的国际条约草案或多边国际条约案文包含经济、金融、科学、环境、语言和其他类型的专门知识。

未直接参与专家研究的组织和(或)个人可作为专家参与。

专家意见具有建议性质,须经主管国际条约所涉问题的国家机构进行审议。

主管国际条约所涉问题的国家机构主动作出或经乌兹别克斯坦共和国外交部提议作出是否进行其他类型审查的决定。

第13条 关于缔结乌兹别克斯坦共和国国际条约的提案

乌兹别克斯坦共和国外交部向乌兹别克斯坦共和国总统提交了代表乌兹别克斯坦共和国缔结国际条约的提案。其他国家机构向乌兹别克斯坦共和国总统提交提案,建议与乌兹别克斯坦共和国外交部联合或经其同意,代表乌兹别克斯坦共和国就其职权范围内的问题缔结国际条约。

外交部向内阁提交代表乌兹别克斯坦共和国政府缔结乌兹别克斯坦共和国国际条约的提案。其他国家机构向内阁提交一份提案，建议与乌兹别克斯坦共和国外交部联合或经其同意，代表乌兹别克斯坦共和国政府就其职权范围内的问题缔结国际条约。

关于缔结乌兹别克斯坦共和国部门间协定的提案由主管该协定所涉问题的国家机构提交总统或内阁。

关于缔结国际条约的提案附有以下内容：

(1)乌兹别克斯坦共和国拟加入的国际条约草案、多边国际条约案文的主要条款；

(2)符合本法第9条要求的解释性说明；

(3)有关国家机构的结论；

(4)乌兹别克斯坦共和国司法部和外交部根据其法律专门知识得出的结论。

第14条　谈判和签署

除非乌兹别克斯坦共和国其他法律另有规定，否则关于谈判和签署乌兹别克斯坦共和国国际条约的决定根据以下内容作出：

(1)总统代表乌兹别克斯坦共和国签订的合同；

(2)内阁代表乌兹别克斯坦共和国政府签订的合同；

(3)部门间协定——由主管该协定所涉问题的国家机构负责人与乌兹别克斯坦共和国总统或乌兹别克斯坦共和国内阁达成协议。

第15条　谈判和签署授权证书

根据本法第14条作出的决定，谈判和签署国际条约的权力由乌兹别克斯坦共和国外交部长颁发授权证书予以确认。

授权证书的格式由乌兹别克斯坦共和国外交部批准。

第16条　在不需要出示身份证明的情况下谈判和签署乌兹别克斯坦共和国国际条约

乌兹别克斯坦共和国总统作为国家元首，在国际关系中代表乌兹别克斯坦共和国，并根据国际法和《乌兹别克斯坦共和国宪法》，在不需要出示身份证明的情况下有权谈判和签署乌兹别克斯坦共和国国际条约。

乌兹别克斯坦共和国总理在国际关系中代表乌兹别克斯坦共和国内阁，在不需要出示身份证明的情况下有权代表乌兹别克斯坦共和国政府谈判和签署国际条约。

乌兹别克斯坦共和国外交部长凭借其职能并根据国际法，有权在不需要出示身份证明的情况下谈判和签署乌兹别克斯坦共和国国际条约。

乌兹别克斯坦共和国驻外国外交使团团长或乌兹别克斯坦共和国驻国际组织或国际会议代表处负责人有权与东道国谈判通过国际条约案文，或在本国际组织的框架内谈判通过国际条约案文，而不需要出示身份证明。

国家机构的首脑在其职权范围内，有权在不需要出示身份证明的情况下谈判和签署部门间协议。

第 17 条 同意接受国际条约约束的声明

乌兹别克斯坦共和国同意接受国际条约约束，可以通过签署国际条约，交换组成国际条约的照会、信函或其他文件，通过批准、核准、接受、加入国际条约，或以缔约国商定的任何其他方式来表示同意接受。

乌兹别克斯坦共和国外交部在考虑到本法要求的基础上，根据国际条约的规定，有权决定以何种方式表示乌兹别克斯坦共和国同意接受国际条约约束。

第 18 条 有待批准的国际条约

根据《乌兹别克斯坦共和国宪法》，国际条约的批准由乌兹别克斯坦共和国议会各议院通过关于批准国际条约的法律决定。

国际条约须经批准的情况包括：

(1)基于国家间关系和司法协助；

(2)关于影响乌兹别克斯坦共和国国防能力的问题以及关于集体安全的和平条约和协定；

(3)乌兹别克斯坦共和国与其他国家的领土划界问题；

(4)乌兹别克斯坦共和国加入国家间联盟、国际组织和其他协会的情况；

(5)其执行需要修改乌兹别克斯坦共和国的现行法律或采用新的法律，并制定除乌兹别克斯坦共和国法律规定之外的其他规则。

国际条约须经批准,批准时间由参加谈判的各方商定。

乌兹别克斯坦共和国议会各议院也有权批准其他国际条约。

关于履行国家对外借款的国际条约以及国际担保条约无须批准,并按缔约国确定的方式对乌兹别克斯坦共和国生效。

第19条　批准国际条约的提案

总统向乌兹别克斯坦共和国议会立法院提交关于批准国际条约的提案时,签署这些条约的决定已由乌兹别克斯坦共和国总统通过。

内阁向乌兹别克斯坦共和国议会立法院提交关于批准国际条约的提案时,签署这些条约的决定已由乌兹别克斯坦共和国内阁通过。

外交部与其他国家机构达成协议,如果协议涉及乌兹别克斯坦共和国总统或乌兹别克斯坦共和国内阁职权范围内的问题,则分别向乌兹别克斯坦共和国总统或乌兹别克斯坦共和国内阁提交批准国际条约的提案。

第20条　批准书

根据《国际条约批准法》,由总统签署批准文书,并由外交部长签字盖章。

批准文书的形式由乌兹别克斯坦共和国外交部批准。

第21条　批准文书的交换和交存

乌兹别克斯坦共和国国际条约批准书的交换或交存,由外交部,乌兹别克斯坦共和国驻外国外交使团、领事机构或乌兹别克斯坦共和国驻国际组织代表处代表。

第22条　无须批准的国际条约

总统代表乌兹别克斯坦共和国或乌兹别克斯坦共和国政府缔结的国际条约;

部门间协议——由签署此类协议的国家机构签署。

第23条　国际条约的批准

议会负责国际条约的批准;

由总统或政府加入的国际条约无须议会批准。

部门间协定,由总统或内阁签署并批准。

第 24 条 国际条约全部或部分内容的暂时适用

如果国际条约或国际条约的一部分已在已有国际条约中规定或缔约国之间达成协议,则乌兹别克斯坦共和国可在国际条约生效之前,暂时适用已有国际条约或已有国际条约的一部分。

乌兹别克斯坦共和国暂时适用、终止暂时适用部分或全部的国际条约的决定,由决定签署该国际条约的机构(官员)作出。

第 25 条 国际条约的生效

在乌兹别克斯坦共和国表示同意并根据本法规定同时按照国际条约规定或缔约国之间商定的方式和条款接受国际条约约束后,国际条约对乌兹别克斯坦共和国生效。

第 26 条 对国际条约的保留

在签署、批准、核准、接受或加入国际条约时,可根据条约条款和国际法准则提出保留。

对乌兹别克斯坦共和国国际条约的保留可随时按提出保留的顺序撤回。

由被授权代表乌兹别克斯坦共和国加入的机构(或官员)决定是否接受缔约相对国作出的保留或反对保留。

第 27 条 修正案和增补案

根据乌兹别克斯坦共和国国际条约和国际法的规定,乌兹别克斯坦共和国国际条约的参加国经协议可以对条约作出修改和补充。

本法关于缔结国际条约的规定也适用于对乌兹别克斯坦共和国国际条约的修改和补充。

对乌兹别克斯坦共和国国际条约的修改和补充,按照国际条约本身规定的方式和条款,或其参加国之间商定的其他方式和条款,对乌兹别克斯坦共和国生效。

若乌兹别克斯坦共和国按照本法第 17 条规定的方式,表示同意接受修正案和增补案的约束,则根据国际条约或国际法的条款对乌兹别克斯坦共和国国际条约所作的修正案和增补案生效。

第 28 条　乌兹别克斯坦共和国国际条约的延长(扩充)

乌兹别克斯坦共和国的国际条约可以根据国际条约本身确定的条件或参加国之间达成的协议予以延长(扩充)。

延长(扩充)乌兹别克斯坦共和国国际条约的决定由决定签署乌兹别克斯坦共和国国际条约的机构(官员)作出。

第三章　乌兹别克斯坦共和国国际条约的发布、登记和保存

第 29 条　乌兹别克斯坦共和国国际条约的发布

经乌兹别克斯坦共和国外交部提案生效的乌兹别克斯坦共和国国际条约,需在乌兹别克斯坦共和国国家立法数据库和其他来源发布,如在相关国家机构的官方网站。

乌兹别克斯坦共和国国家立法数据库以及经授权的其他官方出版物是发布乌兹别克斯坦共和国国际条约的官方来源。

乌兹别克斯坦共和国的国际条约,如果其作准文本是以外语起草的,则该条约以官方语言发布。乌兹别克斯坦共和国国际条约可用其他语言发布。

第 30 条　乌兹别克斯坦共和国国际条约在国际组织的登记

乌兹别克斯坦共和国的国际条约在联合国秘书处和其他国际组织有关机构的登记工作由外交部或经其同意的其他国家机构负责。

乌兹别克斯坦共和国部门间协定的登记受上述登记规定约束,由代表其缔结此类协定的国家机关与乌兹别克斯坦共和国外交部达成协议,按照有关国际组织的现行规则在这些组织中进行登记。

第 31 条　乌兹别克斯坦共和国国际条约国家登记册及其保存情况

乌兹别克斯坦共和国国际条约国家登记册是统一的国家登记系统,负责乌兹别克斯坦共和国国际条约的登记、核算及其电子副本的保存。

乌兹别克斯坦共和国国际条约国家登记册载有关于乌兹别克斯坦共和国国际条约的资料,包括其详细情况以及其他信息和参考数据。

乌兹别克斯坦共和国国际条约国家登记册由乌兹别克斯坦共和国外交部管辖,外交部负责确定经保存机构正式核证的乌兹别克斯坦共和国国际条约原

件和副本的登记、保存程序。

代表乌兹别克斯坦共和国和乌兹别克斯坦共和国政府缔结的国际条约原件(核证副本,官方译本),应在签署之日(收到保存机构核证副本和官方译本的日期)起两周内交存乌兹别克斯坦共和国外交部,由乌兹别克斯坦共和国外交部在其生效之日起两周内将文件副本送交乌兹别克斯坦共和国有关国家机构和其他组织。

乌兹别克斯坦共和国部门间协定的原件存放在缔结此类协定的国家机构,并在签署之日(收到保存机构核证副本和官方译本的日期)起两周内将这些协定的核证副本送交乌兹别克斯坦共和国外交部和其他有关国家机关。

第 32 条 保存人职能的行使

乌兹别克斯坦共和国外交部履行多边国际条约保存机构的职能,条件是根据这些条约规定,此类职能被指定给乌兹别克斯坦共和国。

缔结乌兹别克斯坦共和国部门间多边协定的国家机构履行其保存机构的职能,条件是根据这些条约规定,此类职能被指定给乌兹别克斯坦共和国。

第四章 乌兹别克斯坦共和国国际条约的执行

第 33 条 国际条约的执行

乌兹别克斯坦共和国根据国际法准则严格和强制执行乌兹别克斯坦共和国的国际条约。

在履行乌兹别克斯坦共和国国际条约需要通过乌兹别克斯坦共和国立法的情况下,有关国家机构经外交部和司法部同意,提交议案,以通过关于执行乌兹别克斯坦共和国国际条约准则的适当法律。

第 34 条 确保执行乌兹别克斯坦共和国国际条约

乌兹别克斯坦共和国总统根据《乌兹别克斯坦共和国宪法》,确保遵守乌兹别克斯坦共和国的国际条约及其义务。

乌兹别克斯坦共和国内阁采取切实措施,确保执行乌兹别克斯坦共和国国际条约,并在其职权范围内确定负责执行乌兹别克斯坦共和国国际条约的国家机构和官员。

主管乌兹别克斯坦共和国国际条约所涉问题的国家机构,负责确保执行乌兹别克斯坦共和国国际条约,遵守这些条约的规定,同时监督国际条约其他参与者履行义务的情况。

如果乌兹别克斯坦共和国国际条约规定的问题属于两个或两个以上国家机构的职权范围,乌兹别克斯坦共和国总统或内阁根据乌兹别克斯坦共和国外交部的建议,确定负责协调履行条约义务的国家机构。

乌兹别克斯坦共和国内阁在其职权范围内,对乌兹别克斯坦共和国国际条约的执行情况行使控制权。

第 35 条 适用乌兹别克斯坦共和国国际条约的程序

经乌兹别克斯坦共和国外交部同意,主管乌兹别克斯坦共和国国际条约所涉问题的国家机构以书面形式解释适用乌兹别克斯坦共和国国际条约规定的程序。

第 36 条 监督乌兹别克斯坦共和国国际条约的执行情况

乌兹别克斯坦共和国外交部根据乌兹别克斯坦共和国国际条约统一核算电子数据库,对乌兹别克斯坦共和国国际条约的执行情况进行清查和监测。

主管乌兹别克斯坦共和国国际条约所涉问题的国家机构,每年 12 月 31 日前,按照乌兹别克斯坦共和国外交部批准的表格,向乌兹别克斯坦共和国外交部发送有关该年乌兹别克斯坦共和国国际条约执行情况的信息。

乌兹别克斯坦共和国外交部根据国家机构提供的资料做以下工作:

(1)评估乌兹别克斯坦共和国国际条约执行情况的有效性;

(2)拟订关于适当执行乌兹别克斯坦共和国国际条约的提案;

(3)每年 3 月 1 日之前,向乌兹别克斯坦共和国内阁,或向乌兹别克斯坦共和国总统提交附有相关建议的综合信息。

主管乌兹别克斯坦共和国国际条约所涉问题的国家机构,在其职权范围内监督乌兹别克斯坦共和国国际条约的执行情况。

第 37 条 乌兹别克斯坦共和国国际条约清单

乌兹别克斯坦共和国国际条约清单是在乌兹别克斯坦共和国国际条约统一核算电子数据库、清单和执行情况监测数据库的基础上制作的。

乌兹别克斯坦共和国外交部与主管乌兹别克斯坦共和国国际条约所涉问题的国家机构和其他缔约国一道，有计划地对乌兹别克斯坦共和国国际条约进行清点，以确保统一核算并确定其法律地位。

主管乌兹别克斯坦共和国国际条约所涉问题的国家机构，应乌兹别克斯坦共和国外交部的要求，在两周内按照乌兹别克斯坦共和国外交部批准的表格提交资料。

根据乌兹别克斯坦共和国国际条约清单的结果，乌兹别克斯坦共和国外交部向乌兹别克斯坦共和国内阁，有时向乌兹别克斯坦共和国总统提交关于承认乌兹别克斯坦共和国国际条约有效、无效、延长（扩充）或修订的建议。

乌兹别克斯坦共和国外交部向有关国家机构通报根据乌兹别克斯坦共和国国际条约清单结果作出的决定。

第 38 条 其他参与者违反乌兹别克斯坦共和国国际条约时采取的措施

国家机关自发现其他参与者违反乌兹别克斯坦共和国国际条约义务之日起，应立即将此情况通知乌兹别克斯坦共和国外交部。如有必要，可与乌兹别克斯坦共和国国际条约的其他缔约方进行协商，以澄清导致这种违反行为的情况。

如果其他参与者违反乌兹别克斯坦共和国国际条约规定的义务，乌兹别克斯坦共和国外交部或其他有关国家机构与乌兹别克斯坦共和国外交部一道，向乌兹别克斯坦共和国内阁，有时向乌兹别克斯坦共和国总统提交根据国际法准则和国际条约本身的条款采取必要措施的建议。

如果乌兹别克斯坦共和国国际条约的其他参与者严重违反该条约，在国际法准则规定的其他情况下，可根据本法第 40—48 条规定的程序终止或中止该协定。

第五章 乌兹别克斯坦共和国国际条约的失效、中止或终止

第 39 条 国际条约的无效

乌兹别克斯坦共和国国际条约的无效以国际法准则的规定为准。

第 40 条 国际条约的中止

乌兹别克斯坦共和国国际条约对该协定的所有缔约方或对其个别成员暂

停实施的情况包括：

根据国际条约的规定；

经所有参与方同意并与其他缔约方协商的任何时候。

第 41 条　终止、退出或撤销条约

乌兹别克斯坦共和国国际条约，如果没有关于终止条约的条款，也没有规定退出或撤销条约，则不受退出和撤销条约的约束，此种情况包括：

(1)尚未确定的国际条约缔约方具有退约或撤销的可能性；

(2)国际条约的性质决定其未规定退出或撤销条约的权利。

乌兹别克斯坦共和国应至少提前 12 个月告知缔约方其打算退出或撤销乌兹别克斯坦共和国国际条约。

第 42 条　终止或退出乌兹别克斯坦共和国国际条约

乌兹别克斯坦共和国国际条约的终止或退出的情况包括：

根据国际条约的规定；

经所有参与方同意并与其他缔约国协商的任何时候。

第 43 条　新旧条约冲突解决

在乌兹别克斯坦共和国国际条约的所有参与方就同一问题达成新的一致，并且根据乌兹别克斯坦共和国随后缔结的国际条约或以其他方式确定该问题受该条约管辖时，若乌兹别克斯坦共和国随后缔结国际条约的规定与乌兹别克斯坦共和国以前国际条约的规定不符，则两项条约不能同时适用。

仅当乌兹别克斯坦共和国先前的国际条约是根据随后缔结的国际条约实施的，或以其他方式确定这是其参与方的意图时，才视为中止条约。

第 44 条　因实质性违反乌兹别克斯坦共和国国际条约而中止或终止

如果条约缔约方严重违反乌兹别克斯坦共和国国际条约，乌兹别克斯坦共和国有权将这一违反行为作为中止整个或部分国际条约实施或终止条约的依据。

严重违反乌兹别克斯坦共和国国际条约的行为包括：

(1)放弃国际法准则不允许的国际条约；

(2)违反对实现合同目的和宗旨至关重要的规定。

第45条 关于中止、终止或退出乌兹别克斯坦共和国国际条约的提案

代表乌兹别克斯坦共和国及乌兹别克斯坦共和国政府缔结的关于中止、终止或退出乌兹别克斯坦共和国国际条约的提案,由乌兹别克斯坦共和国外交部独立提交或经其他国家机构同意提交至乌兹别克斯坦共和国总统或乌兹别克斯坦共和国内阁。

其他国家机构向乌兹别克斯坦共和国外交部提交关于中止、终止或退出乌兹别克斯坦共和国国际条约的提案。

中止、终止或退出乌兹别克斯坦共和国部门间协定的提案,由代表乌兹别克斯坦共和国外交部缔结此种协定的国家机构向乌兹别克斯坦共和国总统或乌兹别克斯坦共和国内阁提交。

第46条 关于中止乌兹别克斯坦共和国国际条约实施的决定

根据乌兹别克斯坦共和国国际条约本身的条款和国际法准则,由决定签署该国际条约的机构(官员)作出关于中止乌兹别克斯坦共和国国际条约实施的决定。

第47条 乌兹别克斯坦共和国议会关于退出乌兹别克斯坦共和国国际条约的决定

乌兹别克斯坦共和国议会根据乌兹别克斯坦共和国总统提出的法律草案,作出关于退出代表乌兹别克斯坦共和国缔结的乌兹别克斯坦共和国国际条约的决定。

乌兹别克斯坦共和国议会根据乌兹别克斯坦共和国内阁提出的法律草案,作出关于退出代表乌兹别克斯坦共和国政府缔结的乌兹别克斯坦共和国国际条约的决定。

第48条 乌兹别克斯坦共和国总统或乌兹别克斯坦共和国内阁关于终止或退出乌兹别克斯坦共和国国际条约的决定

乌兹别克斯坦共和国总统作出关于终止或退出乌兹别克斯坦共和国缔结的乌兹别克斯坦共和国国际条约(乌兹别克斯坦共和国议会批准的条约除外)的决定。

终止或退出乌兹别克斯坦共和国缔结的乌兹别克斯坦共和国国际条约(乌

兹别克斯坦共和国议会批准的条约除外)的决定由乌兹别克斯坦共和国内阁作出,在某些情况下由乌兹别克斯坦共和国总统作出。

终止或退出乌兹别克斯坦共和国部门间协定的决定由乌兹别克斯坦共和国总统或乌兹别克斯坦共和国内阁作出。

第 49 条　中止、终止或退出乌兹别克斯坦共和国国际条约的后果

中止实施乌兹别克斯坦共和国国际条约使乌兹别克斯坦共和国在条约中止期间免予履行该条约的义务,除非条约另有规定或与其他缔约方没有其他协议。

除非条约另有规定或与其他缔约方没有其他协议,否则,终止或退出乌兹别克斯坦共和国国际条约使乌兹别克斯坦共和国免予履行该条约的义务,且不影响乌兹别克斯坦共和国因执行条约而产生的权利、义务或法律地位,直至条约停止。

第 50 条　关于中止、终止或退出乌兹别克斯坦共和国国际条约的正式声明

关于中止、终止或退出乌兹别克斯坦共和国国际条约的正式声明按本法第 29 条规定的方式公布。

第 51 条　国际条约与国际性文件

乌兹别克斯坦共和国发布的国际性文件不是国际条约,不具有法律约束力,也不得与国际条约、宪法及乌兹别克斯坦共和国的其他立法相抵触。同时,在这类国际性文件中,可以提及乌兹别克斯坦共和国国际条约所产生的义务。

乌兹别克斯坦共和国发布的国际性文件不是国际条约,通常以宣言、声明、公报、谅解备忘录、意向议定书、计划和合作方案的形式通过。

本法关于发起和签署国际条约的规定也适用于乌兹别克斯坦共和国国际性文件。

第六章　最后条款

第 52 条　违反乌兹别克斯坦共和国国际条约立法的责任

违反乌兹别克斯坦共和国国际条约立法应承担相应法律责任。

第 53 条 乌兹别克斯坦共和国部分立法无效

以下文件声明无效：

(1) 乌兹别克斯坦共和国 1993 年 5 月 7 日第 850—Ⅻ号法律《关于缔结和废止乌兹别克斯坦共和国与国际金融机构之间的国际贷款和担保合同及协定的程序》(《乌兹别克斯坦共和国最高委员会公报》,1993 年,第 5 号,第 234 条)。

(2) 乌兹别克斯坦共和国 1995 年 12 月 22 日第 172—Ⅰ号法律《乌兹别克斯坦共和国国际条约》(《乌兹别克斯坦共和国议会公报》,1995 年,第 12 号,第 262 条)。

(3) 乌兹别克斯坦共和国 2003 年 4 月 25 日第 482—Ⅱ号法律第 14 节"关于乌兹别克斯坦共和国某些立法法案的修正和增补"(《乌兹别克斯坦共和国议会公报》,2003 年,第 5 号,第 67 条)。

(4) 乌兹别克斯坦共和国 2003 年 12 月 12 日第 568—Ⅱ号法律第 8 节"关于乌兹别克斯坦共和国某些立法法案的修正和增补"(《乌兹别克斯坦共和国议会公报》,2004 年,第 1—2 号,第 18 条)。

(5) 乌兹别克斯坦共和国 2005 年 12 月 14 日第 11 号法律第 2 条"关于乌兹别克斯坦共和国将乌兹别克斯坦共和国对外经济关系局改为乌兹别克斯坦共和国对外经济关系、投资和贸易部的某些立法法案的"(《乌兹别克斯坦共和国议会公报》,2005 年,第 12 号,第 410 条)。

(6) 乌兹别克斯坦共和国 2017 年 9 月 14 日第 446 号法律第 27 条"关于修订和补充以及废除乌兹别克斯坦共和国某些立法"(《乌兹别克斯坦共和国议会两院公报》,2017 年,第 9 号,第 510 条)。

(7) 乌兹别克斯坦共和国 2018 年 4 月 18 日第 476 号法律第 18 条"关于乌兹别克斯坦共和国某些立法的修正和补充"(《乌兹别克斯坦共和国议会两院公报》,2018 年,第 4 号,第 224 条)。

第 54 条 国际条约的解释

乌兹别克斯坦共和国外交部和其他有关组织负责国际条约的解释。

第 55 条　国际条约与行政法规

乌兹别克斯坦共和国内阁负责修改或撤销与国际条约不一致的行政法规。

第 56 条　本法的生效

本法自正式公布之日开始生效。

Part 2

第二编

乌兹别克斯坦共和国劳动保护与劳务移民法律法规选编

第一节　概　　述

《乌兹别克斯坦共和国劳动保护法》,共 36 条,1996 年 4 月 1 日起正式开始实施。该法的主要目的是保护劳动者的合法权益。该法主要从立法目的,范围,基本概念,国家劳动保护政策的主要方向,国家劳动保护管理,乌兹别克斯坦共和国内阁在劳动保护领域的权力,特别授权国家机构在劳动保护方面的职权,乌兹别克斯坦共和国卫生部在劳动保护领域的权力,国家和经济管理机构在劳动保护方面的职权,地方政府机关在劳动保护方面的职权,本组织的劳动保护处,劳动保护服务市场的专业参与者,工作场所的工作条件认证,劳动者的培训、保护、权利、义务、福利、强制性体检,劳动器材的维护,国家方面的监督,工会及其他劳动者保护机构的保护,争议解决与违法责任等方面进行了介绍和规定。本法最鲜明的特征是没有具体的体系划分但内容清晰详尽,该法的制定有利于调整劳动保护领域的关系,更好地调整劳动者与雇主的权利义务,保护劳动者的合法权益。

近年来,为提高本国居民就业率,乌兹别克斯坦共和国政府对外国人在当地的工作要求和审批日趋严格。2019 年 3 月 25

日,乌兹别克斯坦共和国总理阿里波夫签署《关于吸引和使用外国劳动力的规定》内阁令,对外国劳动力在乌兹别克斯坦共和国工作进行了严格规定。根据上述规定,可以在乌兹别克斯坦共和国境内工作的外国公民包括:乌兹别克斯坦共和国总统2018年11月7日第4008号总统令中规定的需吸引的相关专业领域人才,外国政府驻乌兹别克斯坦共和国使节、国际组织和外国政府驻乌兹别克斯坦共和国代表及具有外交官地位的人员,乌兹别克斯坦共和国旅游部聘请的专家(3个月有效期),在建或已经营的外资企业和合资机构人员(最长为3个月),根据国际条约在乌兹别克斯坦共和国实施科学和文化工作的人员,在乌兹别克斯坦共和国学习并在大学期间从事生产实践的外国大学生,在外交部注册的外国记者,在乌兹别克斯坦共和国司法部注册的非政府组织以及外国非政府组织驻乌兹别克斯坦共和国代表处和分支机构人员,总统学校和乌兹别克斯坦共和国高等院校聘请的教师和专家,在乌兹别克斯坦共和国获得居留许可的外国公民,乌兹别克斯坦共和国签署的国际条约中规定的其他人员。

乌兹别克斯坦共和国法律规定,按照所签合同和协议为来乌兹别克斯坦共和国工作的外国公民办理超过3个月的签证时,必须首先办理由乌兹别克斯坦共和国劳动部门颁发的劳动许可,之后持该许可办理签证和居留手续。用工企业应首先获得乌兹别克斯坦共和国劳动部门关于同意聘用外国劳务的批准,之后为每位外国员工办理个人劳动许可,有效期均不超过1年。按照有关规定,要求来乌兹别克斯坦共和国工作的外国公民出示其在本国单位的身份、职业及文凭证明;在规定的时间内必须在乌兹别克斯坦共和国所在地内务事务部门进行登记。外国公民获得劳动许可后,为其办理工作签证的种类主要为S-3技术服务签证和E工作签证两种,有效期均不超过1年。

截至2020年10月1日,乌兹别克斯坦共和国人口为3438.29万,城市人口占总人口的50.5%,首都塔什干常住人口为258.69万。乌兹别克斯坦共和国的人口主要集中在中部、东部和南部,西部和北部沙漠地区人烟稀少。在乌兹别克斯坦共和国生活成本相对较低,政府高度重视改善民生及提高居民生活质量,内需呈不断扩大趋势。乌兹别克斯坦共和国劳动力资源丰富,为中亚第一人口大国,劳动力价格相对低廉。乌兹别克斯坦共和国政府为解决本国居民就业,对外企用工比例要求较高,建设期项目不受用工比例限制,经营期外企外国员工和当地员工的比例高达 1∶20。同时,外企的外籍员工用工成本不断攀升,如无相关优惠,外企每雇佣 1 名持有劳动卡的外籍员工,每年须向当地政府缴纳近 2000 美元的费用。据乌兹别克斯坦共和国国家统计委员会数据,2019 年,乌兹别克斯坦共和国劳动力资源比较充足,素质处中等水平,就业人口中受过高等教育的占比为 27.7%,受过中等专业教育的占比为 30.8%。乌兹别克斯坦共和国属劳务输出国,每年有 250 万人出国务工。乌兹别克斯坦共和国政府对劳务移民非常重视,通过立法保障劳动者在外务工的基本权利。乌兹别克斯坦共和国劳务移民领域的基本立法内容主要涉及劳动法、一般劳动和就业法;教育、职业指导与培训;职业安全与健康;社会保障;经济和社会政策等方面。乌兹别克斯坦共和国在调整劳动保护领域的基础立法方面已经比较完善,在劳务移民方面的立法也在逐步完善。从社会一般理论角度出发,人口是一个国家基本国情的主要组成部分,过剩劳动力的输出也是社会发展中的一个重要问题。人口问题、人口发展、人口结构深刻影响着一个国家方方面面的发展。从人口结构可以透视人口现状,进而了解一个国家的政治、社会、经济现状及其发展前景。乌兹别克斯坦共和国的人口结构与社会经济发展有着密不可分的关系,由此人口结构成为制定社会经济发展规划不可缺少的依据。从社会、经济发展的角度对乌兹别克斯坦共和国人口结构的研究既能加深我们对乌兹别克斯坦共和国人口问题的认识,又能帮助我们进一步了解人口在乌兹别克斯坦共和国社会经济发展中的地位和作用,从而调整劳务移民方面的政策,引入新的制度,解决发展中的问题。面对人口结构及社会发展的特点,在劳务输出和移民方面,尽管乌兹别克斯坦共和国政府也采取了很多有效措施,如签订相关国际协定,简化涉外劳务移民程序,创造劳务移民有利条件,但是仍然存在大量非法劳务移民。

2020 年 9 月 15 日,乌兹别克斯坦共和国总统令第 4829 号颁布实施《关于安全、有序、合法劳务移民制度的决定》,决定在劳务移民方面建立新的制度,设立支持和保护出国务工公民的权益基金,引入劳动移民的生命健康保险制度,建立家庭抵押贷款制度,完善对出国务工公民的支持力度,确保劳务移民回国人员重新融入社会,为出国劳务移民回国创业创造有利条件,对国外工作人员进行必要的专业培训,保护其在乌兹别克斯坦共和国居留期间的权利。2018 年 7 月 5 日,乌兹别克斯坦共和国总统令第 3839 号颁布实施《关于进一步完善乌兹别克斯坦共和国涉外劳务移民制度补充措施的决定》,为了进一步完善劳务移民制度,乌兹别克斯坦共和国政府扩大组织形式,确保前往境外工作的公民的劳动和社会权利,帮助从国外返回的公民就业。

首先,通过私有化、招商引资重点发展城乡各项硬件基础设施的建设,为社会经济发展奠定基础。2020 年 8 月 29 日,乌兹别克斯坦共和国内阁颁布《关于采取措施在 2020—2021 年恢复经济增长并继续在经济领域进行结构性改革的内阁令》,批准 2020—2021 年疫后恢复经济增长并推进改革经济结构的行动计划和“路线图”,以消除新冠肺炎疫情对社会经济发展带来的消极影响,恢复经济主体投资和对外经济活动,并为深化经济结构改革创造条件。乌兹别克斯坦共和国经济发展和扶贫部、财政部、就业和劳动关系部、信息技术和通信部、央行及相关部门、协会的主要任务:(1)2020 年支持关键经济领域发展,确保乌兹别克斯坦共和国经济自 2021 年起保持 5%—5.5% 的增长;(2)继续市场化改革,对银行系统进行改革,提高服务质量;(3)通过提高劳动者收入、给予创业企业财政支持等方式扩大内需,减少贫困;(4)完善工业政策和竞争政策,促进民众更多购买国产商品,对战略领域企业进行改革,发展企业间合作;(5)加强投资特别是扩大本国投资者参与基础设施项目投资,发展高附加值产品产业链;(6)对出口企业给予更多融资支持,鼓励其开辟新市场,扩大本国产品出口。

其次,结合各项政策,大力发展中小企业,提升经济自由度。(1)鼓励并扩大私企参与政府采购,通过发展小工业区和小微企业、发展地方交通基础设施等方式改善营商环境,鼓励竞争;(2)发展电子商务,向各地区居民提供系统化服务,逐步出售国家在各地移动通信公司股份,吸引私人向农村地区通信服务网络投资,在 2021 年实现社会机构、各村庄和居民点宽带接入,支持服务型企业和数字技术发展;(3)从经济发展的角度完善产业结构,乌兹别克斯坦共和国政府认为,当前实施行动计划和“路线图”的主要挑战和问题在于国内商品生产和服务受限,需尽快恢复企业经营,并对新冠肺炎疫情期间出现资金困难的企业给予特别关注,向经济领域投入更多资金,包括延长投资贷款的偿债期限;

(4)居民收入下降、内需萎缩,生产链断裂,要着手解决企业恢复生产问题,创造更多就业岗位,提高居民收入;(5)鉴于“新冠”病毒继续传播,因放松防疫措施而出现感染扩大的风险仍存,在对患者需采取措施及时有效治疗,避免经济遭受大规模隔离冲击;(6)遏制外债增长是疫后恢复并保持经济稳定增长的重要条件,要进一步扩大私人投资和外国直接投资,需启动经济自由化改革(包括能源市场),改善实业环境,减少经济中的国有成分;(7)外资投资因疫情受阻,需给予国内投资者与外国投资者同等的投资条件,吸引更多国内投资;(8)由于全球经济衰退和危机导致外需萎缩,应进一步采取措施扩大出口目的国,加强对欧洲和亚洲市场开发,可考虑从国家预算中拨款给予出口企业运输补贴。

再次,实施积极的就业政策,提高在职人员的最低工资水平,逐步解决国家整体贫困问题。

最后,面对大规模的劳务移民,成立劳务移民培训中心,对其进行培训,并且不断扩大与劳务移民接收国的合作,设立支持和保护出国务工公民的权益基金,引入劳动移民的生命健康保险制度,为贫困家庭提供抵押贷款。

乌兹别克斯坦共和国政府面临的最大挑战是就业问题,对此乌兹别克斯坦共和国政府倡议所有部委、行业协会、地方政府要共同努力,消除疫情对经济和居民的负面影响,为持续推动改革创造条件,为经济发展提供新动能和新机遇。

第二节 法律文本

关于《乌兹别克斯坦共和国劳动保护法》的修正和补充

(立法院于2016年3月10日通过 2016年8月25日由参议院确认)

第1条 修订1993年5月6日第839—Ⅻ号《乌兹别克斯坦共和国劳动保护法》(乌兹别克斯坦共和国最高委员会1993年,第5号,第223条;乌兹别克斯坦共和国议会,1998年,第5—6号,第102条;2001年,第5号,第89条;2002年,第1号,第20条),批准其新版本(附后)。

第2条　致乌兹别克斯坦共和国内阁:

确保政府的决定符合本法;

确保公共行政部门审查和废除与本法相抵触的规范性法律行为。

第3条　本法自正式公布之日起3个月后生效。

乌兹别克斯坦共和国劳动保护法

(1996年4月1日生效　2016年修正)

第1条　本法的目的

该法的目的是保护劳动者的合法权益。

第2条　劳动保护立法

劳动保护立法由本法和其他法律法规组成。

如果乌兹别克斯坦共和国签订的国际条约与乌兹别克斯坦共和国有关劳动保护的规则相冲突时,优先适用国际条约。

第3条　本法的范围

该法适用于:

(1)与企业、事业单位和团体有劳动关系的职工,以及与其他用人单位有劳动关系的职工;

(2)高等教育机构的学生,中等专业、职业教育机构的学生,正在进行专业实习的其他教育机构的学生;

(3)征募到组织工作的军事人员;

(4)从事兼职的公民;

(5)在刑罚机构为法院判决服刑的人员或者为行政逮捕的人员工作,以及从事其他类型工作的人员,包括为社会和国家利益组织工作的人员。

这项法律也适用于雇主。

本条第一款第一项规定的人员以下统称职工。

第 4 条 基本概念

本法适用以下基本概念：

(1)集体防护设备——在结构或功能上与生产设施和生产过程有关的技术和手段，旨在防止或减少有害生产因素和(或)危险生产因素对工人的影响，以及防止污染；

(2)有害生产因素——指对雇员的影响可导致其患职业病的生产因素；

(3)工作场所——雇员在劳动活动过程中永久或临时居住的场所；

(4)生产活动——在生产产品、加工原材料、开展工作、提供服务过程中开展的一系列活动；

(5)工伤事故——雇员在雇佣者境内和境外因履行工作职责而受到工伤或其他健康损害的事件，包括在前往工作地点或从工作地点前往雇佣者提供的交通工具的途中，并导致雇员需要转职、暂时或永久丧失职业工作能力或死亡的事故；

(6)职业病——雇员因接触有害生产因素或危险生产因素而导致暂时或永久丧失职业工作能力的急性或慢性疾病；

(7)劳动条件——一组进行劳动的社会和生产因素；

(8)劳动保护——法律、社会经济、组织、技术、卫生(卫生、治疗、预防和康复)措施和手段体系，以确保安全、保护生命和健康、确保劳动过程中的人力绩效；

(9)工伤——雇员因工伤事故而暂时或永久丧失专业工作能力；

(10)不利生产因素——有害生产因素和(或)危险生产因素；

(11)危险生产因素——可能导致雇员受伤的生产因素；

(12)个人防护设备——用于防止或减少有害生产因素和(或)危险生产因素对员工的影响以及防止污染的技术和其他手段。

第5条　国家劳动保护政策的主要方向

国家在劳动保护领域政策的主要方向是：

(1)确保员工的生命和健康优先；

(2)制定和执行劳动保护领域的国家方案；

(3)协调国家和经济管理机构、地方政府机构在劳动保护领域的活动；

(4)制定所有组织的劳动保护要求；

(5)执行国家对遵守劳动保护要求的监督和控制；

(6)鼓励为工人开发和投放安全设备、技术和防护设备；

(7)运用科学技术成果和国内外劳动保护先进经验；

(8)对遭受工伤事故或患职业病的工人实施社会保护；

(9)开展国际合作。

第6条　国家劳动保护管理

国家对劳动保护的管理由乌兹别克斯坦共和国部长内阁(劳动保护领域的特别授权国家机构)以及根据立法在劳动保护领域拥有单独权力的其他国家机构实施。

第7条　乌兹别克斯坦共和国内阁在劳动保护领域的权力

乌兹别克斯坦共和国内阁的权力包括：

(1)确保国家统一的劳动保护政策的实施；

(2)批准和实施劳动保护方面的国家规划；

(3)协调国家和经济管理机构、地方政府机构在劳动保护领域的活动；

(4)制定对工作条件进行实时审查的程序；

(5)制定调查和记录工业事故和职业病的程序；

(6)确定在组织中创建劳动保护服务的程序；

(7)确定雇佣者分配劳动保护经费的程序，以及劳动保护经费的形成和使用；

(8)开展劳动保护领域的国际合作。

乌兹别克斯坦共和国内阁可根据该立法行使其他权力。

第8条 特别授权国家机构在劳动保护方面的职权

劳动保护领域的特别授权国家机构是乌兹别克斯坦共和国劳动部。

乌兹别克斯坦共和国劳动部的职权为：

(1)在劳动保护领域实施国家统一的政策；

(2)参与制定和实施劳动保护领域的国家政策和其他方案；

(3)在职权范围内,制定、协调和批准技术规制领域的规范性文件和有关劳动保护问题的法规；

(4)对遵守劳动保护要求的情况进行国家监督和控制,包括向在不利和特殊工作条件下工作的雇员提供福利和补偿；

(5)确保工作条件的安全审查；

(6)与国家和经济管理机构、地方政府机构和其他组织就劳动保护问题进行互动；

(7)协调国家和经济管理机构、地方政府机构在劳动保护领域的活动；

(8)按照乌兹别克斯坦共和国内阁规定的方式,维护劳动保护服务市场职业参与者的统一登记册；

(9)监督劳动保护状况；

(10)分析工伤的原因,并向国家和经济管理机构、地方政府机构、法人和个人提出预防工伤的建议；

(11)确保对工伤事故进行特别调查和登记。

乌兹别克斯坦共和国劳动部可根据该立法行使其他权力。

第9条 乌兹别克斯坦共和国卫生部在劳动保护领域的权力

乌兹别克斯坦共和国卫生部的权力包括：

(1)确定对雇员进行强制性初步(工作时)和定期(就业期间)体检的程序；

(2)制定作业环境因素的危害性和危险性指标、劳动过程的严重程度和强度的卫生规则、规范和卫生标准；

(3)制定向工作条件不利的工人提供营养品、治疗性和预防性营养、碳酸盐水(在热车间工作)的标准;

(4)批准将某名雇员调往较轻松的工作或排除不利生产因素影响的工作的医疗和其他情形;

(5)规定卫生设备的准备要求,以确定疑似患职业病的劳动者工作条件的卫生特点;

(6)制定确定职业病和签发转介的程序,以确定雇员丧失专业工作能力的程度。

乌兹别克斯坦共和国卫生部可根据该立法行使其他权力。

第10条　国家和经济管理机构在劳动保护方面的职权

国家和经济管理机构在其权力范围内可实施以下行为:

(1)参与制定和实施劳动保护领域的国家政策和其他方案;

(2)制定技术法规领域的规范性文件和关于劳动保护问题的规范性法律行为;

(3)批准并确保实施劳动保护领域的部门目标和专项方案;

(4)采取措施确保下属组织遵守劳动保护要求;

(5)组织、确保调查和记录工业事故和对下属组织工人健康造成的其他伤害;

(6)为下属机构的管理人员和专员组织有关劳动保护问题的培训、再培训、高级培训和知识测试。

国家和经济管理机构可根据立法行使其他权力。

第11条　地方政府机关在劳动保护方面的职权

地方政府机构的职权为:

(1)参与执行劳动保护领域的国家和其他方案;

(2)批准和实施劳动保护领域的属地方案;

(3)协调国家和经济管理机构有关地区分支机构在劳动保护领域的活动。

地方政府机构也可以根据立法行使其他权力。

第12条 本组织的劳动保护处

为了确保劳动保护要求的遵守,控制其在每个有50名或50名以上员工进行生产活动的组织中的实施情况,应设立劳动保护服务处或引进一名经过适当培训的职业安全专家,拥有50辆或50辆以上车辆的组织还需设立道路安全服务机构或引入道路安全专家职位。

在雇员少于50人的组织中,提供职业安全和健康服务或设立职业安全和健康专家职位的决定由雇佣者根据本组织活动的具体情况作出。

劳动保护处和道路安全处是该组织的独立结构部门,直接向其首长报告。

劳动保护处的专家有权监督所有员工遵守劳动保护规则和条例的要求,向雇佣单位的负责人发出指令,以消除查明的违规行为,并对违反行业法规和规范性法律法规中有关劳动保护问题的规范性文件要求的,向组织负责人提出追究责任的交涉。

劳动保护服务的职能可以由劳动保护服务市场的专业参与者以合同形式履行。

第13条 劳动保护服务市场的专业参与者

劳动保护服务市场的专业人员是以合同形式提供劳动保护服务的法人单位。

劳动保护服务市场的专业人员可以在组织中履行的劳动保护服务职能为:

(1)对工作场所的工作条件进行认证;

(2)对劳动保护专业人员进行再培训并促进其专业发展;

(3)对组织内的职业安全健康管理体系进行审核。

乌兹别克斯坦共和国内阁对劳动保护服务市场的专业人员及其履行服务的要求以及维护其统一登记册的程序作出规定。

第14条 工作场所的工作条件认证

工作场所工作条件认证是为评估工作条件是否符合劳动的安全标准和强度要求,确定某种有害生产因素或某种危险生产因素而采取的一套措施。

工作场所的工作条件认证须符合以下条件:

(1)按照法律规定的方式根据工作条件向工人提供福利和补偿的工作场所;

(2)提供雇佣残疾人的工作;

(3)提供在享有优惠养老金权利行业、机构、工作、专业、职位和指标清单中注明的工作场所,清单注明的享有法定优惠养老金的机构、行业、职位、专业的工作场所;

(4)提供危险生产设施的工作场所。

立法、集体协议和协议可规定对其他工作场所的工作条件进行认证。

工作场所的工作条件认证由雇主本人按照既定程序进行。法律规定了工作场所工作条件认证的周期,但至少每五年认证一次。

第 15 条 组织职业安全和健康管理体系的审核

组织中职业安全和健康管理体系的审计是对职业安全和健康体系状态的评估,由雇主决定进行,包括:

(1)组织内劳动保护管理制度符合技术法规领域规范性文件和关于劳动保护问题的规范性法律行为要求的确定;

(2)评估劳动保护管理制度的运行质量,为预防、降低工伤和职业病水平所采取措施的有效性;

(3)制定旨在消除已查明的缺陷、预防工伤和职业病的提案和建议。

组织内劳动保护管理制度的审核由劳动保护服务市场的专业人员以合同形式进行。

第 16 条 劳动保护经费筹措

为劳动保护提供拨款的费用是:

(1)乌兹别克斯坦共和国国家预算拨款;

(2)雇主自有资金;

(3)按照法律规定的方式形成的劳动保护基金;

(4)法人和个人的慈善捐赠;

(5)法律未禁止的其他来源。

劳动保护的预算拨款在各自的预算(共和国和地方)中作为一个单独的项目分配,用于维持管理、监督和控制机构,资助研究工作,执行国家和其他劳动保护方案。

每个雇主按照立法、集体协议或其他地方条例确定的数额为劳动保护拨出必要的资金。雇员不为此承担任何费用。

各组织有权以其商业和其他活动的利润(收入)以及法律不禁止的其他来源为资金来源创建一个劳动保护基金。

劳动保护经费不得挪作他用。

雇主分配劳动保护资金的程序,劳动保护资金的形成及其资金的使用,由乌兹别克斯坦共和国内阁部长在乌兹别克斯坦工会联合会的参与下确定。

第 17 条 劳动保护专业人员的培训、再培训和进修

在高等和中等专业、职业教育机构,按照规定的方式,对劳动保护专业人员进行培训。

高等和中等专业、职业教育机构必须根据经济和社会各领域生产的特点,组织在校学生必修劳动保护课程。

国家、经济管理机构和用人单位对劳动保护专家进行再培训和高级培训。

乌兹别克斯坦共和国内阁制定了劳动保护专家的再培训和高级培训程序。

第 18 条 向工人提供牛奶、治疗和预防食品、碳酸盐水、个人防护设备和卫生的环境。

按照既定标准,免费向从事不利工作条件工作的工人提供营养品、治疗和预防食品、碳酸盐水(在热店工作)、特殊服装、特殊鞋和其他个人防护设备和卫生环境等此类工作的清单、发放率、提供它们的程序和条件由集体协议和协议确定,如果没有缔结,则由雇主根据法律规定的标准与雇员代表机构协议确定。

员工个人防护用品的购置、存放、洗涤、清洁、修理、消毒、中和等工作所产生的费用由用人单位承担。

第 19 条 设施的设计、建造、改造、运行和生产设备的生产、修理都要符合

劳动保护要求。

不符合技术规制领域规范性文件和劳动保护问题监管性法律行为要求的设计、建造、改造和运营设施,生产资料的生产和修理,技术的引进,包括在国外获得的技术,都是不允许的。

禁止在生产中使用尚未制定最高准许标准(浓度)和未按规定方式取得相关专门知识的危险物质。

第20条　促进劳动保护设备的创造和生产

根据立法,通过出版宣传劳动保护的文献、海报和其他方式形成的组织以及研究和设计组织,通过创造、发放和销售集体防护和个人防护设备、工业环境控制装置和剂量测定设备而获得的部分利润,可以确定税收优惠。

第21条　保障录用和转业时的劳动保护权

雇佣合同的条款必须符合劳动立法、集体协议,以及集体协议和其他有关劳动保护的地方性法规的要求。

禁止将雇员和工人因为个人健康原因调任不适合其工作的岗位。

将雇员和工人调到另一个对健康和生命可能构成高水平威胁的工作时,雇主有义务就此向他们发出警告。

因健康原因需要为雇员提供较轻松的工作或排除不利因素影响的工作时,雇主有义务经雇员同意,根据医疗意见临时或长期调任其从事此类工作。

在出于健康原因被转移到不受不利生产因素影响的较轻松或报酬较低的工作时,雇员有权按照《乌兹别克斯坦共和国劳动法》规定的方式和条件保留其以前的平均月收入。

第22条　劳动者在劳动保护方面的权利和义务

(1)员工有权要求符合技术规范性法律法规和有关劳动保护问题的监管法律行为要求的工作场所;

(2)员工有权接受雇主提供的关于工作条件的信息,包括是否存在职业病和其他疾病的危险、应得的福利和补偿,以及个人防护设备和集体防护设备的信息;

(3)按照既定规范和劳动保护要求提供个人防护用品,费用由用人单位承担；

(4)按照法律规定的方式为工伤事故和职业病提供强制性国家社会保险；

(5)违反劳动保护规定，对其生命健康造成危险的，经国家劳动保护监督管理机构确认后，员工有权拒不从事劳动，直至危险消除；

(6)员工有权请求国家劳动保护监督管理机构对其工作场所的劳动条件和劳动保护情况进行检查；

(7)员工安全工作方法和技术的培训，费用由雇主承担；

(8)员工有权享有法律规定的福利和补偿；

(9)员工因工伤、职业病或者其他与履行工作职责有关的健康损害而对生命或者健康造成损害的，由用人单位给予赔偿；

(10)员工有权参与或通过其代表参与审议与确保其工作场所的安全工作条件有关的问题，以及参与调查发生在其身上的事故或其职业病；

(11)员工有权根据医疗建议进行特别健康检查，并在规定的健康检查期间保留其工作地点(职位)和收入；

(12)在工作场所因违反劳动保护要求而被清理的情况下，员工有权由雇主承担费用进行再培训；

(13)雇员可以依法享有其他权利。

雇员有以下方面的义务：

(1)遵守技术法规领域的规范性文件和有关劳动保护问题的监管法律行为的要求；

(2)正确维护个人权力；

(3)接受劳动保护、劳动保护培训和高级培训的指导；

(4)立即通知雇主任何对人的生命和健康构成威胁的情况，以及在工作过程中发生的或与之有关的任何事故；

(5)雇员还可以依法承担其他职责。

第23条 用人单位在劳动保护方面的权利和义务

雇主有权要求员工遵守有关劳动保护和安全行为的规范、规则和指示：

(1)雇主有权对雇员进行酒精中毒、药物中毒或中毒状态的检查；

(2)雇主有权了解雇员所受工伤的严重程度,他们是否患有可导致受伤的疾病,以及他们处于酗酒、吸毒或中毒状态的情况;

(3)雇主有权对国家监督和控制机构作出的遵守劳动保护要求的决定、其官员的作为(不作为)直接向法院或按从属顺序向更高级别的机构或官员提出上诉;

(4)雇主有权对员工遵守劳动保护要求的情况实行奖励和物质奖励;

(5)雇主有权对违反劳动保护规定的员工追究责任;

(6)用人单位可以依法享有其他权利。

雇主有义务确保每个工作场所的工作条件符合劳动保护要求:

(1)雇主有义务确保工人在建筑物、构筑物工作时,在设备的运行、工艺流程的实施以及在生产中使用原材料和材料、执行工作和提供服务时的安全;

(2)雇主有义务监测工作场所工作条件的状态,特别是有害生产因素和危险生产因素;

(3)雇主有义务及时告知雇员工作条件,包括是否存在职业病和其他疾病的危险,特定工作场所的劳动保护状况,以及雇员应得的福利和补偿、个人防护装备;

(4)雇主有义务按照法律规定的方式创建一个劳动保护服务处和一个道路安全服务处;

(5)雇主有义务按照既定规范向工人提供牛奶、治疗和预防食品、碳酸盐水、个人防护设备和卫生以及集体防护设备;

(6)雇主有义务确保雇员接受劳动保护方面的指导、培训、再培训、高级培训和对其劳动保护知识的测试;

(7)雇主不得允许未经劳动保护知识培训、指导和测试的人员作业;

(8)雇主有义务按照法律规定的方式,对有害、危险和其他不良工作场所的工作条件进行认证,确定雇员的福利和补偿,残疾人有权以优惠条件退休;

(9)雇主有义务按照规定的方式组织雇员进行强制性的初检(入职时)和定期体检(就业期间);

(10)雇主有义务向国家监管劳动保护的相关机构以及工会和其他工人代

表机构提供必要的信息和材料，以便其控制、监督和监测雇员的劳动保护状况，调查事故和职业病；

(11)雇主有义务采取措施预防事故，在发生此类情况时保护工人的生命和健康，包括为受伤人员提供急救；

(12)雇主有义务遵守监管劳动保护机构的指示，审议工会和其他雇员代表机构的报告；

(13)雇主有义务为工伤事故和职业病提供强制性国家社会保险，以及雇主民事责任的强制性保险；

(14)雇主有义务按照既定程序，对工业事故和职业病进行调查，并保存记录；

(15)用人单位还可以依法承担其他义务。

第 24 条 强制性体检

雇主有义务按照乌兹别克斯坦共和国卫生部规定的方式，对 18 岁以下的人、达到一般规定的退休年龄的人、残疾人以及一些职业和行业的雇员进行强制性的初步体检（在工作时）和定期体检（在就业期间）。

体格检查由向各组织提供医疗服务的医疗和预防机构进行，如果没有医疗和预防机构，则由组织所在地的领土医疗和预防机构进行。

雇员有义务进行体格检查，在转业的情况下，根据法律，必须接受强制性健康检查。

雇员无须负担接受身体检查的费用。

雇员无权逃避体检。

如果雇员逃避医疗检查或不遵守医疗委员会根据检查结果发出的建议，雇主有权不允许他们工作。

如果雇员认为其健康状况的恶化与工作条件有关，他有权要求进行特别体检。

在体检时，雇员有权保留其工作地点（职位）和月平均工资。

第 25 条 对劳动者进行劳动保护知识的介绍和培训

对所有新入职人员和转业人员，用人单位有义务进行劳动保护指导，组织开展安全工作方法和技术培训,并向事故受害者提供援助。

对于进入高风险生产设施或需要专业选择的工作的工人,用人单位有义务进行安全工作方法和技术的初步培训,组织为期一个月的专业实习,并进行考试,随后定期颁发劳动保护问题证书。

组织的工作人员包括管理人员,必须按照国家劳动保护管理机构规定的专业和工种的条件,接受劳动保护方面的培训、指导、知识测试和认证。

禁止未经规定方式的劳动保护知识培训、指导和测试的人员上岗工作。

第 26 条　工伤事故和职业病的调查登记

工伤事故和与履行工作职责有关的对工人健康造成的其他损害,以及职业病,必须按照规定的方式进行调查和核算。

与根据民法合同从事工作(提供服务)的人员有关的工伤和其他健康伤害、职业病也必须按照规定的方式进行调查和核算。

第 27 条　劳动者劳动保护关系调整的特点

法律在劳动保护领域对从事艰苦、有害和危险工作条件的工人以及某些类别的工人(妇女、18 岁以下的人、工作能力下降的人)作了特殊规定。

第 28 条　国家对遵守劳动保护规定的监督管理

根据乌兹别克斯坦共和国内阁批准的条例,乌兹别克斯坦共和国劳动部国家技术劳动监察员对遵守劳动保护要求的情况进行国家监督和控制。

国家技术劳动监察员有权:

(1)从管理人员和其他人员处请求和接收履行监督和控制职能所需的组织官员、文件和说明的信息;

(2)进行专项调查或参与工伤事故调查;

(3)监管违反劳动保护立法的组织的现任董事和其他官员;

(4)根据立法规定的程序对违反劳动保护法的官员采取的措施提出意见;

(5)要求禁止使用不符合劳动保护要求的个人防护用品和集体防护用品;

(6)对违反劳动保护法律规定的人员,按照既定程序追究行政责任;

(7)对不符合劳动安全要求并对职工生命健康构成威胁的组织,依照法律规定的方式,要求停止其活动或者设备的运行;

(8)参加验收委员会的工作,对已完成的建筑、重建的物体进行验收,如果它们不符合劳动保护立法的要求,则应当发布公告;

(9)就违反劳动保护立法和对劳动者生命健康造成损害的赔偿问题,在法庭上担任鉴定人;

(10)国家技术劳动监察员可以依法享有其他权利。

其他国家机构也有权根据立法对遵守劳动保护要求的情况进行国家监督和控制。

第29条 国家工作条件检查

国家工作条件检查由乌兹别克斯坦共和国劳动部国家工作条件专家根据乌兹别克斯坦共和国内阁批准的条例进行。

对工作条件进行国家检查是为了评估工作场所工作条件认证的质量;

对工作条件进行国家检查是为了确保向在有害和(或)危险工作条件下工作的雇员提供保证和补偿的正确性;

国家工作条件检查应针对员工的实际工作条件。

为了实现监管,有关工作条件国家鉴定人员有权查验并获取管理者或者其他管理人员的证件、简介和信息;

对消除违反劳动保护立法的行为有约束力的指示的组织的现任董事和其他官员;为了消除违法以保护劳动者,可向各组织的主管和其他官员作出有约束力的命令;

根据立法规定的程序对违反劳动保护法的官员采取的措施提出意见;

禁止使用不符合劳动保护要求的个人防护用品和集体防护用品;

对违反劳动保护要求和条件的,按照既定程序追究行政责任;

对不符合劳动安全要求并对职工生命健康构成威胁的组织,依照法律规定的方式,停止其活动或者设备的运行;

就违反劳动保护立法和对劳动者生命健康造成损害的赔偿问题,在法庭上担任鉴定人。

国家工作条件专家还可以依法享有其他权利。

乌兹别克斯坦共和国内阁制定了对工作条件进行国家审查的程序。

第30条　公民自治机构、非政府非营利组织和其他民间社会机构参与保障劳动保护

公民自治机构、非政府非营利组织和民间社会的其他机构可以参与执行国家、领土和其他劳动保护领域的方案，向参与确保劳动保护的国家和其他机构提供援助，以及根据立法参与其他活动。

第31条　工会和其他职工代表机构在保障劳动保护方面的权利

工会等职工代表机构在劳动保护领域开展代表工作，维护职工权益和合法利益。

工会和其他职工代表机构及其授权的劳动保护人员有权：

(1)从各组织的管理人员和其他官员处获得关于劳动条件和安全以及关于所有工业事故和职业病的信息；

(2)参加工伤事故和职业病调查；

(3)在威胁到雇员生命和健康的情况下，向雇主提出暂停工作的建议，以及消除违反劳动保护要求的行为；

(4)研究劳动保护状况，监测集体协议和协议规定的雇主劳动保护义务的履行情况；

(5)作为独立监督人员，参加医疗和劳动专家委员会会议，参加生产设施和生产条件测试和试运行委员会的工作；

(6)参与制定技术法规领域的规范性文件草案和确定关于劳动保护问题的规范性法律行为；

(7)有条件的向有关部门申请依法惩处违反劳动保护规定、隐瞒工伤事故事实的人员；

(8)员工因履行劳动职责而受到伤害或者其他健康损害的，以及遭受其他侵犯劳动者健康权和劳动保护权的，有向法院申请维护劳动者获得赔偿的权利；

(9)参与审议违反劳动保护立法、集体协议和协议规定的义务以及工作条件变化有关的劳动争议。

为履行分配给他的职能，向劳动保护授权人提供每周至少两小时的工作时

间,同时在此期间保持其工作地点(职位)的平均收入。

工会和其他劳动者代表机构在劳动保护领域开展社会伙伴关系,可以缔结总的、部门的和属地(地区)的集体协议。

工会和其他职工代表机构及其授权的劳动保护者,可以根据法律规定享有其他权利。

第 32 条 不符合劳动保护要求的工业产品的生产、销售,对消费者造成的损害,应当依照法律规定的方式予以赔偿

禁止销售和宣传不符合乌兹别克斯坦共和国规定的劳动保护要求的生产资料、个人防护设备和集体防护设备,包括在国外购买的生产资料、个人防护设备和集体防护设备,否则按规定承担责任。

第 33 条 雇主对雇员生命和健康造成损害的责任

雇主有义务按照法律规定的方式,对雇员因履行工作职责而受到的伤害、职业病或其他对其生命和健康造成的损害给予全额赔偿。

对雇员健康造成损害的赔偿包括按受害人工伤前平均月收入的百分比每月支付的赔偿金,与丧失职业工作能力的程度相对应并一次性支付至少相当于雇员年收入的款项,以及对雇员健康受损造成的额外费用的补偿[治疗、假肢和其他类型的医疗和社会援助的费用(如果他被确认需要的话),以及根据医疗报告对受害者进行再培训和就业的费用,以及其他费用]。

如果雇员因工业事故或职业病死亡,按法律规定的方式,有权获得损害赔偿的人每月可获得与养家糊口者死亡有关的损害赔偿,并一次性支付一笔金额至少为死者平均年收入 6 倍的费用和丧葬费报销额。

如果未成年雇员的健康受到损害,损害赔偿金根据其以前的收入计算,但不得少于法律规定的最低工资的 5 倍。

第 34 条 法人重组或清算时对雇员生命和健康造成损害的赔偿

如果按既定方式确认的对雇员的生命和健康损害负有责任的法人重组,其继任者应负责支付适当款项,以补偿雇员的损害。法律还对他提出了损害赔偿要求。

在对雇员履行劳动职责而对其生命和健康造成的损害负责的重组法人没

有资金或资金不足的情况下,裁定的数额由国家按法律规定的方式支付。这些数额由国家支付,在法律规定的其他情况下也是如此。

如果按既定方式确认的对雇员的生命和健康损害负有责任的法人被清算,则必须将相应的赔偿额资本化,以便按照法律规定的方式支付给受害者。

如果由于被清算的法人没有财产或财产不足而无法将赔偿额资本化,则由国家按照法律规定的方式向受害者支付赔偿额。

第 35 条　争议解决

劳动保护领域的争议按照法律规定的方式解决。

第 36 条　违反劳动保护立法的责任

违反劳动保护法的人,按法律规定的方式承担责任。

关于实行安全、有序、合法劳务移民制度的决定

塔什干市

2020 年 9 月 15 日

乌兹别克斯坦共和国总统令第 4829 号

(国家法律数据库,2020 年 9 月 16 日,第 07/20/4829/1281 号)

4 年来,我们对出国务工公民的态度发生了根本性的变化,在劳务移民方面引入了新的制度来研究和解决他们的问题并满足其需求。

国家设立了支持和保护出国务工公民的权益基金(以下简称基金),引入了劳动移民的生命健康保险制度,并为其家庭安排抵押贷款,同时采取综合措施,完善对出国务工公民的支持机制,确保劳务移民回国人员重新融入社会,为他们从事创业活动创造有利条件。

为了改进授权机构在外来劳动力输出和引入领域的活动,国家对希望在国外工作的人员进行必要的专业培训,保护公民在国外居留期间的权利,确保回国劳务移民的就业,并为其家庭成员提供社会资助。

第1条 承认就业和劳动关系部、劳务派出与劳务引进处、卡拉卡尔帕克斯坦共和国部长理事会、塔什干市市区、各地区和辖区组织的关于乌兹别克斯坦共和国公民在国外的就业活动不那么令人满意,应与他们进行持续对话,并就他们的问题建立系统的解决方案,确保他们回国后能够就业。

第2条 批准安全、有序和合法的劳动力输出与引入制度,确定其主要方向为:

(1)扩大将乌兹别克斯坦共和国公民有组织地送往国外从事临时劳工活动的规模,进而扩大各部委、部门和地方行政当局的任务和权力范围;

(2)发展外来劳动力移徙领域的国际合作,加强与国外同胞和乌兹别克斯坦共和国侨民组织的联系;

(3)有效组织乌兹别克斯坦共和国公民在出国工作前进行职业培训和外语培训的实践,并实行颁发国际公证认证书的制度,以确认其专业资格;

(4)扩大对困难劳务移民人口的财政和社会支持,保障他们的生命健康,并为其组织文化和教育活动;

(5)采取措施,促进和保障出国务工公民的权利,为他们创造有利条件;

(6)确保让务工回国的人重新融入社会,实施确保他们就业、提升专业资格和激励创业的举措。

第3条 建立以下程序,组织外来劳动力引入地区分支机构的工作:

(1)卡拉卡尔帕克斯坦共和国部长会议主席、各地区和塔什干市负责地区分支机构的全面管理,并负责有效执行分配给他们的任务;

(2)地区分支机构负责人同时担任卡拉卡尔帕克斯坦共和国部长会议主席以及各地和塔什干市关于外来劳动力移徙问题的助理;

(3)地区分支机构负责人经卡拉卡尔帕克斯坦共和国部长会议主席、各地区和塔什干市就业和劳动关系部同意方可进行任命和解聘;

(4)卡拉卡尔帕克斯坦共和国部长会议主席、各地区和塔什干市正在采取措施,以增加的地方预算为来源,加强各地区分支机构的物质和技术基础,并根据民法合同吸引合格的专家参加其活动;

(5)根据工作成效对地区分支机构员工进行物质激励,提高有组织的劳动力移徙比例，保障劳动力移徙归国人员就业；

(6)劳动力输入和引进处就劳动力移民问题向各地区分支机构提供方法上的援助，提供国外劳动力市场和潜在雇主的信息，帮助加强其物质和技术基础并激励工人。

第4条　向劳动力输出和引进处的地区分支机构提供以下权利：

(1)与外国雇主缔结协议，并根据缔结的协议派遣公民出国；

(2)与乌兹别克斯坦共和国外交使团、领事馆和劳动力输出和引进处驻外代表处合作，保护和支持在国外工作的劳务移民的权利；

(3)与外国的区域移民机构和其他国家机构建立联系并进行谈判；

(4)与海外同胞组织合作；

(5)吸引外国(国际)金融机构和其他组织的技术援助资金和赠款，用于移民部门的发展。

第5条　批准：

(1)卡拉卡尔帕克斯坦共和国部长理事会、各地区和塔什干市在安全、有序和合法劳工移徙制度框架内实施的措施方案；

(2)乌兹别克斯坦共和国驻外外交使团和领事馆在安全、有序和合法劳工移徙制度框架内实施的措施方案；

(3)就业和劳动关系部、卡拉卡尔帕克斯坦共和国部长理事会、各地区和塔什干市在2020—2021年开展的外来劳动力输出和引进工作的主要指标；

(4)2021年在国外举办的文化教育活动方案。

第6条　制定程序，规定自2021年1月1日起，通过有组织的劳工移徙，除符合外国雇主资格要求的人员外，使出国人员在被派往工作前，在国家和非国家教育组织接受专业培训。

第7条　这些地区，已经根据2020年8月11日第PP—4804号乌兹别克斯坦共和国总统令《关于旨在吸引企业家、增加贫困和失业公民的劳动活动和职业培训以及确保人口就业的补充措施》，开设了劳动就业中心、职业培训中心、短期职业培训班和职业培训中心，为离开该地区的劳动力移民教授专业和外语。

第8条 高等和中等专业教育部、就业和劳动关系部、监督专业教育机构的部委和部门、卡拉卡尔帕克斯坦共和国和地区政府部长会议在两个月内：

(1)在卡拉卡尔帕克斯坦共和国和其他地区的学院和技术学校的大楼内，为劳务移民举办专业和外语方面的短期培训班；

(2)培训班根据外国大型雇主的要求调整短期课程；

(3)培训班与外国雇主和私营职业介绍所建立密切的互动关系，并培训短期课程所需专业方面的合格专家；

(4)培训班与国外大型培训中心签订双边协议，组织短期教师实习。

确定短期课程的培训费用由国家促进就业基金、国家预算为此目的划拨的资金、为新员工提供职业培训的组织提供的资金以及法律不禁止的其他来源支付。

第9条 赋予就业和劳动关系部以下权利：由该基金出资，为劳工移民制定短期培训计划，提供方法支持，吸引国外大型企业的合格专家和优秀教育机构的师资，提高教师和工业培训教师的教学技能。

第10条 截至2021年1月1日：

(1)塔什干市政府与日本雇主共同在塔什干市劳动就业中心建立“日本语和专业资格”考试中心；

(2)费尔干纳地区政府与俄罗斯国家焊接管理局共同在费尔干纳市劳动就业中心的基础上建立一所焊工学校；

(3)锡尔达拉地区政府与阿拉伯联合酋长国塔比尔招聘中心共同在古利斯坦市劳动就业中心的基础上建立一个培训服务业工人的培训中心；

(4)纳曼干地区的政府以该地区的专业教育机构为基础，在公私合作的基础上创建培训中心“信息技术学校”，并与日本和阿联酋联合建立外语教学培训中心和服务业专业培训中心。

第11条 规定自2021年1月1日起：

(1)对通过“社会保障统一登记册”信息系统认定为低收入家庭成员并通过有组织的劳工力输出从事临时工作的人员，实行发放小额贷款的程序；

(2)发放最高金额为1000万苏姆的为期一年的小额贷款，用于支付在国外就业期间的相关费用（包括旅行、就业许可证登记费用）；

（3）小额贷款利率超过央行基准利率但不超过基准利率1.5倍的部分，由国家就业促进基金予以补偿。

同时，根据借款人（其家庭成员）的指示，小额贷款及其应计利息可以通过国际汇款系统扣缴其账户得到的资金以及法律规定的其他方式支付。

就业和劳动关系部应在一个月内与有关商业银行签订协议，约定小额贷款的发放和还款程序以及发放条件。

第12条　从2021年1月1日起制定程序，根据该程序，通过有组织的劳动力输出在国外实施临时工作的类型等同于自营职业者可以从事的活动类型（工作、服务），纳税和计算养老金的程序适用于为此类活动设立的程序。

第13条　内阁、就业和劳动关系部、外交部以及有关部委采取如下措施：

（1）2021年1月1日前在乌兹别克斯坦共和国开设俄罗斯联邦内政部护照和签证事务代表处，并由该代表处提供临时就业许可证（专利）的编制、登记和签发服务；

（2）2021年6月1日前与保加利亚、拉脱维亚、以色列、芬兰、波兰和加拿大就乌兹别克斯坦共和国公民在这些国家的有组织劳动活动缔结相互合作协定；

（3）2021年1月1日前在叶卡捷琳堡、新西伯利亚、萨马拉、乌法、希姆肯特和伊斯坦布尔等城市开设外来劳动力输出局代表处，并与乌兹别克斯坦共和国驻这些地区的外交使团和领事馆协调这些使团的活动。

第14条　核准就业和劳动关系部的提案，将向在外国经济困难、因没有证明其身份和谋生手段的文件而离开的公民支付的一次性财政援助金额的基本计算值从1增加到2。

第15条　就业和劳动关系部及外交部应实施如下行为：

（1）到2021年1月1日，举行俄罗斯联邦、哈萨克斯坦共和国和土耳其共和国律师组织之间的公开竞赛，为乌兹别克斯坦共和国公民在这些国家从事临时劳工活动提供法律援助，解决与违反移民和劳工法有关的问题，并与竞赛优胜者签订协议；

（2）在3个月内，建立向输出和引进劳工提供法律援助的在线平台，在私营

部门的参与下,组织“呼叫中心”,提供覆盖俄罗斯联邦领土的全天候服务;

报销律师事务所和“呼叫中心”的服务费用,费用由基金承担。

第 16 条 同意就业和劳动关系部及外交部的如下建议:

(1)关于任命乌兹别克斯坦共和国外交使团和领事馆的“名誉领事”以及地方行政当局的“公共顾问”的提议,在国外为乌兹别克斯坦共和国公民提供保护其权利、寻找体面工作和其他方面的直接援助;

(2)关于引入授予“名誉领事”和“公共顾问”荣誉称号和授予国家奖励的做法;

(3)关于在外交使团、领事机构和外来劳动力移徙局的咨询委员会代表处进行教育的问题,有海外同胞、雇主和定期向乌兹别克斯坦共和国公民提供援助的其他人参加;

(4)关于咨询委员会拟订解决乌兹别克斯坦共和国公民在国外工作问题的建议,举办有外国专家参加的圆桌会议,交流保护权利和支持劳工移民的经验;

(5)关于授权海外同胞组织、雇主和咨询委员会使用“劳务移民”软件包的权利。

第 17 条 制定程序,从 2021 年 1 月 1 日起,通过“社会保障统一登记册”信息系统认定为低收入家庭成员的人员,以及在国外从事临时工作后回国的人员享有如下权利:

(1)由国家就业促进基金支付最多为基础计算值 10 倍的补贴金额,以支付下列费用:

①自个体工商户登记或小企业、小微企业国家登记之日起前 3 个月,支付租赁房屋、构筑物的租金;

②教授创业和金融方面的基本知识的费用;

③收到贷款时作为担保签发的保险单款项。

(2)用于创业活动的贷款,贷款利率超过央行基准利率但不超过基准利率 1.5 倍的部分,由国家创业扶持基金予以补偿。

第 18 条 在制定 2021 年及以后各年度的国家预算参数时,财政部应为执行本决议第 11 条和第 17 条规定的措施,向国家促进就业基金和国家创业扶持基金划拨必要的资金。

第19条　设立区和市部门负责人、劳动就业中心主任和劳动监察员以实施下列行为：

(1)定期探望出国工作公民的家属，发现问题、了解其需要，切实帮助解决问题；

(2)协助改善出国工作公民家属的物质和社会状况，为他们提供必要的医疗资助服务，在抵押贷款的基础上分配住房，解决子女教育过程中存在的问题，以及确保健全的家庭成员就业。

各区和市的部门负责人每月一次向卡拉卡尔帕克斯坦共和国部长会议主席助理以及各地区政府和塔什干市外来劳动力输出的助理通报完成本段规定任务的进展情况。

第20条　就业和劳动关系部的职责包括：

(1)在一周内实施短号码"1282"的连续"热线"，使公民接收到有关在国外从事临时工作的申请；

(2)组织由雇主、合格专家和发达国家专家参加的国际劳工博览会、会议和研讨会。

第21条　乌兹别克斯坦共和国国家电视广播公司、国家新闻署以及就业和劳动关系部、外交部在媒体上应实施如下行为：

(1)播放如下特别节目和标题：

①关于在外国从事临时工作的程序和条件、外国的劳工和移民法规、劳动力市场的所需专业以及对这些专业进行培训的教育机构；

②乌兹别克斯坦共和国各地区政府、区(市)、部门、劳工机构、驻外外交使团和领事馆在劳工移民领域开展的工作，以及国家为希望在外国从事临时劳工活动的人员提供资助的措施；

(2)确保对该决议宗旨和目标的广泛报道，并进一步扩大乌兹别克斯坦共和国电视频道在俄罗斯、哈萨克斯坦、土耳其和其他国家的广播覆盖面。

第22条　为确保及时有效执行本法令而规定的措施包括以下内容：

(1)就业和劳动关系部第一副部长E. 穆科迪诺维——采取措施，实施并进一步完善安全、有序和合法的劳工输出制度，大幅增加有组织的劳工输出的比重，保障公民离境务工的权利，确保从国外回国的劳务移民就业；

(2)外交部长 A. 卡米洛夫——提高乌兹别克斯坦共和国驻外国外交使团和领事馆在外国开展活动的效率，以便与劳务移民建立直接和公开对话，保护他们的权利和合法利益，并让海外同胞组织参与这一进程；

(3)卡拉卡尔帕克斯坦共和国部长会议主席、各地区政府和塔什干市——在适当层次上组织外来劳动力输出局地区分支机构的活动，采取必要措施改善其生活条件，提供财政援助，保护劳务移民及其家属的生命和健康；

(4)总理顾问——乌兹别克斯坦共和国公民权利保护司司长、在国外开展临时劳工活动和国际经济合作司司长 M. 卡伊里迪诺夫——协调实施初步职业培训和适应措施的过程，以使公民有组织地进行劳务移民，使在国外的劳务移民顺利就业，并在回国后为他们提供法律和社会援助；

(5)副总理兼经济发展和减贫部长 D. 库奇卡罗夫——协调全面落实本法令规定的财政机制的工作，解决移徙劳工领取养恤金和贷款的问题，并确保有针对性地支出用于这些目的的资金；

(6)副总理兼投资和外贸部长 S. 乌穆尔扎科夫——在政府间委员会的框架内，协调为输出人口的劳动活动创造有利条件而开展的工作，在这些问题上达成国际协议和协定。

第 23 条 在乌兹别克斯坦共和国总统令 2018 年 7 月 5 日第 3839 号《关于进一步完善乌兹别克斯坦共和国涉外劳务移民制度补充措施的决定》的法令中修改如下内容：

(1)在第 1 条第 1 款第 3 项中，“乌兹别克斯坦共和国就业和劳动关系部下属的外来劳动力输出局(以下简称局)”改为“乌兹别克斯坦共和国就业和劳动关系部中央办公室(各)分支机构”；

(2)在第 2 条第 2 款第 62 项中，“局”一词应改为“乌兹别克斯坦共和国就业和劳动关系部下属的对外劳动力输出局”。

第 24 条 就业和劳动关系部应与有关部委一道，在两个月内向内阁提交关于修正和增补本决议所产生的立法的提案。

第 25 条　本决议的执行由乌兹别克斯坦共和国总理 A. N. 阿里波娃负责。其应向乌兹别克斯坦共和国总统通报在 2020 年 12 月 1 日前和 2021 年 7 月 1 日前所采取措施的成效。

关于进一步完善乌兹别克斯坦共和国涉外劳务移民制度补充措施的决定

塔什干市

2018 年 7 月 5 日

乌兹别克斯坦共和国总统令第 3839 号

（国家法律数据库,2018 年 7 月 6 日,第 07/18/3839/1463 号;2020 年 1 月 1 日,第 07/20/4555/4257 号;2020 年 9 月 16 日,第 07/20/4829/1281 号）

值得注意的是,尽管已采取一些举措简化涉外劳务移民程序,达成了关于有组织地招募公民到国外工作的国际协定,并为确保他们能安全地进入境外的工作地点创造了有利条件,但仍然有大量劳工非法流动。

公民在国外有组织就业的指标,以及确保从劳工输入输出中返回人员就业的指标,仍然保持在较低水平。

为了进一步完善涉外劳务移民制度,从根本上扩大其组织形式,确保前往境外工作的公民的劳动和社会权利,提高从国外返回的劳工在商业和劳务活动中的参与度,以及始终如一地执行《行动战略》所载明的 2017 年至 2021 年乌兹别克斯坦共和国五个优先发展领域的任务应实施如下行为:

第 1 条　自 2018 年 9 月 1 日起,确定在乌兹别克斯坦共和国注册的法人有权在以下方面开展活动:

（1）根据乌兹别克斯坦共和国就业和劳动关系部颁发的许可证在国外雇用乌兹别克斯坦共和国公民;

（2）根据乌兹别克斯坦共和国就业和劳动关系部进行的认证,确认前往国外就业的乌兹别克斯坦共和国公民的专业能力，包括其专业技能和外语熟练程度；

(3)确定乌兹别克斯坦共和国就业和劳动关系部中央办公室(各)分支机构作为其工作机构，履行审查许可证和认证申请、准备必要文件的职能。

第2条 在乌兹别克斯坦共和国就业和劳动关系部设立基金(以下简称该基金)，以支持和保护具有法律实体地位的在国外工作的公民的权益。

确定该基金的主要目标，以支付下列费用：

(1)向在国外就业期间遭受暴力、强迫劳动和歧视、侵犯劳动和其他权利、经济状况困难、没有身份证件和生计无着落的公民提供法律、社会保护以及物质援助；

(2)劳工在外务工期间因受伤或事故而需要医疗援助、但其无法支付所提供的医疗服务的费用，由该基金代为支付，后续由其偿还；

(3)经有关就业国家当局批准，运送境外死亡劳工的尸体，以及在国外工作期间受伤或严重受伤导致残疾的公民的尸体；

(4)通过招聘组织被派往国外工作，但因违反入境国法律而被驱逐出境的公民的返程费用，以及未按与外国雇佣者协议的就业条件工作的公民的返程费用，由该基金代为支付，后续由其偿还；

(5)在共和国各地区成立装备中心，对离境工作人员进行适应性培训、职业培训、外语知识培训和测试，以及专业能力鉴定；

(6)在国外设立乌兹别克斯坦共和国就业和劳动关系部下属的对外劳务输出局代表处并为其配备设施；

(7)开展信息传播和教育活动，以改善公民在国外的有组织就业制度，防止非法劳务输出。

第3条 确定该基金收益的来源包括以下方面：

(1)从乌兹别克斯坦共和国国家预算中拨出1150亿苏姆的一次性无偿财政援助；

(2)根据与就业和劳动关系部签订的许可协议，为派遣公民到国外工作的

组织缴纳备用金5万美元,若缴纳的备用金不足以偿付,则需要增加资金,若相关劳务关系终止,则需要退还资金;

(3)在商业银行存款中的资金收益;

(4)个人和法人的慈善捐赠,以及法律未禁止的其他来源的资金。

第4条　乌兹别克斯坦共和国就业和劳动关系部应在一个月内向内阁提交政府决定草案以批准如下条例:

(1)乌兹别克斯坦共和国公民在国外就业许可程序条例;

(2)关于正式许可从事经营活动的法人以确认乌兹别克斯坦共和国公民出国从事劳动活动的专业能力的程序条例;

(3)关于有组织地招募乌兹别克斯坦共和国公民在国外从事劳务活动的程序条例;

(4)乌兹别克斯坦共和国就业和劳动关系部下属的关于涉外劳务输出机构的最新条例;

(5)关于支持和保护在国外工作公民的权益的基金运营活动组织条例,包括基金的设立和使用程序。

第5条　自2018年8月1日起订立如下条例:

(1)根据乌兹别克斯坦共和国就业和劳动关系部规定的方式,按照私人劳动合同之相关规定,订立出国务工公民自愿登记的条例,且取消在国外从事劳动活动须获得许可的条例;

(2)按规定的方式自愿向财政部下属的预算外抚恤基金缴纳年度保险费的程序条例,数额为最低工资的四倍半,包括支付保险费的期限。

第6条　乌兹别克斯坦共和国就业和劳动关系部在一个月内向内阁提交提议,即在公私合作关系的基础上引入社会导向型企业的机制,以创造最低收入水平的新就业机会,并为此目的规定公共基金的资金流向。

第7条　免征除增值税外的所有税种。

第8条　外交部应与乌兹别克斯坦共和国就业和劳动关系部在一个月内向内阁提交一份政府决定草案,草案应包括将机构管理人员中的高级官员列入颁发乌兹别克斯坦共和国外交护照的官员名单。

第9条 就业和劳动关系部与乌兹别克斯坦共和国司法部和其他有关部门在两个月内提交就加强因违反劳动法规以及违反该决议下经更改和修正的法律而造成的行政和刑事责任的提议。

第10条 本决议的执行由以下人员负责:乌兹别克斯坦共和国副总理阿齐兹·阿卜杜卡其夫,乌兹别克斯坦共和国检察长阿卜杜拉耶夫,乌兹别克斯坦共和国总统第一副外长马夫兰诺夫和乌兹别克斯坦共和国就业和劳动关系部部长。

Part 3 第三编

乌兹别克斯坦共和国商事和经济法律法规选编

第一节 概 述

乌兹别克斯坦共和国商事和经济领域的基本立法状况较为完善,本编主要将最新的有关商事和经济法方面的立法规则进行了整理。收录的法律主要有《乌兹别克斯坦共和国有限责任公司和补充责任公司法》《乌兹别克斯坦共和国私营企业法》《乌兹别克斯坦共和国对外经济活动法》《乌兹别克斯坦共和国经济特区法》。

本编收录的《乌兹别克斯坦共和国有限责任公司和补充责任公司法》于 2001 年 12 月 6 日起施行,共 55 条。该法总体上分为七部分,第一部分为总则,主要对该法的立法目的,相关法律,有限责任公司与补充责任公司的概念、法律地位、名称、位置、公司成员、公司成员的权利与义务进行了介绍和规定;第二部分为公司的设立,对公司设立的程序、公司的章程、章程大纲进行了介绍和规定;第三部分为公司的注册资本,主要对公司注册资本的构成,对其的出资,公司注册资本的增加,以公司财产为资金来源增加公司的注册资本,以公司股东的追加出资和公司接受的第三方的出资为资金来源增加公司的注册资本,公司注册资本的减少,将公司注册资本中的公司股东的股份或部分股份转让给其他公司股东或第三方,公司注册资本中的股份质押,属于公司的股份,对公司参与者在公司注册资本中的股份、部分股份征收执行费,公司利润在公司股东之间的分配,公司利润在公司成员之间分配的限制,对向公司参与者支付公司利润的限制,公司储备基金,公司发行和配售债券进行了介绍和规定;第四部分为公司管理,主要对公司管理机构,公司股东大会的权力,公司股东普通大会,特别大会,公司股东大会的召集程序、召开程序,公司股东大会会议记录,公司股东大会的决定,以投票方式作出,通过与公司股东大会的权力有关问题的决定,公司监事会的权力,公司的唯一执行机构,公司合议执行机构,对公司管理机构的决定提出上诉,公司监事会成员、公司唯一执行机构、公司合议执行机构成员的责任进行了介绍和规定;第五部分为公司在交易中的利益、大额交易,主要对公司在交易中的利益和重大交易两部分进行介绍和规定;第六部分为公司活动的监管,主要对公司的审计部门、内部审计部门、公司审计机构进行了介绍和规定;第七部分为公司的重组和清算,主要对公司的重组、合并、隶属关系、分立、分拆、转型和清算进行了规定。该法最突出的特色为内容翔实、体系框架鲜明,对于乌兹别克斯坦共和国有限责任公司和补充责任公司进行了从设立到清算的详细介绍与规定。总体而言,此法的设立有利于规范有限责任公司和补充责任公司的创立、经营、重组和清算方面的关系。乌兹别克斯坦共和国的公司形式有股份公司、有限或补充责任公司、无限或合伙公司、单一制企业、私营企业、生产合作社、农场、法人形式的农户以及其他商业单位。股份公司是指规模一般较大,股东人数相对较多且不受限制,后期上市,股权还可以在二级金融市场上市交易变现的公司。关于有限或补充责任公司,此类形式的公司由一人或多人设立,股东人数受限,参与公司的股东以认缴的出资额为限,按比例承担与公司活动有关的盈利和亏损。乌兹别克斯坦共和国对股份公司或有限责任形式的公司在某些行业中的股份比例仍有限制,比如外资在金融、保险类公司中的股份比例不得超出50%,在传媒领域合资企业的外资比例不得超出15%。乌兹别克斯坦共和国可以注册无限或合伙公司,无限或合伙公司就是共同出资、共同经营、共同收益和共担风险,并对企业的债务承担无限连带责任,此形式的公司无其他特殊要求。关于注册私营企业、生产合作社、农场、法人形式的农户及其他商业单位等形式的商业主体，乌兹别克斯坦公司法对这些公司形式没有过多的注册限制。

本编收录的《乌兹别克斯坦共和国私营企业法》于 2003 年 12 月 11 日起施行，共 30 条。

该法主要包括六章，第一章为总则，主要对该法的立法目的，私营企业立法，私营企业品牌名称、银行账户、印章、邮票和信笺进行了介绍与规定；第二章为私营企业的设立及其国家登记，主要对创建私营企业的程序，私营企业的章程、国家登记、授权资本和授权资本的增减变动进行了介绍与规定；第三章为私营企业管理，主要包括私营企业的独立经营，私营企业所有者的权利与义务，私营企业的临时管理等内容；第四章为私营企业的雇佣关系，主要对私营企业的雇佣者和雇员之间的关系，私营企业劳动报酬，私营企业雇员的社会保护等进行了介绍与规定；第五章为保障私营企业的经营自由，主要对私营企业的活动自由、福利、优惠和保障进行了介绍与规定；第六章为最后条款对私营企业合并、转让、重组、清算、违法责任和争议解决进行了介绍与规定。本法最鲜明的特色是篇幅较短但内容精练全面，总体上内容明晰、较为完整，其制定有利于规范私营企业的创立、经营、重组和清算关系。

乌兹别克斯坦共和国商事法律制度的建设主要涉及货币、银行、证券、贸易、投资等领域。乌兹别克斯坦共和国货币为苏姆，根据乌兹别克斯坦共和国法律，苏姆与其他外币可自由兑换，但在实际操作中非常困难。乌兹别克斯坦共和国的银行业共由 30 家不同所有制形式的商业银行构成，其中，国有银行 3 家，外资银行 5 家，股份制银行 11 家，私人银行 11 家。乌兹别克斯坦共和国 4 大商业银行是：国家外经银行、工业建设银行、阿萨卡银行和抵押银行。其中国家外经银行与中国进出口银行、中国国家开发银行有较多的业务合作。乌兹别克斯坦共和国央行的主要功能是制定货币信贷政策、调节和管理外汇、监督管理商业银行等。其余商业银行主要起到了信用中介、支付中介的作用。近年来，乌兹别克斯坦共和国证券市场发展势头良好，为经济发展开拓了资金渠道。总统沙夫卡特・米尔济约耶夫及乌政府高度重视证券市场发展，并强调要为证券市场的繁荣发展创造一切有利条件。证券活动准入手续的简化，使商业银行成为证券市场的主要参与者，从而为广大民众打开了参与证券交易的渠道。但是受合同审批严格、外汇管制严格、透明度缺乏等因素的影响，乌兹别克斯坦共和国证券市场的发展仍然有待推进。投资主管部门为乌兹别克斯坦共和国对外经济联系、投资与贸易部，其主要职能有：负责制定和实施国家在对外经济活动、促进出口、吸引外资、搞活外贸、扩大和巩固对外贸易联系等领域中的统一政策；对国际货物、资本、服务市场的行情进行综合研究，深入分析和预测国内、国外两个市场的现状及发展前景，制定和实施与外国伙伴建立长期、稳固经贸关系的有效措施；制定和实施有利于发展和提高国家经济竞争力以及融入世界经济体系能力的有效措施，发展出口潜力，保障本国从事对外经济活动的企业的利益；发展乌兹别克斯坦共和国与其他国家、国际经济和金融机构以及各国际法主体之间的经济与金融方面的相互合作关系；为吸引外资创造良好的投资环境，调查和研究引资项目中存在的问题，为外国投资者提供必要的信息。乌兹别克斯坦共和国主要贸易法规有：《乌兹别克斯坦共和国对外经济活动法》《乌兹别克斯坦共和国出口监督法》《乌兹别克斯坦共和国保护措施、反倾销及补偿关税法》《乌兹别克斯坦共和国关税税率法》等。本编收录的《乌兹别克斯坦共和国对外经济活动法》规定了乌兹别克斯坦共和国开展对外经济活动的基本原则和程序、保护对外经济关系中的各类参与者的权利、利益和财产的措施，为乌兹别克斯坦共和国经济融入经济体系奠定了法律基础。

本编收录的《乌兹别克斯坦共和国对外经济活动法》适用于所有类型和形式的对外经济关系，包括经济、科技、技术和文化合作，人员培训、对外和边境贸易、保险、银行、运输业务、旅游等国际经济关系领域的活动，该法于 1991 年 6 月 14 日起施行，共 20 条。该法主要由四章构成，第一章为总则，主要对对外经济活动，乌兹别克斯坦共和国作为对外经济活动主体的权力，乌兹别克斯坦共和国对外经济活动领域与外国关系的基本原则，对外经济活动的对象和主体，管理对外经济活动的立法和其他规范，卡拉卡尔帕克斯坦共和国在对外经济活动领域的权限进行了介绍和规定；第二章为对外经济活动成效，主要对对外经济活动主体的权利和义务，乌兹别克斯坦共和国银行参与开展对外经济活动，乌兹别克斯坦共和国境外的对外经济活动和外国实体参与的乌兹别克斯坦共和国境内的外国经济活动进行了介绍与规定;第三章为国家对对外经济活动的管理,主要对国家对对外经济活动管理的形式,国家机构在管理对外经济活动方面的权力和责任,以及货币自给自足进行了介绍与规定;第四章为对外经济活动主体权利和责任,主要对对外经济活动主体权益的保障,对外经济活动的中止和终止,对外经济活动主体的责任,争议解决和违反对外经济活动立法的责任进行了介绍与规定。该法最鲜明的特点是对对外经济活动做了大量的注解与阐述,对于理解对外经济活动有关的流程与程序起到了很好的辅助作用。该法的制定有利于乌兹别克斯坦共和国对于对外经济活动的规定与管理。

本编收录的《乌兹别克斯坦共和国经济特区法》于 2019 年 12 月 9 日经立法会议厅通过,2019 年 12 月 14 日经参议院批准。该法主要包括 11 章,共 48 条。分别为:第一章总则,主要介绍了该法的立法目的、构成与基本概念;第二章有关组织经济特区的运作和发展方面的国家规定,主要对乌兹别克斯坦共和国内阁权力,经济特区发展规划与境内国有资产管理等有关方面进行了规定;第三章经济特区类型及其组织措施,主要对经济特区类型进行了详细介绍;第四章经济特区境内拟实施的投资项目要求,主要对一般要求与特殊要求进行了相关规定;第五章经济特区设立、经营期限延长和边界变更与清算程序,主要对经营期限延长和边界变更的设立起因、所需提交的附件以及清算理由进行规定;第六章经济特区管理,主要对经济特区的管理机构进行了规定;第七章投资申请备案和审议程序,主要对提交程序等事项进行了规定;第八章经济特区成员,主要对经济特区参与者地位,权利与义务,对丧失身份情况与程序进行了有关规定;第九章投资协议,主要对投资协议的签订、续期和终止进行了有关规定;第十章经济特区特别法律制度,主要对特别法律制度的特点、特别关税制度、税收和关税优惠、劳动关系调整和理事会预算进行了规定;第十一章最终条款,明晰了经济特区参与者的法律保障、争议解决,以及乌兹别克斯坦共和国部分无效的立法。该法最突出的特色是详细介绍了相关概念与部分立法背景与流程,有利于法律条文的实施。从整体上而言,有利于组织经济特区的运作和有序发展。乌兹别克斯坦共和国关于经济特区的法规和命令还有:《乌兹别克斯坦共和国自由经济区法》《乌兹别克斯坦共和国总统关于建立纳沃伊自由工业经济特区的命令》《乌兹别克斯坦共和国内阁关于采取措施筹备建设纳沃伊自由工业经济特区的命令》《纳沃伊自由工业经济特区地位法》《乌兹别克斯坦共和国总统关于建立吉扎克工业特区的命令》《乌兹别克斯坦共和国内阁关于采取措施筹备建设吉扎克工业特区的命令》《乌兹别克斯坦共和国总统关于建立安格连工业特区的命令》《乌兹别克斯坦共和国内阁关于采取措施筹备建设安格连工业特区50乌兹别克斯坦的命令》《关于采取补充措施扩大自由经济区活动的总统令》《乌兹别克斯坦共和国关于在布哈拉州吉日杜万、撒马尔罕州乌尔古特、费尔干纳州浩罕和花剌子模州哈扎拉普斯建立经济特区的总统令》《乌兹别克斯坦共和国关于建立锡尔河自由经济区的总统令》《乌兹别克斯坦共和国关于建立渔业自由经济区的总统令》《乌兹别克斯坦共和国关于建立努库斯药业经济区、佐明药业经济区、科松索药业经济区、锡尔河药业经济区、博伊松药业经济区、布斯通利克药业经济区和帕尔肯特药业经济区的总统令》《乌兹别克斯坦共和国关于建立切尔瓦克自由旅游区的总统令》等。

第二节 法律文本

乌兹别克斯坦共和国有限责任公司和补充责任公司法

塔什干市

2001年12月6日

第310—Ⅱ号

(《乌兹别克斯坦共和国议会公报》,2002年,第1期,第10条。《乌兹别克斯坦共和国法律汇编》,2006年,第14期,第110条;2007年,第29—30期,第297条;2007年,第50—51期,第506条;2011年,第51期,第542条;2012年,第1期,第1条;2014

年,第 4 期,第 45 条;2014 年,第 20 期,第 222 条;2015 年,第 33 期,第 439 条。国家法律数据库,2018 年 1 月 5 日,第 03/18/456/0512 号;2018 年 1 月 10 日,第 03/18/459/0536 号;2019 年 3 月 21 日,第 03/19/531/2799 号;2019 年 12 月 12 日,第 03/19/592/4144 号;2019 年 12 月 25 日,第 03/19/597/4193 号;2020 年 1 月 23 日,第 03/20/603/0071 号;2020 年 7 月 22 日,第 03/20/629/1087 号)

第一章　总　　则

第 1 条　本法的目的

为了调整有限责任公司和补充责任公司的创立、经营、重组和清算方面的关系,制定本法。

第 2 条　关于有限责任公司和补充责任公司的法律

关于有限责任公司和补充责任公司的法律由本法和其他法律组成。

第 3 条　有限责任公司

有限责任公司是由一人或多人创立的商业公司,其注册资本按照公司章程确定的数额划分成股份。有限责任公司的成员不对公司的义务承担责任,但须在其出资价值范围内承担与公司活动有关的损失风险。

有限责任公司未足额出资的成员,在各成员未缴出资额的价值范围内,对其义务承担连带责任。

第 4 条　补充责任公司

补充责任公司是由一人或多人创立的商业公司,其注册资本按照公司章程确定的数额划分成股份。这种公司的成员共同对其义务承担补充责任,他们的财产与公司的章程确定的他们的贡献价值的比率相同。

补充责任公司的成员的最大责任额由该公司的章程规定。

在其中一个成员破产的情况下,其对补充责任公司义务的责任在其他成员之间按其出资比例分配,除非公司的章程对责任分配的程序有不同的规定。

第5条 有限责任公司和补充责任公司的法律地位

有限责任公司或补充责任公司(以下简称公司)自其按照法律规定的方式在国家注册之时起即取得法人资格。

公司有权以创始人的身份或以其他方式缴纳其他法人的注册资本,按照法律规定的方式创设代表机构和分支机构。

公司的设立是没有时间限制的,除非其章程另有规定。

公司有权拥有一个圆形印章,上面用国家语言印有公司全称,并注明公司所在地。公司的印章也可由公司选择以其他语言印上公司名称。

公司有权拥有印有自己公司名称、自己徽章的邮票和信笺,以及按规定方式注册的商标和其他有关民事周转、商品、工程和服务的参与者的个性化手段。

公司拥有独立的财产,记录在其独立的资产负债表上,可以以自己的名义获得权利,承担义务,成为法庭上的原告和被告。公司可以开展法律不禁止的任何类型的活动。

某些类型的活动的清单由法律确定,只有在有许可证的基础上,公司才能进行这些活动。

公司以其所有的财产承担责任。

公司对自己的股东的债务承担责任。

公司因成员的过失而破产时,如果公司的财产不足,该人可以被委托对其义务承担补充责任。

国家及其机构不对社会的义务负责,正如社会不对国家及其机构的义务负责一样。

第6条 公司名称和位置

公司必须有一个完整的名称,并有权拥有一个用官方语言描述的公司名称缩写,同时公司自由选择的其他语言也须如此。

有限责任公司的完整公司名称必须包含公司的全称和“有限责任”字样。有限责任公司的公司名称缩写必须包含其全名或缩写和“有限责任”字样或缩写 MChJ。

补充责任公司的公司全称必须包含公司全称和“补充责任”字样。补充责任公司的公司名称缩写必须包含其全名或缩写名称以及“补充责任”字样或缩写 QMJ 的字样。

公司名称不得包含反映其组织形式和法律形式的其他术语和缩写，包括借用外国语言的术语和缩写，法律另有规定的除外。

外国参与设立的公司的公司名称中可以注明其创始人的国籍。

公司所在地即为国家注册的所在地。公司的章程可以确定公司的所在地是其理事机构的永久所在地或者公司活动的主要地点。

公司必须有与之通信的邮政地址，并必须将其邮政地址的变更通知对法人进行国家登记的机构。

第 7 条　公司成员

公司成员为法人和个人。

法律可以禁止或限制某些类别的个人参与公司。

国家权力和行政机构不能作为公司的股东，除非法律另有规定。

公司可以由一个人创建，并成为公司唯一的股东。该公司随后可以成为有一个股东的公司。

公司不能由另一个由一人组成的公司作为其唯一的股东，但其唯一的参与者是由一名股东组成的股份制公司的情况除外。

公司成员人数不得超过 50 人。

如果公司的股东人数超过本条第 6 款规定的限额，公司必须在一年内转变为股份公司或生产合作社。如果在规定的期限内，公司没有进行重组，而且公司股东的数量没有减少到规定的限额，则应按照对法人进行国家登记的机构的要求，在法院对公司进行清算。

如果由于不可调和的分歧，公司成员之间因为没有足够的票数来做决定，而无法就公司的管理达成协议，那么这些冲突情况将在法院解决。

第 8 条　公司成员的权利

公司股东有权依照本法和公司章程规定的方式参与公司事务的管理；

接收有关公司活动的信息，并以法律和公司章程规定的方式熟悉公司的会计账簿和其他文件；

参与利润分配；

按照本法和公司章程规定的方式，将其在公司注册资本中的全部份额或部分份额出售或出让给本公司的一个或几个股东；

按照本法和公司章程规定的方式，在任何时候都可以离开公司，而不需要征得其他股东的同意；

在公司清算的情况下，接受债权人结算后的部分财产或其价值。

公司的股东，若其股份合计至少占公司股份的10%，有权向法院要求将严重违反其义务或因其作为或不作为而使公司无法经营或使公司经营严重复杂化的股东排除在公司之外。

公司成员还可享有立法权和公司章程规定的其他权利。

第9条　公司成员的义务

公司股东有义务：

(1)依照本法和公司章程规定的方式、数额、方式和期限缴纳出资；

(2)不得泄露有关公司活动的机密信息。

公司成员还承担法律和公司章程规定的其他义务。

第二章　公司的设立

第10条　公司设立的程序

公司的创始人签订创立协议并批准公司章程，本法第11条第2款规定的情况除外。公司的创始人选举或任命公司的执行机构，同时，如果对公司的注册资本进行非货币出资，他们也会核准其货币价值。批准公司章程的决定，以及批准公司创始人出资的资产评估，均由创始人一致作出。其他决定由公司创始人按照本法和公司章程规定的方式作出。

公司的创始人对公司在国家注册之前产生的与公司成立有关的义务承担连带责任。只有在公司股东大会随后批准其行为的情况下，公司对与其成立有关的公司创始人的义务负有责任。

第 11 条　公司的章程

公司的章程是公司的组成协议和公司章程。

如果公司由一人创立,经此人认可的章程即为公司的章程。如果公司的股东增加到两个或两个以上,他们之间必须缔结一份公司章程大纲。

应公司成员、审计师或任何利益相关者的要求,公司有义务为他们提供熟悉公司章程,包括修正案的机会。公司有义务应公司股东的要求,向其提供公司章程和公司章程的副本。公司为提供副本所收取的费用,不得超过制作副本的成本。

公司章程的变更由公司股东大会决定,还须按法律规定的方式进行国家登记。

对公司章程的修改从国家登记时起对第三方生效。与设立代表处和分支机构有关的变更,以及与公司邮政地址有关的变更,自通知对法人进行国家登记的机构时起对第三方生效。

如公司备忘录的规定与公司章程的规定有出入,第三方及公司股东应以公司章程的规定为准。

第 12 条　章程大纲

在公司章程大纲中,公司的创始人承诺创建公司,并确定创建公司的联合活动程序。《组成协议》规定了以下内容:

(1)公司创始人股东的构成;

(2)公司注册资本的份额和公司每一位创始人股东的股份份额;

(3)公司成立时向其注册资本出资的程序、份额、方式和条件;

(4)公司创始人股东违反出资义务的责任;

(5)公司创始人股东之间分配利润和承担损失的条件和程序;

(6)公司机构的组成和公司成员退出公司的程序。

第 13 条　公司章程

公司章程必须包含以下信息:

(1)公司的全名和简称;

(2)公司活动的主体;

(3)公司的邮政地址;

(4)关于公司机构的组成和权利的信息,包括构成公司股东大会专属权利的问题,公司机构作出决定的程序,以及一致通过或以特定多数票作出决定的问题;

(5)关于公司注册资本份额的信息;

(6)关于公司各股东的股份份额和面值的信息;

(7)公司成员的权利和义务;

(8)关于公司成员退出公司的程序和后果的信息;

(9)关于将公司注册资本中的股份或部分股份转让给他人的程序的信息;

(10)关于保存公司文件的程序以及关于公司向公司成员和其他人提供信息的程序的信息;

(11)其代表机构和分支机构的情况;

(12)其他不违反法律规定的信息。

第三章　公司的注册资本

第14条　公司注册资本的构成

公司的注册资本由公司章程确定,由其股东的股份面值组成。

公司注册资本的最低份额可以在许可要求中确定。

公司股东在公司注册资本中所占份额的大小以百分比或分数的形式确定。公司股东的股份大小必须与他的股份的面值和公司的注册资本的比例一致。

公司参股人所持股份的实际价值相当于公司净资产价值的一部分,与其股份的份额成比例。

公司章程可以限制公司股东的最大股份份额,以及改变公司股东的股份比例的可能性,这种限制不适用于公司的个别成员。这些规定可以在公司成立时由公司章程规定,可以包含在公司章程中,也可以由公司所有股东一致通过的公司股东大会的决定改变或排除在公司章程之外。

在公司仅作为信贷组织进行国家注册时,每个股东都有义务将其在章程中规定的出资额的至少30%作为公司的注册资本。

公司的每个成员必须在章程确定的期限内对公司的注册资本进行全额出资,该期限从公司的国家注册日期起不能超过 1 年。

公司成员所作的全部出资由发给该名成员的证书予以确认。

第 15 条　对公司注册资本的出资

对公司注册资本的出资可以是货币、证券、其他物品或具有货币价值的财产权或其他可让渡权利。

公司股东和被接纳的第三方对公司特许资本的非货币性出资的货币价值,由公司股东大会决定批准,并由公司所有股东一致通过。

如果公司的财产使用权在作为注册资本的出资而转让给公司使用的期限届满之前被终止,转让财产的公司股东有义务应公司的要求向公司提供货币补偿,其金额相当于在剩余期限内以类似条件使用同一财产的付款。货币补偿必须在公司提出要求起一个月内提供,除非公司股东大会的决定规定了提供补偿的不同程序。这种决定由公司股东大会作出,不考虑作为注册资本出资而转让给公司财产使用权的公司股东的投票,该财产使用权已提前终止。

章程可以规定不同的程序,为公司股东提前终止其转让给公司作为特许资本使用的财产的使用权提供补偿。

被公司排除或退出的股东转让给公司作为注册资本出资使用的财产,在转让的期限内仍由公司使用,除非章程另有规定。

第 16 条　公司注册资本的增加

公司的注册资本只有在其全部支付后才允许增加。

公司注册资本的增加,由公司股东大会决定,由公司股东总票数的至少 2/3 的多数票通过,如果公司章程没有规定这种决定需要更多的票数的话。

公司注册资本的增加可以以公司财产和(或)公司股东的追加出资为资金,并且(或)如果公司章程不禁止的话,可以以公司接受的第三方的出资为资金。

第 17 条　以公司财产为资金增加公司的注册资本

以公司财产为资金增加公司注册资本的决定,只能根据作出此种决定的前一年公司财务报表的数据作出。

以公司财产为资金增加公司注册资本的数额,不应超过公司净资产价值与注册资本和公司储备金数额之间的差额。

随着公司的注册资本按照本条规定的增加,公司所有股东的股份的面值按比例增加,而不改变其股份的份额。

第18条 以公司股东的追加出资和公司接受的第三方的出资为代价增加公司的注册资本

公司成员大会决定通过公司所有成员的追加出资来增加注册资本,必须包含一定的追加出资的总费用,公司每个成员的追加出资的费用数额,股东全额支付追加出资的期限。

公司股东大会可以根据公司股东或公司股东的声明提出的增加出资的申请,以及(或)在公司章程不禁止的情况下,根据第三方的申请或第三方的声明,一致决定增加公司的注册资本,接受他(们)加入公司并出资。

公司股东的申请和第三方的申请必须注明出资的程序、份额、方法和期限,以及公司股东或第三方希望在公司注册资本中拥有的股份份额。申请书也可注明出资和加入公司的其他条件。

在决定增加公司注册资本的同时,必须作出决定,修改与增加公司注册资本份额有关的章程,即由公司全体或个别股东追加出资和(或)接受第三方加入公司。需相应地增加公司股东股份的面值和(或)确定第三方股份的面值和份额,如有必要,还可进行与股东股份份额变化相关的内容修订。同时,公司成员的股份面值的增加不能超过他的追加出资的价值,公司接纳的每个第三方获得的股份面值不能超过他的出资价值。

在追加出资期限结束后的1个月内,公司股东大会必须作出决定,批准公司股东和(或)第三方的追加出资结果,以及对公司章程作出与增加公司授权注册资本份额有关的修正。增加公司股东追加出资的股份面值,以及(或)确定第三方股份的面值和份额,如有必要,还可对股东的股份份额变化进行修改。

在本条第1款规定的情况下,如果在公司股东大会确定的出资期限届满后,有一个或多个股东没有全部或部分缴纳既定的额外出资,大会有权作出以下决定:

将最初确定的追加出资总额减少到实际出资的数额,同时考虑到公司股东

实际缴纳的追加出资,对其在注册资本中的份额进行相应的修改;

将最初确定的追加出资总费用的数额减少到一个允许保留由前次会议决定确定的公司股东的股份的价值,以增加公司的注册资本。在这种情况下,公司有义务在10日内,向公司的股东归还他们所缴纳的出资资金,这部分出资决定了他们在前一次会议所确定的注册资本中所占份额的超出部分。

本条第5款规定的国家注册文件、公司章程的变更以及确认公司股东和第三方追加出资的文件,必须在公司股东大会批准章程修正案之日起1个月内,提交给对法人进行国家注册的机构。章程的这些变更从对法人进行国家登记的机构对其进行国家登记之日起对合伙企业的股东和第三方生效。

如果所有股东未能遵守本条第5款和第7款规定的最后期限,或完全没有缴纳本条第1款规定的追加出资,或没有作出决定减少本条第6款规定的追加出资的最初确定数额,公司注册资本的增加被宣布无效。在这种情况下,公司有义务在10日内向公司的股东归还他们所缴纳的追加出资。

如果在本条第6款第3项和第8款规定的期限内未及时归还货币存款,公司有义务按照法律规定的方式和条件支付利息。

对于提供非货币出资的公司成员,在本条第6款第3项以及本条第8款规定的情况下,公司有义务在3个月内以所登记的形式或经其同意以现金形式归还他们的出资,在规定期限内未及时返还存款的,还要对因无法使用作为出资的财产而造成的利润损失进行赔偿。

第19条　公司注册资本的减少

公司在本法规定的情况下,有义务通过减少公司股东在公司注册资本中的股份面值和(或)注销公司拥有的股份来减少其注册资本。

通过减少公司所有股东的股份面值来减少公司的注册资本时,应在保持公司所有股东的股份份额的情况下进行。

如果公司的注册资本自其在国家注册起1年内未缴清的,公司必须宣布将其注册资本减少到其实际缴纳的数额,并按照既定程序登记其减少额,或决定进行公司清算。

如果在第二个财政年度及以后的每一个财政年度结束时,公司的净资产价值低于其注册资本,公司有义务宣布将其注册资本减少至不超过其净资产价值的数额,并按既定顺序登记这种变更。

公司净资产的价值是按照法律规定的方式确定的。

在决定减少其注册资本之日起 30 日内,公司有义务将公司注册资本的减少及其新的份额以书面形式通知其所知的所有公司债权人,并在大众媒体上发布所作有关决定的信息。在这种情况下,公司的债权人有权在向他们发送通知之日起 30 日内,或在公布所作决定的消息之日起 30 日内,以书面形式要求公司提前终止或履行其相关义务,并要求赔偿损失。

只有在按照本条规定的方式提供通知债权人的证据的情况下,才能按照法律规定对与公司注册资本减少有关的章程进行国家登记。

如果在本条规定的情况下,公司没有在 3 个月内作出减少注册资本或进行自我清算的决定,债权人有权要求公司提前终止或履行公司的义务并赔偿损失。在这些情况下,对法人进行国家登记的机构有权向法院提出对公司进行清算的要求。

第 20 条 将公司注册资本中的公司股东的股份或部分股份转让给其他公司股东或第三方

公司股东有权将其在公司特许资本中的份额或部分份额出售或以其他方式让渡给公司的一个或几个股东。除非公司章程另有规定,否则达成这种交易不需要征得公司或公司其他成员的同意。

如果公司章程不禁止,则允许公司股东以任何其他方式将其股份或部分股份出售或转让给第三方。

公司成员的股份只能在全额支付前转让其已经支付的部分。

当公司成员出售另一公司成员的股份或部分股份时,公司成员享有优先于第三方购买该股份的权利。这一权利可以由社会的每个成员行使。除非公司章程或公司股东的协议规定了为行使优先购买权而购买股份的不同程序,否则,股份或部分股份的购买是由公司股东按照其在注册资本中的股份比例进行的。

如果公司的其他成员没有使用他们的优先购买权来购买其成员出售的股

份或部分股份,那么公司就有优先购买权来收购该股份或部分股份。

公司成员打算将其股份或部分股份出售给第三方时,有义务以书面形式通知公司其他成员和公司本身,并说明其出售的价格和其他条件。公司章程可规定通过公司向公司成员发出通知。欲行使优先购买权购买股份或部分股份的公司股东,必须在7日内通知提出出售其股份或部分股份的公司股东,表明他打算全部或部分收购该股份。如果收到的建议书总额不超过出售股份的份额,每个股东都会获得他在通知中指出的那部分股份。如果在转让之前没有收到公司股东的其他提议,剩余部分的股份可以转让给第三方。如果收到的提案总额超过了被出售的股份或部分股份的份额,股东按其在注册资本中的股份份额的比例获得,除非公司章程或公司股东的协议中规定了另一种分配方式。

如果公司和(或)公司的成员在此类通知发出之日起1个月内未使用优先购买权购买要出售的全部股份或部分股份,除非公司章程或公司股东的协议规定了不同的期限,否则该股份或部分股份可按公众及其成员已知的价格和条款出售给第三方。

关于优先购买与公司股东股份比例不相称的股份或部分股份的程序的规定,可以在公司成立时由公司章程规定,即由公司全体股东一致通过的股东大会决定引入、修改或从公司章程中排除。

在违反优先购买权出售股份或部分股份时,如果公司章程规定公司有优先购买股份或部分股份的权利,公司的任何成员和(或)公司有权在公司成员或公司得知或应该得知这种违反行为的3个月内,向法院要求将买方的权利和义务转让给他们,不允许转让上述优先购买权。

公司章程可规定,以出售以外的方式将公司股东的股份或部分股份转让给第三方,需要征得公司或公司股东的同意。

如果公司章程没有规定以公证形式完成的要求,则公司注册资本中的股份或部分股份的转让必须以简单的书面形式进行。如果不遵守本条或公司章程规定的关于转让公司注册资本中的股份或部分股份的交易形式,将导致其无效。

公司注册资本中的股份或部分股份的转让必须以书面形式通知公司,并出示该转让的证据。公司注册资本中的股份或部分股份收购者，从公司书面通知指定转让之时起，行使公司股东的权利并承担相应义务。

公司注册资本中的股份或部分股份的收购者应获得该股份或部分股份出让前产生的公司股东的所有权利和义务。

公司注册资本中的股份可转让给个人的继承人和曾是公司股东的法人的合法继承人。

法人（公司的参与者）清算时，在与债权人达成和解后剩余的属于该实体的份额在被清算的法人的股东之间分配，除非法律或被清算的法人的章程另有规定。

公司章程可以规定，只有在公司其他成员同意的情况下，才允许转让和分配本条第 14 款和第 15 款规定的股份或部分股份。

在公司已故成员的继承人接受遗产之前，公司已故成员的权利由遗嘱中指定的人行使，其职责由遗嘱中指定的人履行，如果没有这样的人，由公证处指定的经理人履行。

如果公司章程规定，需要征得公司或公司股东的同意，才能将公司注册资本中的股份或部分股份转让给公司股东或第三方，转让给继承人或合法继承人，或在清算中的法人股东之间分配股份或部分股份。如果在与公司成员联系之日起 30 日内，或在公司章程规定的其他期限内，收到公司所有成员的书面同意，或没有收到公司股东的拒绝同意的书面材料，则应视为已获得同意。

如果公司章程规定，需要征得公司的同意，才能将公司注册资本中的股份或部分股份转让给公司股东或第三方，那么在与公司成员联系之日起 30 日内，或在公司章程规定的其他期限内，收到公司的书面同意，或没有收到公司的拒绝同意的书面材料，则应视为已获得同意。

在本法或其他法律规定的情况下，当公司注册资本中的股份或部分股份被公开拍卖时，上述股份或部分股份的收购者可成为公司的股东，而不须考虑公司或其股东的同意。

拥有公司注册资本 50% 或以上股份的人（国家除外），如果在此之前该人并不拥有该公司的股份或拥有该公司注册资本的股份不到 50%，则有义务在

30 日内向少数股东提出按市场价值出售其股份。公司章程可规定本提案通过公司发送给公司成员。

如果在 30 日内,收到公司成员关于出售属于其股份的书面同意,那么,在公司注册资本中拥有 50% 或以上股份的所有者有义务购买提议的股份。

第 21 条　公司注册资本中的股份质押

公司股东有权将其在公司特许资本中的股份或部分股份质押给另一公司股东,或在公司章程未禁止的情况下,经公司同意,由公司股东大会决定,经所有公司股东的多数票通过,如果公司章程未规定需要更多票数才能作出这样的决定,则可将其质押给第三方。在确定投票结果时,不考虑打算抵押其股份或部分股份的公司股东的投票。

第 22 条　公司收购公司注册资本中的股份或部分股份的情况

公司无权收购其注册资本中的股份或部分股份,但本法规定的情况除外。

如果公司章程禁止将公司股东的股份或部分股份转让给第三方,而公司的其他股东拒绝收购,以及在拒绝同意将股份或部分股份转让给公司股东或第三方的情况下,如果公司章程规定转让股份需要获得这种同意,则公司有义务根据公司股东的要求,收购属于他的股份或部分股份。在这种情况下,公司有义务向公司股东支付该股份或部分股份的实际价值,该价值是根据公司股东提出这种请求之日前最后一个报告期的公司财务报表确定的,或者在公司股东的同意下,向其发放相同的财产或费用。

如果公司股东在公司成立时没有及时向公司的注册资本足额出资,以及公司股东没有及时提供本法第 15 条第 3 款规定的货币补偿,其份额归公司所有。在这种情况下,公司有义务向公司股东支付其部分股份的实际价值,与他的出资部分(财产由公司使用期间)成正比,或者在公司股东的同意下,向他提供相同价值的实物财产。部分股份的实际价值是根据出资或提供补偿的期限届满之日前最后一个报告期的公司财务报表数据来确定的。

公司章程可规定,按出资未付部分或货币补偿金额(价值)的比例,将部分股份转让给公司。

被开除或离开公司的公司成员的股份要转让给公司。在这种情况下,公司有义务向被开除或辞职的股东支付其股份的实际价值,该价值根据开除和辞职前最后一个报告期的公司财务报表确定,或者在被开除或辞职者的同意下,向其发放相同的财产或费用。

如果公司的股东拒绝同意在本法第20条第14、15、16款规定的情况下转让或分配股份,若依照公司章程必须同意的,则该股份被转让给公司。在这种情况下,公司有义务向公司已故成员的继承人、重组法人的合法继承人(公司成员或清算法人的股东),分别支付根据死亡、重组或清算之日前最后一个报告期的公司会计报表数据确定的股份的实际价值,或者在他们的同意下,给予他们相同价值的实物财产。

公司根据本法第24条的规定,应债权人的要求,支付公司股东股份或部分股份的实际价值,其中未被其他公司股东支付的部分股份归公司所有,其余股份在公司股东之间按其支付的费用比例分配。

股份或部分股份自公司成员提出要求由公司收购、出资、提供补偿的期限届满,或法院关于将某一成员排除在公司之外的裁决生效之时起转让给公司。若公司任何成员拒绝同意将股份转让给作为公司股东的个人(法律实体的法定继承人)的继承人,或在清算的法人的股东之间分配股份,则公司的股东,或公司应按要求支付公司股东的股份或部分股份的实际价值。

公司有义务在股份或部分股份转让给公司之日起1年内支付该股份或部分股份的实际价值或给予相同价值的实物财产,除非公司章程规定了更短的期限。

股份或部分股份的实际价值是以公司的净资产价值和其注册资本份额之间的差额为代价支付的。如果这个差额不够,则公司有义务在其注册资本中减少所缺的数额。

第23条 属于公司的股份

在确定公司股东大会的投票结果时、在公司清算期间分配公司利润和财产时,公司所持的股权不算在内。

属于公司的股份,在其转让给公司之日起1年内,必须根据公司股东大会的决定,按其在公司注册资本中的股份比例在公司所有股东之间进行分配,可出售给公司所有或部分股东，如果公司章程没有禁止，也可出售给第三方并全额支付。未分配或未出售的股份必须在公司的注册资本相应减少的情况下赎回。向公司成员出售股份（由此导致其成员的股份份额发生变化），向第三方出售股份，以及对公司章程进行与出售股份有关的修改，都是由公司股东大会决定，并由公司全体成员一致通过的。

本条规定的对公司章程的修改进行国家登记的文件，以及在出售股份的情况下，确认公司出售的股份已付款的文件，必须在决定批准公司出售股份之日和对公司章程进行适当修改之日起 1 个月内提交给对法人进行国家登记的机构。

第 24 条　对公司股东在公司注册资本中的股份或部分股份征收执行费

应债权人的要求，只有在法院判决的基础上才允许对公司股东在公司注册资本中的股份或部分股份征收执行费，以弥补公司股东其他财产的债务。

在对公司股东的注册资本中的公司股东的股份或部分股份征收执行费时，公司有权向债权人支付该公司股东股份或部分股份的实际价值。

经公司股东大会决定，如果公司章程或公司股东大会的决定未对支付金额的分配程序作出规定，则由公司其他股东按照其在公司注册资本中所占份额的比例向债权人支付被索偿财产的公司股东股份或部分股份的实际价值。

公司股东在公司注册资本中的股份或部分股份的实际价值，根据对公司提出索赔要求以执行公司股东债务的股份或部分股份之前的最后一个报告期的公司财务报表数据来确定。

如果在债权人提出债权的 3 个月内，公司或其成员没有支付被征收债权的公司成员的全部股份或部分股份的实际价值，则对该公司成员股份或部分股份的征收方式是公开拍卖出售。

第 25 条　公司利润在公司股东之间的分配

公司有权按每季度、每半年或每年一次对其净利润在公司成员之间的分配作出决定。确定公司利润在公司股东中分配的部分的决定由公司股东大会作出。

公司利润中拟在其股东之间分配的部分（股息）按其在公司注册资本中的

股份比例来分配。

支付股息的期限和程序由公司章程或股东大会的决定确定。在这种情况下,支付股息的期限不应超过自公司股东之间的利润分配确定之日起60日。

第26条 公司利润在公司成员之间分配的限制

在以下情形时,公司无权就其利润在公司股东之间的分配作出决定:

(1)直至公司全部注册资本全部缴清;

(2)在本法规定的情形下,在支付公司股东的股份或部分股份实际价值之前;

(3)在作出上述决定时,公司符合法律规定的破产迹象,或者由于作出上述决定,公司出现了上述迹象;

(4)在作出这种决定时,公司的净资产价值低于其注册资本和储备基金,或由于这种决定而变得低于其份额;

(5)法律规定的其他情形。

公司无权向公司参股者支付利润,在公司参股者之间分配利润的决定由下列规定作出时:

(1)在支付时,公司符合法律规定的破产迹象,或者由于支付,公司出现了上述迹象;

(2)在支付时,公司的净资产价值低于其注册资本和储备基金,或由于支付而变得低于其份额;

(3)法律规定的其他情形。

在本条第2款规定的情况终止时,若在公司股东之间分配利润的决定已经作出,则公司有义务向公司的股东支付利润。

第27条 公司储备基金

公司可以按照公司章程规定的数额设立储备基金,但不得少于其注册资本的15%。公司的储备基金是通过每年从净利润中扣除形成的,直到达到公司章程规定的份额。每年扣除的金额由公司章程规定,但不能低于净利润的5%,直到达到公司章程规定的金额。

公司的储备基金用于弥补公司的亏损和公司在本法规定的情况下获得公

司注册资本中的股份或部分股份。

第 28 条　公司发行和配售债券

公司有权按照法律规定的方式发行和配售债券。

第四章　公 司 管 理

第 29 条　公司管理机构

公司的最高管理机构是公司股东大会。

公司章程可以规定组建公司监事会。

公司当前活动的管理由公司的唯一执行机构或公司的合议执行机构进行。如果公司章程规定了执行机构的设立,则该机构对公司成员大会和公司监事会负责。

第 30 条　公司股东大会的权力

公司股东大会的权力根据本法由公司章程确定。

公司股东大会的专属权力包括:

(1)确定公司活动的主要方向,并就参加其他商业组织协会作出决定;

(2)改变公司注册资本的份额;

(3)对章程的修改和补充;

(4)组建公司执行机构并提前终止其权力;

(5)选举和提前终止公司审计部门权力;

(6)如果公司章程规定设立监事会,则有选举和提前终止监事会的权力;

(7)批准年度报告和年度资产负债表;

(8)对公司净利润在公司股东之间的分配作出决定;

(9)批准通过规范公司机构活动的文件;

(10)决定进行审计,确定审计机构和其服务的最高支付金额;

(11)就设立其他法人、代表机构和分支机构作出决定;

(12)对公司的重组或者清算作出决定;

(13)任命清算人并批准清算资产负债表;

(14)解决本法规定的其他问题。

属于公司股东大会专有权力的事项，除本法规定的情形和公司执行机构的决定外，不得交由公司监事会决定，也不能移交给公司执行机构决定。

第 31 条 公司股东普通大会

公司股东的下一次大会应在公司章程确定的时间范围内举行，但至少每年举行一次。公司下次股东大会由公司执行机构召集。

公司章程必须确定召开下一次股东大会的日期，在会上批准公司活动的年度成果。指定股东大会必须不迟于财政年度结束后的 6 个月举行。

第 32 条 公司股东特别大会

在公司章程规定的情况下，以及在公司及其股东的利益需要召开股东大会的其他情况下，召开公司股东特别大会。

公司股东特别大会由公司执行机构应下列人员要求召开：

(1)合计持有公司成员总票数 1/10 以上的公司成员；

(2)公司监事会；

(3)公司的审计部门。

必要时，公司执行机构可以主动召开公司股东特别大会。

公司的执行机构有义务在收到召开公司股东特别大会的要求后 3 日内考虑这一要求，并作出召开或拒绝召开公司股东特别大会的决定。

只有在下列情况下，公司执行机构才能作出拒绝召开公司股东特别大会的决定：

(1)未遵守本法规定的申请召开公司股东特别大会的程序；

(2)如建议列入公司股东特别大会议程的事项与其权力无关。

如果公司章程规定设立监事会，则公司执行机构有义务在收到召开公司股东特别大会的请求之日起 3 日内，将这一要求提交监事会审议。监事会有义务在 3 日内审议这一要求，并作出决定，以本条第 5 款规定的理由召开公司股东特别大会或拒绝召开。

如果提议列入公司股东特别大会议程的一个或几个问题不属于公司股东大会的权力范围或不符合法律要求，则这些问题不列入议程。

公司执行机构无权修改拟列入公司股东特别大会议程的议题，也无权更改召开该会议的召开形式。

除拟列入公司股东特别大会议程的事项外,公司执行机构有权主动将其他事项列入其中,但不得迟于议程正式宣布之日。

如果决定召开公司股东特别大会,该大会必须在收到召开要求之日起 45 日内召开。

在本法规定的期限内,没有决定召开或者决定拒绝召开公司股东特别大会的,可以由要求召开的机构或者个人召开。在这种情况下,公司的执行机构有义务向上述机构或个人提供公司股东的名单及其地址。大会的筹备、召集和召开的费用可由公司股东大会决定报销,费用由公司承担。

第 33 条　公司股东大会的召集程序

召开公司股东大会的机构或人员有义务在召开前 30 日内,通过挂号信将会议通知公司的每一位股东,地址为公司股东名单上所列的地址,或以公司章程规定的其他方式通知公司的每一位股东。

通知必须注明公司股东大会的时间和地点,以及拟议议程。

公司任何成员均有权在不迟于股东大会召开前 15 日提出增列事项的提案。除与本公司股东大会权力无关的事项外,其他事项均列入本公司与会者股东大会议程。

召开公司股东大会的机构或人士无权修改拟列入公司股东大会议程的其他事项的。

如果根据公司与会者的建议,对公司与会者大会的最初议程进行变更,则召开公司股东大会的机构或人员有义务在不迟于会议召开前 10 日,按照本条第 1 款的规定,将对议程所作的变更通知所有公司与会者。

在筹备公司股东大会时,应向公司成员提供的信息和材料包括:

(1)公司年度报告;

(2)公司审计部门根据对公司年度报告和年度会计余额的检查结果得出的结论;

(3)审计师关于财务报表的可靠性和会计程序是否符合既定要求的报告;

(4)向公司执行机构、公司监事会、公司审计部门提供有关候选人的信息;

(5)公司章程规定的其他信息和材料。

如果公司章程没有规定使公司与会者熟悉信息和资料的不同程序,则召开公司股东大会的机构或人员有义务将信息和资料连同公司股东大会的通知一并发送给他们;如果议程发生变化,则相关信息和资料连同该变化的通知应一并发送。公司股东大会召开前 30 日内,必须将规定的信息和资料提供给公司全体股东,供其在公司执行机构所在地熟悉。公司的章程所规定的期限可能比本文规定的期限短。

如违反本条约规定的程序召开公司股东大会,但是公司全体股东参加该股东大会的,则该股东大会应被认为是合格的。

第 34 条 公司股东大会的召开程序

公司股东大会,按照本法、公司章程及其文件规定的方式召开。在本法、公司章程和文件未作规定的部分,公司股东大会的召开程序由公司股东大会的决定确立。

公司成员有权亲自或通过其代表参加股东大会。公司成员代表必须出示确认其权限的文件或委托书。签发给公司股东代表的委托书必须按照法律的要求拟定,并由公证处认证。

公司成员或其代表有权参与讨论议程上的问题,并在作出决定时进行表决。公司章程的规定或公司机构的决定限制了公司股东的特定权利是无效的。

除本法规定的情况外,公司的每个成员在公司成员大会上都有一定数量的投票权,与其在公司注册资本中的份额成正比。

公司成立时的章程,通过公司所有股东一致通过的公司股东大会的决定进行修正,也可以建立一种不同的程序来确定公司股东的票数。公司章程规定的变更和排除程序,由公司全体股东一致通过的公司股东大会决定执行。

未登记的公司股东或公司股东的代表无权参与投票。

公司股东大会应在公司股东大会通知中规定的时间召开,如果公司所有成员已经提前登记,则应在该时间召开。

公司股东大会有权仅就依照本法第 33 条第 1、2、3、5 款的规定传达给公司与会者的议程项目作出决定,除非公司所有成员都参加了这次大会。

对本法第 30 条第 2 款第 2 项规定的问题以及公司章程规定的其他问题的决定,如果本法或公司章程没有规定需要更多的票数,则应以至少 2/3 的公司参与者的多数票作出决定。

本法第 30 条第 2 款第 12 项规定的事项,由公司全体成员一致作出决定。如果本法或公司章程未规定作出此类决定需要更多票数,则其余的决定由公司股东总票数的多数票数来通过。

公司股东大会的决定以公开表决的方式通过,除非公司章程规定了不同的决策程序。

公司的执行机构负责组织和保存公司股东大会的会议记录。

第 35 条　公司股东大会会议记录

股东大会的会议记录应当注明:

(1)股东大会的地点和时间;

(2)参加会议的与会者所拥有的总票数;

(3)会议主席(主席团)和秘书,会议议程。

股东大会的会议记录必须包含发言的主要内容、提交表决的问题、表决结果和会议作出的决定。

公司股东大会会议记录由大会主席和秘书在会议召开后 3 日内签署。

第 36 条　公司股东大会的决定,以缺席投票方式(以投票方式)作出。

公司股东大会的决定可以不召开会议(公司股东共同出席,讨论议程项目并就付诸表决的问题作出决定),而是通过投票方式作出。这种投票可以通过邮政、电报、电传、电话、电子或其他通信方式交换文件来进行,并确保传送和接收信息的真实性及其文件确认的准确性。

公司股东大会对本法第 30 条第 2 款规定的问题的决定不能通过投票方式进行,除非公司章程另有规定。

公司股东大会以缺席投票(以投票方式)方式作出决定时,本法第 34 条第 2、6、7、8 款以及本法第 33 条第 1、3、5、7 款规定的部分,不适用该规定。

举行缺席投票(以投票方式)的程序应规定,公司有义务将提议的议程告知公司所有成员,在投票开始前让公司所有成员有可能熟悉所有必要的信息和材料,并有能力提出将额外问题纳入议程的建议;公司有义务在投票开始前告知公司所有成员修正后的议程,以及结束投票程序的最后期限。

第37条 一人公司股东权利

一人公司股东的权利由出资人单独作出,并以书面形式拟定。

第38条 公司监事会的权力

公司监事会的权力根据本法由公司章程确定。

公司章程可以规定,公司监事会的权力包括组建公司的执行机构,提前终止其权力,设立内部审计部门并任命其雇员,解决本法第44条规定的重大交易问题,解决与公司股东大会的筹备、召集和召开有关的问题,以及解决本法规定的其他问题。如果公司章程将与公司股东大会的筹备、召开和举行有关的问题的解决归于公司监事会的权力,则公司的执行机构有权要求举行公司股东特别大会。

公司监事会的组建和活动程序,以及终止公司监事会成员的权力和公司监事会主席的权力的程序,由公司章程规定。

公司的唯一执行机构和合议执行机构的成员,其子公司和附属企业实体的管理机构、公司创建的统一企业的负责人,以及在同一子公司、附属企业实体和统一企业中根据雇佣协议工作的人员不能成为公司监事会成员。

经公司股东大会决定,可以向公司监事会成员支付报酬和(或)补偿与履行其职责有关的费用。薪酬和报酬的数额由公司股东大会的决定确定。

公司监事会成员、履行公司唯一执行机构职能的人员以及非公司成员的公司合议执行机构成员可以参加公司股东大会,并享有咨询投票权。

不允许公司监事会成员将表决权转让给包括监事会其他成员在内的其他人。

第39条 公司的唯一执行机构

公司的唯一执行机构由公司股东大会选举产生,任期由公司章程确定。公司的唯一执行机构也可以不从其股东中选出。

公司与执行公司唯一执行机构职能的人员之间的协议,应由主持公司股东大会的人代表公司签署,代表公司执行唯一执行机构职能的人,在股东大会上选举产生,或经公司股东大会决议授权。

只有个人才能作为公司的唯一执行机构。

公司唯一执行机构有权代表公司在没有授权书的情况下行事,包括代表其利益和达成交易;代表公司签发代理权授权书;与公司员工订立和解除聘用合同,对其实施奖励和纪律处分;行使本法和公司章程未赋予公司股东大会和公司监事会权限的其他权力。

公司唯一执行机构的活动及其决策的程序由公司的文件以及公司与履行其唯一执行机构职能的人之间缔结的协议确定。

第 40 条　公司合议执行机构

如果公司的章程规定成立公司的合议执行机构董事会和其他机构,则该机构由公司股东大会选举产生,其人数和期限由公司章程决定。

只有非公司成员的个人才能被选为公司的合议执行机构的成员。

公司合议执行机构行使公司章程赋予其的职权。

公司合议执行机构主席由公司股东大会选举产生。

公司合议执行机构的活动及其决策的程序由公司文件确立。

不得将公司合议执行机构成员的表决权转让给包括公司合议执行机构的其他成员在内的其他人。

第 41 条　对公司管理机构的决定提出上诉

公司股东大会的决定,若违反本法和其他法规、公司章程的要求,侵犯公司股东的权利和合法利益,经未参加投票或对有争议的决定投反对票的公司股东请求,法院可认定其无效。这种申请可在该公司成员获悉或应获悉该决定之日起 2 个月内提交。如果公司股东参加了作出被上诉决定的公司股东大会,则可在该决定之日起 2 个月内提交上述申请。

考虑到案件的所有情况,如果提交申请的公司股东的投票不能影响投票结果,(或)所犯的违规行为并不严重,(或)该决定没有给该公司股东带来任何损害,法院有权维持被上诉的决定。

公司监事会、公司唯一执行机构及公司合议执行机构违反本法和其他法规、公司章程的要求,侵犯公司成员的权利和合法利益而作出的决定,经该公司成员请求,法院可认定其无效。

第 42 条 公司监事会成员、公司唯一执行机构、公司合议执行机构成员的责任

公司监事会成员、公司唯一的执行机构、公司合议执行机构成员在行使其权利和履行其职责时,必须本着诚信和合理的原则为公司的利益行事。

公司监事会成员、公司唯一的执行机构、公司合议庭成员应就其有罪的作为(不作为)给公司造成的损失对公司负责,除非法律规定了其他理由和责任范围。同时,公司监事会成员、公司合议执行机构成员对给公司造成损失的决定投了反对票,或者未参加表决的,不承担责任。

在确定公司监事会成员、公司唯一执行机构、公司合议执行机构成员的责任理由和数额时,必须考虑到商业惯例和与案件有关的其他情况。

如果根据本条规定,若有几个人承担责任,则他们对公司的责任是连带的。

公司或其参与者有权向法院申请,要求赔偿公司监事会成员、公司唯一执行机构和公司合议执行机构成员给公司造成的损失。

第五章 公司在交易中的利益、重大交易

第 43 条 公司在交易中的利益

公司监事会成员、作为公司唯一执行机构的人、公司合议执行机构的成员,或公司股东与其关联方共同拥有公司股东总票数的 20% 或以上的利益的主体所作的交易,未经公司股东大会同意,公司不得进行。

本条第 1 款规定的人员,如果他们及其配偶、父母、子女、兄弟、姐妹和(或)他们的附属机构,被确认为与进行交易的公司有利益关系,则:

(1)是交易的一方或在与公司的关系中为第三方的利益行事;

(2)在作为交易一方的法人中各自拥有或合计拥有 20% 或以上的股份,或在与公司的关系中为第三方的利益行事;

(3)在作为交易一方的法人的管理机构中担任职务,或在与公司的关系中为第三方的利益行事。

本条第 1 款所述人员应被公司确认为与交易有利害关系,在公司章程确定的其他情况下也应被公司确认为与交易有利害关系。

本条第 1 款规定的人员必须提请公司股东召开公司股东大会时注意以下信息：

(1)关于他们及其配偶、父母、子女、兄弟姐妹和(或)他们的附属公司拥有20%或以上股份的法人；

(2)关于他们及其配偶、父母、子女、兄弟姐妹和(或)他们的关联人在管理机构中担任法人的职务；

(3)关于可能被视为有利益关系的正在进行的或拟议的交易的表现。

公司达成利害关系人交易的决定由公司股东大会以公司股东中对完成交易没有利害关系的总票数的过半数票作出。

如果交易是在公司与另一方之间的正常业务过程中进行的，而且是在根据本条第 1 款和第 2 款的规定确认与交易有利害关系的人之前发生的，则完成有利害关系的交易不需要本条第 5 款规定的公司股东大会的决定。

违反本条规定的要求而进行的有利害关系的交易，可由法院根据公司或其参与者的诉讼认定为无效。

利害关系人对公司造成的损失负责。在几个人承担责任的情况下，他们对公司的责任是连带的。

如果在公司内成立了公司监事会，除非根据上一报告期的会计报表数据，确定交易项下的支付金额或作为交易标的的财产价值超过公司价值财产的5%，否则缔结有利益关系的交易的决定可由公司章程归于其权力。

第 44 条　重大交易

重大交易是指与公司直接或间接取得、转让或可能转让的财产有关的一项交易或若干项相互关联的交易，其价值超过公司财产价值的 25%，该财产价值是根据作出此类交易决定之日前最后一个报告期的财务报表确定的，如果公司章程没有规定更大的交易份额。重大交易不应视为在本公司正常业务过程中进行的交易。

就本条而言，公司因重大交易而转让的财产价值是以其会计数据为基础确定的，公司取得的财产价值是以要约价格为基础确定的。

重大交易的达成由公司股东大会作出决定。

如果公司中成立了监事会,那么与公司直接或间接收购、转让或可能转让的财产有关的重大交易的缔结决策,若其价值在公司财产价值的25%—50%,可由公司章程规定交由监事会主管。在这种情况下,公司监事会对由于监事会的过错而导致的重大交易的损失向股东大会负责。

违反本条规定的重大交易,可由法院根据公司或其参与者的起诉宣布无效。

第六章　公司活动的监管

第45条　公司的审计部门

公司章程可以规定成立公司的审计部门。在拥有超过15名成员的公司中,组建公司的审计部门是强制性的。公司的审计部门成员也可以是非公司成员的人。

如果公司章程有规定,公司审计部门的职能可以由与公司财产利益无关的审计机构、公司监事会成员、履行公司唯一执行机构职能的人员、公司合议执行机构的成员和公司的股东来执行。

公司的审计部门成员不得是公司监事会成员、履行公司唯一执行机构职能的人以及公司合议执行机构的成员。

公司的审计部门由公司股东大会选举产生,任期由公司章程确定。

公司审计部门成员人数由公司章程决定。

对公司财务经济活动的审计,是根据审计部门的倡议、股东大会、监事会的决定或累计持有公司参与者总数1/10以上票数的公司股东的要求,根据1年或另一个时期的活动结果进行的。

应公司审计部门的要求,公司监事会成员、履行公司唯一执行机构职能的人员、公司合议执行机构成员以及公司员工有义务以口头或书面形式作出必要的解释。

公司审计部门在公司股东大会通过批准前,及时审查公司年度报告和资产负债表情况。

公司审计部门的工作程序由公司文件决定。

第45—1条　内部审计部门

账面资产价值超过10亿苏姆的公司须创建内部审计部门。内部审计部门是由公司的监事会创立，其员工也是由公司的监事会任命的。内部审计部门向公司的监事会报告其工作。

内部审计部门通过检查和监督公司执行机构、代表机构和分支机构遵守法律、章程和其他文件的情况，确保反映在会计和财务报告中的数据的完整性和可靠性，通过开展商业交易的既定规则和程序、安全资产，以及遵守公司管理的法律要求的情况，来监督和评价公司的工作。

内部审计部门按照乌兹别克斯坦共和国内阁确定的程序开展活动。

第46条　公司审计机构

为检查财务报表的可靠性以及会计程序是否符合既定要求，经公司股东大会决定，由审计机构按法律规定的方式参与。

资产账面价值超过10万基础计算价值的公司必须接受独立外部审计机构进行的强制性年度审计。

第47条　保管公司文件

除法律另有规定外，公司有义务在章程规定的期限内保存下列文件：

(1)公司的章程，以及对公司章程所作的修改和增补，并按照既定程序进行登记；

(2)公司创始人会议记录，其中载有关于创立公司和关于批准对公司注册资本的非货币出资的货币价值的评估，以及与创立公司有关的其他决定；

(3)公司在国家登记的证明文件；

(4)确认公司对资产负债表上财产权利的文件；

(5)公司分支机构、代表机构的规定；

(6)公司股东大会会议记录、公司监事会会议记录、公司合议执行机构会议记录及公司审计部门会议记录；

(7)公司审计部门和审计机构的结论；

(8)法律规定的其他文件。

公司将本条第1款规定的文件存放在其执行机构所在地，或存放在公司股东已知和可接触的其他地方。

第七章　公司的重组和清算

第48条　公司的重组

公司可以按照本法规定的方式,由股东大会决定进行重组。

公司的重组可以采取合并、收购、分立、分离、转型等形式进行。

除以合并形式进行重组的情况外,公司自因重组而设立的法人在进行国家登记之时起即被视为重组。

当一个公司以与另一个公司合并的形式进行重组时,其中第一个公司应从在国家统一的法人登记册中对被合并公司的终止进行记录的那一刻起被视为重组。

重组后成立的公司的国家登记、重组后公司活动终止的记录以及章程修正案的国家登记均按法律规定的方式进行。

如果是以合并或收购的形式重组公司,从参与合并或收购的最后一家公司作出相关决定之日起不迟于30日,公司有义务以书面形式通知其所知的所有公司债权人,并在媒体上发布有关该决定的消息。同时,公司的债权人在向其发出通知之日起30日内,或在公布所作决定的消息之日起30日内,有权以书面形式要求公司提前终止或履行其相应义务并赔偿损失。

只有在按照本条第6款规定的方式出示通知债权人的证据后,才能对因重组而成立的公司进行国家登记,并就重组公司的活动终止进行登记。

第49条　公司的合并

公司合并是指成立一个新公司,将两个或两个以上公司的所有权利和义务转让给该公司,并对后者进行清算。

以合并形式参与重组的每个公司的股东大会就这种重组、批准合并协议和因合并而成立的公司章程以及批准转让行为作出决定。

合并后成立的公司的章程是由所有成员签署的合并协议与章程组成的,其必须符合《乌兹别克斯坦共和国民法典》和本法对章程的所有要求。

如果以合并形式参与重组的各公司的股东大会就该重组作出决定,并批准合并协议、因合并而产生的公司章程和转让契据,则因合并而产生的公司的执行机构的选举应在参与合并的各公司的股东大会上进行。召开该股东大会的时间及程序由合并协议决定。

在公司合并的情况下,根据转让契约,每个公司的所有权利和义务都转移给因合并而成立的公司。

第 50 条　公司的隶属关系

公司合并是一个或几个公司经清算,将其所有的权利和义务转移给另一个公司。

以合并形式参与重组的各公司的股东大会对这种重组、合并协议的批准作出决定,被收购公司的股东大会也对转让行为的批准作出决定。

参与合并的公司的股东大会,介绍合并的公司的章程、与公司股东组成的变化有关的变更、其股份份额的确定及合并协议规定的其他变更,并在必要时解决其他问题,包括与合并所涉公司机构的选举有关的问题。

当一家公司与另一家公司合并时,根据转让契约,附属公司的所有权利和义务都转移到后者。举行这种大会的条件和程序由加入协议决定。

第 51 条　公司的分立

公司分立是指公司经清算,将其全部权利和义务转移给新成立的公司。

以分立形式重组的公司,应当由其股东大会决定公司的重组、公司分立的程序和条件、新公司的设立以及分立资产负债表的批准。

因分立而成立的每个公司的成员都要签署一份公司章程。公司的股东大会是分立后产生的,它批准章程并选举公司的机构。

公司分立时,根据分立资产负债表,其所有权利和义务均转移给因分立而成立的公司。

如果分立资产负债表无法确定重组公司的法定继承人,则因重组而创建的法人对重组公司对其债权人的义务负有连带责任。

第 52 条 公司的分立

公司的分立是指成立一个或几个公司，并将重组后的公司的部分权利和义务转让给他(他们)，而不对重组后的公司进行清算。

以分立形式重组的公司的股东大会对该重组作出决定，涉及分拆的程序和条件、新公司的创建和分立资产负债表的批准，对以分立形式重组的公司的章程进行修改，涉及公司股东组成的变化、其股份份额的确定以及分立决定规定的其他变化，并在必要时解决其他问题，包括公司机构的选举问题。

分立后的公司的股东签署公司章程大纲。分立后的公司的股东大会批准其章程并选举公司的机构。

如果分立公司的唯一股东是重组后的公司，则重组公司的股东大会应对公司重组、分立的程序和条件、分拆公司章程的批准、分立资产负债表的批准和分立公司机构的选举作出决定。

当一个或几个公司从公司中分立出来时，重组公司的部分权利和义务按照分立资产负债表转移给这些公司。

如果分立资产负债表无法确定重组公司的法定继承人，则因重组而创建的法人对重组公司对其债权人的义务负有连带责任。

第 53 条 公司的转型

公司有权将自己转变为法律规定的另一种组织和法律形式的商业组织。

以重组形式重组的公司股东大会，就该重组、重组的程序和条件、以该公司参与者的股份交换而设立法人的程序、批准该法人的章程以及批准转让契据作出决定。

由于转型而创建的法人的股东根据相关法律要求，就其机构的选举作出决定，并指示相关机构开展与由于转型而创建的法人的国家登记有关的行动。

公司重组时，根据转让契约，被重组公司的所有权利和义务都转移到因重组而创建的法人。

第 54 条　公司的清算

公司可根据既定程序自愿清算,同时考虑到本法和公司章程的要求。该公司也可根据法律规定的理由由法院裁决予以清算。

公司的清算意味着其活动的终止,但权利和义务不能通过继承的方式转移给其他人。

公司股东大会关于公司自愿清算和指定清算人的决定是根据监事会、执行机构或公司股东的建议作出的。

自愿清算的公司的股东大会对公司的清算和清算人的任命作出决定。

从任命清算人的那一刻起,管理公司事务的所有权力都转移到他身上。清算人在法庭上代表被清算的公司行事。

如果该公司在按照既定程序转让后 3 年内没有恢复经营,由于没有开展财政和经济活动而进入不经营状态,则由登记机关决定对该公司进行清算。在这种情况下,不指定清算人,但本条第 7 款所规定的情况除外。

在注册资本中有国家股份的公司清算时,要任命一个清算委员会,并在其组成中包括一名国有资产管理机构的代表。

公司的清算程序由法律决定。

乌兹别克斯坦共和国私营企业法

塔什干市

2003 年 12 月 11 日

第 558—Ⅱ号

(《乌兹别克斯坦共和国议会公报》,2004 年,第 1—2 号,第 8 条。《乌兹别克斯坦共和国立法汇编》,2006 年,第 12—13 号,第 100 条;2007 年,第 52 号,第 533 条;2011 年,第 37 号,第 374 条;2012

年，第 37 号，第 421 条；2014 年，第 20 号，第 222 条；2015 年，第 33 号，第 439 条；2017 年，第 1 号，第 1 条。国家立法数据库，2019 年 3 月 21 日，第 03/19/531/2799 号；2019 年 12 月 12 日，第 03/19/592/4144 号；2020 年 1 月 8 日，第 03/20/601/0025 号；2020 年 9 月 11 日，第 03/20/646/1488 号）

第一章　总　　则

第 1 条　本法的目的

为规范私营企业的创立、经营、重组和清算关系，制定本法。

第 2 条　私营企业立法

私营企业立法包括本法和其他立法。

第 3 条　私营企业

私营企业是由一个企业所有者（自然人）创建和管理的商业组织。私营企业是一种具有组织形式和法律形式的企业实体。

私营企业拥有单独的财产，可以代表自己取得和行使财产和个人的非财产权利，承担相应义务，并在法庭上以原告和被告身份出席。

私营企业以属于它的所有财产履行其义务。

私营企业所有人在企业财产不足的情况下，依法就属于自己的财产承担对私营企业义务的连带责任。

第 4 条　私营企业品牌名称

私营企业的公司名称必须有一个全名，也可以有缩写形式的公司名称。私营企业的公司全名必须包含其全称和“Xussiy Korxona”字样。私营企业的缩写公司名称必须包含其缩写名称和“Xussiy Korxona”字样或缩写“XK”。

第 5 条　私营企业银行账户

私营企业应以法律确定的方式在乌兹别克斯坦共和国境内和国外开设银行账户。

第6条　私营企业印章

私营企业有权拥有印有以国家语言写成的公司全称的印章,并注明私营企业的所在地。在印章上也可同时以另一语种注明公司名称。

第7条　私营企业邮票和信笺

私营企业有权在邮票和信笺上印有自己公司的名称和徽章样式,以及按照规定方式和其他以企业销售额、商品、工程和服务呈现的使股东形象个性化方式注册的商标。

第二章　私营企业的设立及其国家登记

第8条　创建私营企业的程序

私营企业是由所有者创建的,所有者赋予企业适当的财产并批准其章程。

私营企业的创建期限不受限,除非其章程另有规定。

第9条　设立其他法律实体、私营企业的代表机构和分支机构

私营企业有权以创办人的身份或者以其他方式参与其他法律实体的法定基金,有权按照法律规定的方式设立代表处和分支机构。

第10条　私营企业公司章程

私营企业的组织文件是其公司章程。

私营企业的公司章程应包括:

(1)公司名称;

(2)关于其地点和邮政地址的信息;

(3)主要经营活动列表;

(4)所有者的姓氏、名称、父姓和居住地;

(5)注册资金的份额。

私营企业的公司章程可载有与立法不抵触的其他规定。

第11条　私营企业的国家登记

私营企业自其在国家登记之时起即取得法律实体地位。

私营企业的国家登记按法律规定的方式进行。

第12条 私营企业的注册资本

私营企业的注册资本是不可分割的，且由所有者自行决定。

对私营企业注册资本的出资可以是货币、证券、其他财产或财产权以及其他具有货币价值的可转让权利。企业所有人独立评估其向私营企业注册资本出资的财产。

如果在形成私营企业注册资本时，所有者将属于其家庭成员共同（共享或共有）的财产转让给企业，则须获得该财产共同所有人的公证同意。

第13条 私营企业注册资本的增减变动

私营企业注册资本的增减由所有者通过修改私营企业章程的决定进行。

如果在第二个和以后的每个财政年度结束时，私营企业的净资产价值少于其注册资本，则私营企业有义务将其注册资本减至不超过其净资产价值的数额。

私营企业的资产净值按照法律规定的方式确定。

第三章 私营企业管理

第14条 私营企业的独立经营

私营企业的所有者作为负责人全权管理企业，在没有委托书的情况下代表其行事，代表其利益，处置私营企业的资金和其他财产，订立包括劳动合同在内的合同，签发委托书，开设银行账户，确认企业经营状况，以及下达对企业全体员工都有约束力的指示。

第15条 私营企业所有者的权利和义务

私营企业所有者有权利实施下列行为：

(1)按照法律规定的方式对私营企业章程进行修改和增补；

(2)对私营企业的重组、清算作出决定；

(3)自行决定使用私营企业税后和其他强制性付款后剩余的利润；

(4)转让属于私营企业的财产，将其出租、抵押，作为对其他法律实体授权资金的捐款或以其他方式处置该财产。

私营企业所有者可以依法享有其他权利。

私营企业所有者有义务实施以下行为：

(1)成立注册；

(2)全权管理属于他的企业。

私营企业所有者还须依法承担其他义务。

第16条　私营企业的临时管理

在临时缺席的情况下，私营企业的所有者可以作出书面决定，在其无法亲临现场期间将管理者的职责转交给另一人士。私营企业所有者可以限制临时负责人处置私营企业财产的权利。

第17条　所有者无法履行私有企业负责人职责

如果企业所有者因死亡、丧失行为能力、法定行为能力受限制或被认定为失踪而无法履行私营企业负责人职责的，私营企业的管理依照民法和私营企业公司章程进行。

第四章　私营企业的雇佣关系

第18条　私营企业的雇佣者和雇员之间的关系

私营企业(雇佣者)与私营企业雇员之间的关系受根据劳动法订立的就业协议(合同)约束。

第19条　私营企业劳动报酬

私营企业依法自主制定本企业职工的报酬和补偿的形式、制度和数额。

根据就业协议(合同)在私营企业工作的雇员工作报酬由双方协议确定，但不得低于法律规定的统一工资表第一类数额。

第20条　私营企业雇员的社会保护

私营企业有义务为其雇员提供安全的工作条件、完善的社会保护措施，并按照法律规定的方式对其造成生命或健康的伤害负责。

私营企业有权独立地为其雇员建立比法律规定的更为有利的劳动和社会经济条件。

第五章 保障私营企业的经营自由

第 21 条 不允许国有化和征用私营企业的财产

私营企业的财产不实行国有化,但法律规定的情况除外。

不得征用私营企业的财产,除非发生自然灾害、事故、流行病、动物流行病和其他特殊情况,被征用财产应向私营企业的所有者支付相当于市场价值的补偿金。

第 22 条 私营企业的活动自由

私营企业可依法开展任何类型的活动。

私营企业可自由进行交易。

第 23 条 私营企业的福利、优惠和保障

私营企业享有法律为企业实体规定的福利、优惠和保障。

第六章 最 后 条 款

第 24 条 私营企业合并

私营企业为保护自身权益,可以依法合并到工会等协会中。

第 25 条 私营企业的转让

私营企业所有人有权将私营企业作为财产综合体出售、捐赠、遗赠或以其他方式转让。

除非法律或合同另有规定,私营企业被转让时,公司名称、商标、服务标志和其他个性化方式呈现该私有企业的产品、经营活动或服务的标志,应转让给新的所有人。

第 26 条 私营企业的重组与清算

私营企业可根据其所有者或法院的决定,按照法律规定的方式进行重组。

私营企业可以由其所有者、法院或登记机关决定清算。

第 27 条 争议解决

私营企业的创立、经营、重组和清算领域的纠纷,按照法律规定的方式解决。

第 28 条　私营企业违法责任

违反私营企业立法的人将按规定的方式承担责任。

乌兹别克斯坦共和国对外经济活动法

塔什干市

1991 年 6 月 14 日

第 285—Ⅻ号

(《乌兹别克斯坦共和国最高委员会公报》,1991 年,第 8 号,第 182 条;1991 年,第 11 号,第 273 条;1992 年,第 9 号,第 335 条)

本法规定了乌兹别克斯坦共和国开展对外经济活动的基本原则和程序。它按照公认的国际法准则,不论所有制形式如何,保护对外经济关系各类参与者的权利、利益和财产,为共和国经济融入世界经济体系奠定了法律基础。

本法律适用于所有类型和形式的对外经济关系,涉及经济、科学、技术和文化合作、人员培训、对外和边境贸易、保险、银行、运输业务、旅游等国际经济关系领域的活动。

第一章　总　　则

第 1 条　对外经济活动

对外经济活动被认为是乌兹别克斯坦共和国国家机关、法人和个人的一系列实际行动,其旨在与外国、外国法人和个人以及国际组织建立和发展互利合作。

第 2 条　乌兹别克斯坦共和国作为对外经济活动的主体

乌兹别克斯坦共和国的权力包括:

(1)建立组织对外经济活动的立法框架;

(2)制定和执行对外经济政策,包括货币和信贷政策,建立和使用乌兹别克斯坦共和国货币基金；

(3)缔结和执行对外经济活动领域的国际条约；

(4)保护国家、乌兹别克斯坦共和国法律实体和公民在境外的经济利益；

(5)为外国投资者在共和国境内的活动提供法律保障；

(6)在国际经济组织和协会中的代表权；

(7)《乌兹别克斯坦共和国宪法》赋予的其他权力。

第3条 乌兹别克斯坦共和国对外经济活动领域与外国关系的基本原则

乌兹别克斯坦共和国在下列原则指导下开展对外经济活动：

(1)与各国、外国法人和个人、国际组织开展互利合作；

(2)当事人地位平等；

(3)不干涉对外经济关系伙伴的内政；

(4)履行与外国和国际组织签订协议中需履行的相互义务；

(5)其他公认的国际规范、规则和条件。

第4条 对外经济活动对象

乌兹别克斯坦共和国对外经济活动的对象是国民经济各部门和领域创造的各类资源、商品和服务、证券、科技产品、知识和其他,但乌兹别克斯坦共和国法律禁止在对外经济活动中使用的对象除外。

第5条 对外经济活动主体

乌兹别克斯坦共和国对外经济活动的主体,不论其所有制形式如何,都可以是法人和个人,包括在共和国境内或境外经营并在乌兹别克斯坦共和国注册为对外经济关系参与者的外国组织和国际组织。

对外经济活动主体的注册程序由乌兹别克斯坦共和国总统领导的内阁决定。拒绝注册必须出于特定的经济状况或其他状况和理由。

第6条 管理对外经济活动的立法和其他规范

与乌兹别克斯坦共和国开展对外经济活动有关的各种关系需遵守本法律、乌兹别克斯坦共和国其他立法、乌兹别克斯坦共和国国际条约和协定以及规范、规则和条件。

第7条　卡拉卡尔帕克斯坦共和国在对外经济活动领域的权限

卡拉卡尔帕克斯坦共和国在对外经济活动领域的权限由《卡拉卡尔帕克斯坦共和国宪法》及其立法决定。

第二章　对外经济活动成效

第8条　对外经济活动主体的权利

一切对外经济活动的主体,不论对外经济活动的所有制形式和类型,都有平等进行对外经济活动的权利。

对外经济活动每个主体都可以在现行法律框架内独立决定参与对外经济关系的类型、形式和方向,根据既定程序,在合同或其他有偿或无偿的基础上,酌情吸引其从事对外经济活动所必需的法人和个人。

根据乌兹别克斯坦共和国法律,每个对外经济活动主体都有权拥有、使用和处置包括外币收入在内的对外经济活动成果。对外经济活动成果的所有权、使用权和处置权,可以按照法律规定的方式转让或者委托给其他法人和个人。当事人在特定的权利转让中的关系,由其以合同(协议)为基础进行规范。

第9条　对外经济活动主体的义务

对外经济活动主体有义务实施下列行为:

(1)遵守乌兹别克斯坦共和国境内现行的立法和其他规范以及公认的规范及规则;

(2)按照规定方式注册为对外经济关系的参与者,并提交会计和统计报告;

(3)就在国际合作框架内开展的工程、调查和项目是否符合卫生、环境和其他要求接受专家意见;

(4)批准核发从事某些类型的对外经济活动的许可证,其名单由乌兹别克斯坦共和国总统领导的内阁部长确定。

第10条　乌兹别克斯坦共和国银行参与开展对外经济活动

乌兹别克斯坦共和国法律规定了与乌兹别克斯坦共和国国际收支管理、外币资金吸引和安置有关的国际货币和信贷及结算交易程序。

在乌兹别克斯坦共和国境内为对外经济活动主体提供服务的结算、信贷、现金和其他业务,是在乌兹别克斯坦共和国国家银行的许可下通过商业银行、其他银行和银行机构进行的,有权为外国法人和个人以及乌兹别克斯坦共和国公民开立卢布账户、外币账户。

第 11 条 乌兹别克斯坦共和国境外的对外经济活动

乌兹别克斯坦共和国的法人和公民个人有权在乌兹别克斯坦共和国境外开展对外经济活动,包括设立具有法人资格的分支机构、代表处和其他独立部门的企业。其活动开始和结束的程序由乌兹别克斯坦共和国总统领导的内阁以及活动所在国的法律决定。

为确保乌兹别克斯坦共和国及其法人和公民的权利和利益,在外国的对外经济活动领域建立直接互利联系,乌兹别克斯坦共和国可在国际组织中设立贸易或其他代表机构。这些代表机构在其活动中遵循乌兹别克斯坦共和国的立法、条例以及乌兹别克斯坦共和国和东道国加入的国际条约。乌兹别克斯坦共和国驻外代表条例由乌兹别克斯坦共和国总统领导的内阁批准。

第 12 条 外国实体参与的乌兹别克斯坦共和国境内的外国经济活动

乌兹别克斯坦共和国可以建立自由经济区,并可以立法决定开展经济活动的条件。

外国公司、外国企业、外国银行、国际组织和其他法律实体可在乌兹别克斯坦共和国设立代表处、分支机构和其他从事对外经济活动的机构。

其活动开始和结束的程序由乌兹别克斯坦共和国总统领导的内阁决定。

乌兹别克斯坦共和国可以建立自由经济区,开展对外经济活动的条件根据特许权协议由乌兹别克斯坦共和国立法确定。

第三章 国家对对外经济活动的管理

第 13 条 国家对对外经济活动管理的形式

国家对对外经济活动的管理包括:

(1)注册对外经济活动主体;

(2)建立包括外汇在内的差别化税收和优惠制度;

(3)建立国家对外经济活动的信息支持系统;

(4)以赠款、补贴、补助金、预算贷款、风险保险等形式对某些地区、行业和企业实施和发展对外经济活动提供财政援助;

(5)制定、资助和审查共和国各种形式对外经济关系发展的综合目标方案;

(6)申报进口到乌兹别克斯坦共和国和从乌兹别克斯坦共和国出口的货物和其他财产;

(7)制定产品(工程、服务)进出口程序;

(8)创造和使用外汇及其他资金。

第 14 条　国家机构在管理对外经济活动方面的权力和责任

乌兹别克斯坦共和国总统领导的内阁通过经授权的国家机构组织实施本法。

这些机构在管理外国经济活动方面的权力和责任由现行法律决定。

不允许当局和国家行政部门以及官员越权干涉对外经济活动主体的经济活动,否则应受到法律制裁。

第 15 条　货币自给自足

对外经济活动主体的一切外汇支出,均由其外汇收入以及法律允许的其他外汇来源提供。

对外经济活动主体的货币自给自足可以在其参与创建的协会、财团和其他协会的框架内得到保证。

第四章　对外经济活动主体权利和责任

第 16 条　对外经济活动主体权益的保障

乌兹别克斯坦共和国确保对外经济活动主体的合法利益。

如果乌兹别克斯坦共和国国家机关采取的行为侵犯了本法确定的对外经济活动主体的权利,根据乌兹别克斯坦共和国法律和公认的国际法准则,这些机关将通过法院赔偿其造成的损失。

第 17 条 对外经济活动的中止和终止

乌兹别克斯坦共和国总统领导下的内阁可根据注册机构的申请,暂停本法第 5 条所述实体的对外经济活动,最长可达 6 个月。

在违反乌兹别克斯坦共和国法律、破产以及其他情况下,可以独立终止或通过法院裁决终止主体的对外经济活动,其名单由乌兹别克斯坦共和国总统领导的内阁确定。在以上情况中,损害赔偿的程序由乌兹别克斯坦共和国法律确定。

对于暂停或终止对外经济活动的决定,可向法院提出上诉。

第 18 条 对外经济活动主体的责任

国家对对外经济活动主体的义务不承担任何责任。对外经济活动的主体也不承担国家义务。

在不遵守合同义务的情况下,对外经济活动的主体承担法律及缔结协定规定的赔偿和其他责任。

除非法律或合同另有规定,否则对违反合同条款的行为支付罚金以及对所造成损害的赔偿并不免除违约方的义务履行。除非法律或合同另有规定,支付违反合同条款的罚款以及赔偿所造成的损害并不免除违约方的义务。

第 19 条 争议解决

法院以乌兹别克斯坦共和国法律和公认国际法准则所规定的方式审理因开展对外经济活动而产生的争端。

第 20 条 违反对外经济活动立法的责任

对于违反本法和其他有关对外经济活动的法律规定的行为,犯罪人应根据乌兹别克斯坦共和国法律承担民事、行政和刑事责任。

乌兹别克斯坦共和国经济特区法

2019 年 12 月 9 日经立法会议厅通过

2019 年 12 月 14 日经参议院批准

塔什干市

2020 年 2 月 17 日

乌兹别克斯坦第 604 号法律

（国家法律数据库，2020 年 2 月 18 日，第 03/20/604/0175 号）

第一章　总　　则

第 1 条　本法的目的

本法旨在规范在组织经济特区的运行和发展方面的关系。

第 2 条　经济特区立法

经济特区立法由本法和其他相关立法规定组成。

如果乌兹别克斯坦共和国签署的国际条约的规定与本法相冲突，则适用该国际条约的规定。

第 3 条　基本概念

本法适用以下基本概念：

（1）投资项目——旨在实施或吸引投资以获得经济、社会和其他利益的一整套相互关联的措施；

（2）投资者——投资活动的主体，将自有的和（或）借入的资金或其他吸引的投资资源投资于投资活动的对象以获取利润；

（3）经济特区——有一定边界和特殊法律制度的区域，尤其是指定为吸引外国和国内投资、高技术和管理经验以加速有关地区的社会经济发展；

（4）特别法律制度——一套法律规范，为在经济特区区域内开展投资和其他创业活动确立特殊条件；

(5)经济特区参与者登记册——载有经济特区参与者和投资项目信息的信息数据库；

(6)经济特区总体规划——经经济特区行政理事会或工业特区管理公司批准的项目文件，据此对经济特区区域进行规划、开发、重建和其他类型的城市发展。

第二章　有关组织经济特区的运作和发展方面的国家规定

第4条　乌兹别克斯坦共和国内阁权力

乌兹别克斯坦共和国内阁的权力包括：

(1)确保在组织经济特区的运作和发展方面执行统一的国家政策；

(2)批准经济特区发展规划；

(3)批准经济特区边界；

(4)组建经济特区行政理事会，协调、监控和控制其活动；

(5)批准经济特区管理局章程，协调、监控和控制其活动；

(6)确定在组织经济特区的运作和发展方面的授权国家机构并对其活动进行控制；

(7)监督投资项目的及时实施。

第5条　在组织经济特区的运作和发展方面的授权国家机构

在组织经济特区的运作和发展方面的授权国家机构的权力包括：

(1)在组织经济特区的运作和发展方面执行国家政策；

(2)在组织经济特区的运作和发展方面制定法规项目；

(3)制定并核准评估经济特区运作有效性的方法；

(4)在投资项目实施的各个阶段组织投资者、经济特区参与者和有关部委、州委员会和部门的互动；

(5)组织工作以解决与执行投资项目有关的组织问题，包括消除现有的贪污腐败；

(6)监督经济特区境内投资项目的实施进度；

(7)评估经济特区理事会和参与者的效力;

(8)组织执行乌兹别克斯坦共和国总统和乌兹别克斯坦共和国内阁关于安排经济特区的运作和发展的决定;

(9)向乌兹别克斯坦共和国内阁提出关于经济特区运作和发展的组织以及经济特区理事会和行政理事会的活动发展的建议。

第6条　经济特区发展规划

经济特区发展应符合计划要求,其中包括:

(1)建立生产基础设施;

(2)为工程、通信和道路运输基础设施开发提供方案;

(3)建立市场基础设施;

(4)根据经济特区的专业化功能吸引外国和国内投资的一套措施。

对经济特区发展方案的财政资助是由经济特区自身资源、私人来源、乌兹别克斯坦共和国国家预算资金、国际金融机构和外国政府金融组织以及法律不禁止的其他来源提供的。

在制定乌兹别克斯坦共和国国家投资方案时,应设想对经济特区工程、通信和道路运输基础设施开发方案提供财政资助。

第7条　经济特区境内国有资产管理

建立经济特区的依据是国有资产空地和闲置物、行政区域实体的区域以及非农业用地。

位于经济特区区域的国有物品,除不实行私有化的战略性国有物品外,可根据地方行政当局的决定,在其职权范围内,与国家资产管理授权机构达成协议,移交经济特区管理局进行经营管理。国有物品在经济特区的整个期间由经济特区理事会进行经营管理。

经济特区行政理事会有权决定向经济特区参与者出售位于经济特区区域的空置和固定的国有资产,包括以“零”赎回价值出售并承担投资义务。

在特殊情况下,可为医药和农业方向的经济特区提供农业用地,仅供种植农产品和药用植物之用。具有不同功能和专业化部门的经济特区,可由乌兹别克斯坦共和国总统另行决定提供农业用地。

由经济特区管理局管辖经济特区区域的土地,可根据经济特区行政理事会的决定,提供给经济特区参与者使用,但工业特区区域除外,以便按照投资协议实施投资项目。

由经济特区行政理事会议定书正式确定为实施投资项目提供地块的决定,同时卡拉卡尔帕克斯坦共和国部长会议主席、该地区的有关州长或塔什干市市长也就提供土地问题通过了一项单独的决定。本程序不适用于在工业特区区域提供土地。

不得拒绝将土地分配给经济特区参与者。

按照经批准的经济特区总体规划开展经济特区区域的城市规划活动。

第 8 条 经济特区公私伙伴关系

根据《乌兹别克斯坦共和国公私伙伴关系法》开展经济特区公私伙伴关系。

第三章 经济特区类型及其组织措施

第 9 条 经济特区类型

可采用以下形式创建经济特区:

(1)自由经济特区;

(2)特别科学技术区;

(3)旅游和娱乐区;

(4)自由贸易区;

(5)工业特区。

第 10 条 自由经济特区

自由经济特区系旨在建立新的生产设施、发展高科技生产、积极参与发展具有竞争力的、替代进口的和面向出口的现代工业制成品的生产区域以及确保生产、工程和通信、道路运输、社会基础设施和服务物流的发展的区域。

第 11 条 科技园区

科学和技术经济特区是科学组织和科学活动领域的其他组织[包括技术园区、技术扩散中心(技术转让)、创新集群、风险基金和企业孵化器等]集中的区域,其目的是发展创新基础设施。

第12条　旅游休闲区

旅游和娱乐区——为实施投资项目而设立的区域，以建设现代旅游基础设施（包括旅馆综合体、文化和娱乐、购物和娱乐以及其他旅游设施）、特殊功能和季节性娱乐区并且提供必要的条件为游客提供服务。

第13条　自由贸易区

自由贸易区包括托运仓库、有特殊关税和税收制度的地区以及商品加工、包装、分拣和储存的区域。

在乌兹别克斯坦共和国关税区的边境点、机场、铁路枢纽或其他地方设立自由贸易区。

第14条　工业特区

工业特区系指实行管理、经济和金融活动特殊体制的区域。工业特区包括服务和生产区，通过划拨地块创建必要的行政、科技、生产、工程和通信、道路运输和社会基础设施而形成。

由乌兹别克斯坦共和国内阁批准工业特区运作的规则和程序。

第四章　经济特区境内拟实施的投资项目要求

第15条　经济特区境内拟实施投资项目的一般要求

拟在经济特区区域实施的投资项目的一般要求包括：

(1)符合建筑施工领域立法、技术法规、生态环保、劳动保护和工业安全的要求；

(2)有资金来源；

(3)符合经济特区的功能和产业专业化要求；

(4)工艺设备和工艺流程参数符合现代能效要求。

第16条　自由经济特区境内拟实施投资项目的特殊要求

对于拟在自由经济特区区域实施的投资项目，在提交投资申请时，必须规定生产乌兹别克斯坦共和国没有生产的或乌兹别克斯坦共和国生产量不能满足国内市场需要的新型产品。

拟在自由经济特区区域实施的投资项目应规定，根据乌兹别克斯坦共和国对外经济活动商品名称编码，最终产品的商品与初始原材料相比，应改变其1/4的性质增加产品的附加值至少30%。

在自由经济特区内，不得实施已形成竞争环境、国内市场已饱和或国内有生产同类产品的厂家，其生产量已满足国内市场需要的产品的生产投资项目。

自由经济特区理事会要求有关授权机构就乌兹别克斯坦共和国国内没有类似产品的制造商、生产量不足和竞争环境水平作出结论，之后独立提交给自由经济特区行政理事会。

这些要求不适用于完全出口型的投资项目。

第17条 拟在科技园区区域内实施的投资项目特殊要求

拟在科技园区区域内实施的投资项目必须符合以下要求：

(1)有已注册的专利权；

(2)存在所生产产品有科技创新和科技技术提升[根据商品的特性从根本上来说是新的或与以前生产的类似产品的特性有很大不同，或根据商品的消费者特性与现有类似物相比有所改善，或在没有直接类似物的情况下，出现新的消费者(功能)特性，包括能提高商品竞争力的特性，或确定了新的使用商品的方式，从而可能扩大这类商品的使用范围]。

有关授权机构对所生产的产品是否具有注册专利权、科学和技术新颖性和科学密集度的结论，由经济特区首长单独要求后提交给特殊经济特区行政理事会。

第18条 拟在旅游和娱乐区区域实施的投资项目特殊要求

拟在旅游和娱乐区区域实施的投资项目应规定措施，确保建设的旅游业设施，在组织旅游服务时保护游客的安全和健康，包括为旅游业设施配备视频监视系统、预警(通知)系统以及在紧急情况下提供必要援助。

第19条 在经济特区区域禁止的活动

在经济特区区域禁止开展下列活动：

(1)不符合环境和劳动保护标准的生产；

(2)武器弹药生产、武器弹药贸易；

(3)核材料及放射性物质生产、核材料及放射性物质贸易；

(4)酒类和烟草制品的生产；

(5)生皮加工、畜栏或屠宰;

(6)水泥、混凝土、水泥熟料、砖、钢筋混凝土板、煤、石灰和石膏制品的生产;

所有类型废弃物的加工、分解、焚烧、气化、化学处理、最终和(或)临时储存以及地下掩埋;

(7)设置炼油厂、核电厂、核设施、辐射源,用于储存、处置和处理乏核燃料、放射性物质和废弃物以及其他放射性废弃物。

根据乌兹别克斯坦共和国总统或乌兹别克斯坦共和国内阁的决定,可对经济特区区域的某些类型的活动实行禁令和限制。

第五章　经济特区设立、经营期限延长和边界变更与清算程序

第20条　经济特区的设立、经营期限的延长、边界的变更和清算

乌兹别克斯坦共和国总统可决定设立一个经济特区,期限为30年。根据乌兹别克斯坦共和国总统的决定,乌兹别克斯坦共和国内阁就经济特区的运作和发展作出决定。

乌兹别克斯坦共和国总统可决定延长经济特区的经营期限、变更边界和进行经济特区清算。

政府机构、卡拉卡尔帕克斯坦共和国部长会议、各地区和塔什干市政府可向乌兹别克斯坦共和国部长内阁提出关于建立、延长运行期限、变更边界或提前清算经济特区的建议。

乌兹别克斯坦共和国内阁在收到提案之日起30日内审议该提案,如获批准,则将提案提交乌兹别克斯坦共和国总统行政当局。

第21条　经济特区设立、经营期限延长、边界变更或清算所提交的文件

设立经济特区的提案应附有下列内容:

(1)乌兹别克斯坦共和国总统关于建立经济特区的决定草案,其中说明了经济特区的名称、创建期限、创建目标和类型、特殊法律制度的特点、职能和部门分工、经济特区的总面积和边界说明以及确保其创建和发展的措施;

(2)经济特区发展方案草案,说明具体措施、负责实施的人员和组织以及经

济特区发展的资金来源；

(3)一份载有经济特区预估边界的土地地籍平面图；

(4)土地的组成、拟建经济特区(如有)范围内土地所有人、土地使用者、租户和地块所有人的名单以及向卡拉卡尔帕克斯坦共和国部长会议、各地区和塔什干市政府转让地块以建立经济特区的书面同意书；

(5)通过对相关区域的社会环境和经济状况、物资和劳动力资源通信以及特别经济区的特殊法律制度的分析，在财政支撑和经济分析的基础上，拟订一份经营计划以说明建立经济特区的必要性、可能性及其类型；

(6)经济特区理事会章程草案(如果理事会是以国家机构的形式设立的)。

延长经济特区经营期限的提案应附上下列内容：

(1)乌兹别克斯坦共和国总统关于延长经济特区运作期限的决定草案；

(2)延长经济特区运行期限的必要性和可能性的论证。

变更经济特区边界的提案中应附有以下内容：

(1)乌兹别克斯坦共和国总统关于变更经济特区边界的决定草案；

(2)经济特区总体规划草案和标明经济特区边界的地图副本，同时考虑其边界的预期变化；

(3)土地的组成、土地所有者、土地使用者、租户和位于拟纳入经济特区(其边界将发生变化)的土地地块所有者(如有)的名单以及其向经济特区行政理事会转让土地地块的书面同意书，如果是工业特区，向卡拉卡尔帕克斯坦共和国、各地区政府和塔什干市部长会议转让土地地块的书面同意书；

(4)已在拟列入经济特区边界的区域内开展业务的法人和企业实体清单；

(5)在拟议排除在经济特区边界之外的区域内活动的经济特区参与者名单(如有)；

(6)变更经济特区边界的必要性和可能性的论证。

关于提前清算经济特区的提案应附有以下内容：

(1)乌兹别克斯坦共和国总统关于早日清算经济特区的决定草案，其中应规定一套组织措施以确保清算经济特区，并在必要时向经济特区参与者提供担保和(或)补偿；

(2)乌兹别克斯坦共和国内阁决议草案,规定清算委员会的组成和权力以及清算经济特区的程序;

(3)根据本法第 22 条第 2 款第 2 项和第 6 款的规定,经济特区提前清算时,应提交经济特区参与人名单,并注明其正在实施的投资项目;

(4)根据对有关区域的社会、环境、经济和其他条件的详细分析,以及已清算的经济特区的运作和效率的指标,提出需要和可能需要的提前清算经济特区的技术、经济、财政和法律理由,说明提前清算经济特区的理由和对相应的行政区域单位、整个共和国和经济特区参与者可能造成的后果。

第 22 条 经济特区清算理由

将经济特区在其创建期结束视为清算。

有下列情形之一的,可以作出提前清算经济特区的决定:

(1)此举是出于保护人民生命和健康、保护环境、确保国家安全和保卫国家的需要;

(2)自经济特区创建之日起 1 年内,无单一法人登记成为本经济特区参与者,且(或)未以经济特区参与者的身份创造就业岗位;

(3)自经济特区创建之日起 6 个月内,本经济特区参与者未为实施投资项目开展活动;

(4)因丧失经济特区参与者身份而在经济特区内无经济特区参与人,且自丧失该身份之日起 1 年内,该经济特区在其区域内的最后一名参与者不再登记任何法人为其参与人;

(5)因其他原因,乌兹别克斯坦共和国总统关于建立经济特区的决定所确定的建立经济特区的目标无法实现。

如果根据本条第 2 款第 2 项和第 6 款规定的理由提前清算经济特区,根据乌兹别克斯坦共和国总统的决定,向经济特区参与者提供担保和(或)赔偿所遭受的损害或损失的利润,或根据先前的现行命令提供的福利和优惠。

为解决与清算经济特区有关的财产和其他问题,规范管理部门与经济特区参与者、其他组织和个人之间的关系,乌兹别克斯坦共和国内阁设立了清算委员会以确定其组成和权力并在经济特区提前清算的情况下批准清算程序。

第六章　经济特区管理

第23条　经济特区行政理事会

经济特区行政理事会是一家由有关地方行政当局和其他组织的代表组成的合议制机构,由委员会主席领导,主席地位是卡拉卡尔帕克斯坦共和国部长会议主席,相当于该地区的州长和塔什干市市长。

经济特区行政理事会的权力为:

(1)协调地方行政当局在有关经济特区运作、遵守特殊法律制度和向经济特区参与者提供援助等问题上的活动;

(2)选择在经济特区区域内实施的投资项目;

(3)决定为实施投资项目向经济特区参与者提供地块;

(4)及时组织实施经济特区工程、通信和交通基础设施建设项目;

(5)审议批准经济特区理事会年度收支概算。

经济特区行政理事会在其职权范围内通过的决定对经济特区的管理人员和参与者具有约束力。

第24条　经济特区理事会

经济特区理事会是一个以国家单一企业形式成立的法人,旨在确保经济特区的运作和管理。

经济特区理事会的权力包括:

(1)确保特殊法律制度在经济特区区域内的运作;

(2)按照"一个窗口"的原则组织与经济特区潜在投资者和参与者的互动,包括接受投资申请以供审议和选择,为连接工程和通信基础设施网络颁发必要的许可证;

(3)监控投资项目的执行进度,以及控制经济特区参与者履行投资协议所包含义务的情况;

(4)确保经济特区发展纲要的实施;

(5)保存经济特区参与者登记册;

(6)组织监督遵守关于环境控制的立法,以及保护和使用经济特区区域内的文化遗产物品；

(7)提供销售服务，以及根据与经济特区参与者签订的合同提供向国内外市场推销产品的服务；

(8)开展吸引投资商前往经济特区的活动；

(9)为投资者和经济特区参与者提供信息支持，包括组织其与政府机构和其他组织代表的会议；

(10)向经济特区参与者提供位于经济特区区域内的地块以及建筑物和构筑物的所有权、使用权和租赁权；

(11)参与公私伙伴关系项目。

经济特区理事会由乌兹别克斯坦共和国内阁根据经济特区行政理事会的提议任命的一名董事主导，该提议与负责组织经济特区运作和发展的授权国家机构达成一致。此程序不适用于工业特区。

该理事会无权干涉经济特区参与者根据立法开展的活动。

第25条　工业特区管理

由工业特区管理公司对工业特区进行管理，该公司被赋予本法规定的经济特区行政理事会和理事会的权力。

工业特区管理公司是以股份公司或有限责任公司形式创设的法人，可以由外国投资者参与。

工业特区管理的主要内容是：

(1)就投资项目的安置和在工业特区向参与者提供地块，包括以租赁方式提供地块的问题，独立作出决策；

(2)国际标准和要求在设施建设中的应用；

(3)独立组建工程、通信和社会基础设施；

(4)根据工业特区参与者与工业特区管理公司签订的单份合同，对所提供的公用事业、通信服务和能源进行计算和结算；

(5)按照“一个窗口”的原则，组织颁发执照和许可证，包括为建筑物和构筑物的设计、建造、运营、使用以及地块的使用颁发执照和许可证。

负责组织经济特区运作和发展的授权国家机构协调和控制特殊经济特区

管理公司的活动,并有权研究其所有活动和业务并作出适当决定。

特殊经济特区管理公司的财务报表及相关财务资料须接受强制性年度审计。审计报告必须提交给组织经济特区运作和发展领域的授权国家机构。

第七章　投资申请备案和审议程序

第 26 条　投资申请提交程序

由投资者向经济特区理事会提交投资申请。由乌兹别克斯坦共和国内阁批准投资申请表。

投资申请书后附有如下内容:

(1)法人的章程副本和法人的国家登记证书(投资者为法人);

(2)身份证副本(投资者为个人);

(3)投资项目经营计划或者可行性研究报告;

(4)投资协议草案。

投资申请应注明分配给该法人的纳税人识别号。对于外国法人,根据有关外国的立法应注明类似的纳税人识别号。

外国法人提交本条第 2 款第 2 项规定的合法文件,证明外国法人是符合外国立法的法人,并附有经公证的本国语言和英文译本。

在下列情况下,不需要外国法人按规定提交合法化文件:

(1)对本条第 2 款第 2 项规定的文件作了增补;

(2)乌兹别克斯坦共和国的国际条约规定,由缔约方境内的机构或特别授权人员在其职权范围内按规定格式制作或核证的文件,在其他缔约方境内均可被接受且无须任何特别核证。

第 27 条　拟备投资申请书供经济特区行政会议审议

经济特区理事会收到的投资申请须在当天登记,如果在工作时间结束后收到,则在下一个营业日登记。

经济特区理事会应在 2 个工作日内审议投资申请及其所附文件。如果文件不符合经济特区立法的要求,则退回此“一揽子”文件并附上退回理由。在消除了曾作为返还依据的理由后,可重新向经济特区理事会提出投资申请。

在无缺陷的情况下,投资申请书及其所附文件由经济特区理事会送交授权国家审查机构(以下简称专家机构)审查。

审查周期为20个工作日。审查时,确定投资项目实施的经济可行性及其符合本法第15条至第19条规定的条件。

根据审查结果,专家机构可将投资申请及其所附文件退回经济特区理事会修改,并说明退回理由。投资者消除作为返还依据的理由后,经修改后的文件由经济特区理事会送交二次审查。

投资申请书及其所附文件的重复审查期限为10个工作日。同时,不得就以前审查过的文件提出新的意见。

投资申请书及其所附文件,包括专家机构的结论,在2个工作日内由经济特区董事会机关送交经济特区行政理事会审议。

拟在经济特区区域内实施的投资项目不适用本条规定。同时,对投资申请及其所附文件的审议和审查由工业特区管理公司按照乌兹别克斯坦共和国内阁确定的方式独立进行。

第28条 经济特区行政会议审议投资申请

经济特区行政理事会仅在有专家机构肯定结论的情况下才开始审议投资申请及其所附文件。

投资申请由经济特区行政理事会在经济特区理事会提交之日起5个工作日内审议。

经济特区行政理事会在审议投资申请时,可以向投资者提出对投资项目进行变更(增补)的建议。在这种情况下,应在其决定中反映经济特区行政理事会的建议。如投资方不同意提出的修改(增加)事项,经济特区行政理事会应在投资方的参与下重新审议投资申请。

经济特区行政理事会对投资项目的实施或不适宜性作出决定。决定由经济特区行政会议成员总数的多数票通过。

经济特区行政理事会的决定以一项议定书拟定,由经济特区董事会董事、经济特区行政理事会成员签字,并由经济特区行政理事会主席批准。

如果决定为实施投资项目向经济特区参与者提供地块,自议定书核准之日起1日内,由经济特区行政理事会主席、卡拉卡尔帕克斯坦共和国部长会议主席、该地区相关州长或塔什干市市长作出决定。

会议纪要的摘录和关于提供地块的决定(如果有此决定)的副本由经济特区理事会在议定书批准之日起1个工作日内送交提交投资申请的投资者。

经济特区行政理事会关于在经济特区区域实施投资项目的决定是以下方面的依据:

(1)达成投资协议;

(2)提供地块或空的(未使用的)建筑物,并确定总面积及其位置。

在提交的文件中披露不准确或失真的信息的,经济特区行政理事会停止审议投资申请,投资申请必须退回投资者并说明退回理由。

投资者提交投资申请,经经济特区理事会和行政会议审议,均可采用电子形式。

经济特区行政理事会成员和董事会在审议投资申请及其所附文件时,有义务对因履行职责而知悉的信息保密。

提出投资申请的投资者可以依照法律规定的程序,对经济特区行政理事会的决定和(或)专家机构对投资项目实施不利的结论提出上诉。

第八章 经济特区成员

第29条 获取经济特区参与者地位

为了实施投资项目,投资者在收到行政理事会关于实施投资项目可行性的决定后5个工作日内,向经济特区所在地登记机关提交其设立法人的国家登记文件或原设立投资者的企业实体的重新登记文件。

法人在签订投资协议并被列入经济特区参与人名册后,取得经济特区参与者的地位。

投资者设立的法人要被列入经济特区参与者登记册,必须向经济特区理事会提交一份国家登记证书副本和一份文件,以确认为列入经济特区参与者登记册支付了乌兹别克斯坦共和国部长内阁确定的数额的费用。

经济特区理事会在收到本条第3款规定的文件之日起2个工作日内,将法人列入经济特区参与者登记册,并按乌兹别克斯坦共和国内阁批准的格式颁发经济特区参与者证书。

经济特区理事会在将该法人列入经济特区参与者登记册后1个工作日内通知有关税务、海关和统计当局。

第30条 经济特区参与者的权利和义务

经济特区参与者有下列权利:

(1)享受法律为经济特区参与者提供的法律保护、福利和优惠的保障;

(2)按照本法规定的方式接收土地地块、建筑物和构筑物供使用(包括在租赁),并且为开展生产活动建造基础设施;

(3)要求经济特区理事会根据投资协议和网络时间表及时向其提供工程、通信和道路运输基础设施以实施投资项目;

(4)在平等条件下利用经济特区理事会向经济特区参与者提供各种服务,包括依据合同提供的服务;

(5)按照经济特区总体规划,自费进行投资项目实施所必需的基础设施建设;

(6)享有法律规定的其他权利。

经济特区参与者有义务实施下列行为:

(1)及时履行立法和投资协议规定的义务;

(2)遵守法律要求;

(3)向经济特区理事会提交关于投资协议和经营计划义务履行情况的报告。

在投资协议规定的所有义务得到履行之前,经济特区参与者不得将投资协议规定的权利和义务转让给另一个法人。

经济特区的成员根据本法和其他立法行为以及投资协议开展活动。

第31条 法人丧失经济特区参与者地位

在下列情况下,法人会丧失经济特区参与者的地位:

(1)经济特区清算;

(2)法人的清算(活动终止);

(3)法人所在地变更,如果新的所在地位于经济特区区域之外;

(4)经济特区成员不履行投资协议项下的义务;

(5)应经济特区参与者的请求;

(6)经济特区参与者重组,但在税收和关税支付方面享有相同特权的经济特区参与者之间进行的合并或加入除外。

关于法人丧失经济特区参与者地位的决定,由经济特区行政理事会根据经济特区理事会的提议作出。

对法人因本条第1款第5项规定的理由丧失经济特区参与者地位的决定,经济特区参与者可以向法院提出上诉。

根据经济特区行政理事会的决定,经济特区理事会终止与经济特区参与者的投资协议,并将其从经济特区参与者登记册中删除。

自经济特区参与者被从经济特区参与者登记册中删除之日起1个工作日内,经济特区理事会应通知经济特区参与者、经济特区行政理事会、税务、海关当局和统计机构,以及负责组织经济特区运作和发展的授权国家机构和地方行政当局,以说明法人丧失经济特区参与者地位的日期和理由。

法人丧失经济特区参与者的地位会导致取消税收、关税优惠和其他优惠。

第32条 在不履行投资协议项下义务的情况下剥夺法人在经济特区参与者地位的程序

如果经济特区参与者不履行投资协议规定的义务,投资者在经济特区区域内创建的法人,可在经济特区理事会的倡议下被剥夺经济特区参与者的地位。

如果经济特区理事会披露经济特区参与者未履行投资协议义务的事实[不可抗力情况(以下简称“不可抗力”)以及由于经济特区理事会的过失导致的除外],则应制定相应的法案,详细说明违反和未履行投资协议规定的义务的情况,并由理事会和经济特区参与者的代表签字。本法还指明了经济特区参与者必须确保履行投资协议义务的期限,此期限应不超过90日。

如果确认了发生不可抗力,理事会和经济特区参与者应制定时间表,确保在合理的时间内履行投资义务,同时考虑由于不可抗力而造成的实际延误时间。

如果经济特区参与者在本条第2款和第3款规定的期限内未履行投资协议规定的义务，经与经济特区行政理事会和负责组织经济特区运作和发展的授权国家机构达成书面协议（包括通过电子邮件）后，通知经济特区参与者由于其未履行投资协议规定的义务而终止投资协议。

10日之后，如果经济特区参与者仍未就终止投资协议的决定向法院提出上诉，则视其单方面终止该投资协议。

如果单方面终止投资协议的经济特区参与者已就终止的决定向法院提出上诉，则与履行投资协议义务有关的进一步争端必须通过司法方式解决。

法人因未履行投资协议规定的义务而丧失经济特区参与者的地位，会导致被取消税收和关税优惠，会被全额征收未缴的税收和关税，为实施投资项目而授予法人的土地地块、空地和未使用的国有资产的使用权也会被收回。

第33条　根据经济特区参与者的申请丧失经济特区参与者身份的程序

丧失经济特区参与者身份的申请，由经济特区参与者向经济特区理事会提出。经济特区理事会应在2个工作日内将已提交的申请报送经济特区行政理事会。

要求丧失经济特区参与者地位的申请由经济特区行政理事会在10日内审议，如果有物质或财政损失的迹象，则由经济特区理事会在30日内审议。

经济特区行政理事会的决定可规定措施，以补偿参与者在经济特区造成的物质或财政损害，包括向经济特区理事会法院提出申请。

如果法人丧失了经济特区参与者的地位，但没有对经济特区的管理造成物质或经济损失，则不意味着要终止其在经济特区区域内的活动，也不意味着要终止根据所有权而属于该法人的财产的权利。在这种情况下，该法人丧失了使用为经济特区参与者提供的特别法律制度的权利。

本程序不适用于剥夺企业实体工业特区参与者地位的情况。

第九章　投资协议

第34条　签订投资协议

经济特区理事会根据投资项目规定的条件、条款和程序签订投资协议。

投资协议必须在投资者收到经济特区行政理事会议定书(摘录)后3个工作日内由投资者和自由经济特区理事会董事签字。

投资协议自投资者设立的法人取得经济特区参与者地位之日起生效。

第35条 投资协议续期

投资协议可由经济特区理事会应经济特区参与者的请求予以延长。申请由经济特区的成员至迟在投资协议期满前1个月提交。

在经济特区参与者关于延长投资协议的申请中附上一份正在经济特区执行的投资项目的经营计划,其中载有继续执行该项目的理由。

第36条 投资协议终止

投资协议终止的情况包括:

(1)投资协议期满;

(2)法人被剥夺经济特区参与者地位;

(3)经济特区提前清算;

(4)立法或投资协议规定的其他情形。

第十章 经济特区特别法律制度

第37条 特别法律制度的特点

特别法律制度涉及经济特区、特别关税、税收制度以及公民入境、离境和居留制度、劳动关系条件、金融和信贷活动的实施,是一种旨在吸引投资、促进创业家精神发展和经济特区社会经济发展的制度。

乌兹别克斯坦共和国的法律或总统的决定规定了特别的法律制度。

向经济特区参与者提供的福利仅适用于在经济特区区域内开展的活动。

登记为经济特区参与者的外国投资者可享有乌兹别克斯坦共和国立法为其提供的所有权利、保障和福利。

第38条 特别关税制度

特别关税制度可规定:

(1)暂时免征或减征关税;

(2)取消、放宽对出口或进口的非关税限制。

经济特区成员使用关税付款特权出口或进口的商品的清关按照法律规定的方式进行。

乌兹别克斯坦共和国海关当局在经济特区区域实行特别关税制度。

特别关税制度不适用于通过经济特区区域内的商品过境。

特别关税制度不应导致形成一种非竞争性的环境。

第 39 条　税收和关税优惠

经济特区参与者按照乌兹别克斯坦共和国税法规定的方式享受税收优惠。

经济特区参与者免交下列费用：

(1)在建设期内按照投资协议执行投资项目的既定程序进口的非共和国生产的建筑材料的海关付款(增值税和清关费除外)；

(2)根据核准清单，进口乌兹别克斯坦共和国不生产类似产品的技术设备时的关税付款(清关费除外)。

当经济特区参与者将用于生产和销售出口产品的原材料、材料和部件进口到乌兹别克斯坦共和国境内时，不支付关税付款(清关费除外)。

经济特区参与者有权在进口商品时获得最多 120 日的增值税延期缴纳。

因抵扣应计税款而超出增值税额所产生的增值税，在 7 日内按简化程序退还给经济特区参与者。

已缴纳的增值税金额按照乌兹别克斯坦共和国内阁确定的方式从乌兹别克斯坦共和国预算中偿还给经济特区参与者。

第 40 条　经济特区劳动关系调整

经济特区劳动关系由乌兹别克斯坦共和国劳动法典、集体协议(协议)和(或)个人劳动协议(合同)规范。

与乌兹别克斯坦共和国立法以及乌兹别克斯坦共和国加入的国际劳工组织公约所规定的条件相比、集体协议(协议)和个人劳动协议(合同)不能使在经济特区区域设立的法人的雇员处境恶化。

在经济特区区域设立的法人的雇员的工作人员必须由乌兹别克斯坦共和国公民组成，其人数至少占雇员总数的 90%。

第 41 条 经济特区理事会预算

经济特区理事会有独立的预算,每年由经济特区行政理事会以收入和支出估计数的形式批准。

经济特区理事会的收入来自经济特区参与者为列入经济特区参与者登记册而支付的费用、提供土地的收益、租用经济特区理事会正在使用和管理的建筑物和构筑物的收益、根据合同提供服务的收益以及法律不禁止的其他来源。

在实现自给自足之前的经济特区形成阶段(但不超过 3 年),以规定的方式从共和国和地方预算中吸引资金以维持经济特区理事会、贷款以及法律不禁止的其他来源。

第十一章 最终条款

第 42 条 经济特区参与者的法律保障

保障经济特区参与者的权利和利益得到保护,这项法律和其他立法法案以及乌兹别克斯坦共和国的国际条约都确保了这一点。

经济特区参与者在税收立法发生变化时,有权在利益有效期内(但不超过 10 年)适用在其被列入经济特区参与者登记册之日有效的关于缴纳税款、费用和其他付款的规范和条例,但规范可免税商品征税的立法法规的规范和规定除外。

经济特区参与者有权使用为其提供的便利条件、支付形式和进出口商品的结算。

在经济特区,确保经济特区参与者获得法律规定的所有保障和福利。根据乌兹别克斯坦共和国总统的决定,可以提供额外的保障和福利。

对于因国家和其他机构或机关官员无理干预法人和个人活动而造成的损失以及利润损失和精神损害,经济特区参与者应向法院提出赔偿。

第 43 条 争议解决

按照法律规定的方式解决在组织经济特区的运作和发展方面的争端。

第 44 条 违反经济特区立法的责任

对于违反经济特区立法的,按规定的方式追究责任。

第 45 条　乌兹别克斯坦共和国部分立法无效

声明无效：

(1)乌兹别克斯坦共和国 1996 年 4 月 25 日第 220—Ⅰ号法律《乌兹别克斯坦共和国自由经济特区法》(《乌兹别克斯坦共和国议会公报》,1996 年,第 5—6 号,第 58 条)；

(2)乌兹别克斯坦共和国 2003 年 4 月 25 日第 482—Ⅱ号法律第 15 节“关于乌兹别克斯坦共和国某些立法法案的修正和增补”(《乌兹别克斯坦共和国议会公报》,2003 年,第 5 号,第 67 条)；

(3)乌兹别克斯坦共和国 2005 年 12 月 14 日第 11 号法律第 3 条“关于修改乌兹别克斯坦共和国关于将乌兹别克斯坦共和国对外经济关系署改为乌兹别克斯坦共和国对外经济关系、投资和贸易部的一些法律”(《乌兹别克斯坦共和国议会公报》,2005 年,第 12 号,第 X 条)；

(4)乌兹别克斯坦共和国 2006 年 10 月 10 日第 59 号法律第 11 条“关于修订和补充乌兹别克斯坦共和国与改善法律保护制度和放宽企业实体财务责任有关的某些立法”(《乌兹别克斯坦共和国议会公报》,2006 年,第 10 号,第 536 条)；

(5)乌兹别克斯坦共和国 2009 年 9 月 23 日第 224 号法律《〈乌兹别克斯坦共和国自由经济特区法〉修正和补充》(《乌兹别克斯坦共和国议会公报》,2009 年,第 9 号,第 338 条)；

(6)乌兹别克斯坦共和国 2015 年 8 月 20 日第 391 号法律第 10 条“修订和增补乌兹别克斯坦共和国的一些立法以进一步加强对私人财产、企业实体的可靠保护并消除其加速发展的障碍”(《乌兹别克斯坦共和国议会公报》,2015 年,第 8 号,第 312 条)；

(7)乌兹别克斯坦共和国 2018 年 4 月 18 日第 476 号法律《关于乌兹别克斯坦共和国某些立法的修正和补充》第 20 条(《乌兹别克斯坦共和国议会公报》,2018 年,第 4 号,第 224 条)。

第 46 条　确保沟通执行以及澄清本法律的实质和意义

乌兹别克斯坦共和国投资和外贸部、乌兹别克斯坦共和国经济和工业部及其他有关组织应确保本法的执行,与执行者沟通并向民众澄清本法的实质和意义。

第 47 条 使立法与本法相一致

乌兹别克斯坦共和国内阁应确保以下内容:

(1)政府的决定符合本法;

(2)国家行政机构修改和撤销与本法相抵触的规范性法律法规。

第 48 条 本法的生效

本法自正式公布之日起 3 个月后生效。

在本法生效前经自由经济特区理事会登记并在自由经济特区区域内实施投资项目的自由经济特区参与者,在其提供的期限届满之前,应保留其立法规定的福利和优惠。

Part 4 第四编

乌兹别克斯坦共和国投资与贸易相关立法

第一节　概　　述

本编内容涉及乌兹别克斯坦共和国投资与贸易领域的主要立法,包括《乌兹别克斯坦共和国投资及投资活动法》《乌兹别克斯坦共和国关于促进吸引外国直接投资的补充措施》《乌兹别克斯坦共和国保障措施、反倾销及反补贴法》。乌兹别克斯坦共和国投资与贸易主管机关为乌兹别克斯坦共和国投资和外贸部,负责协调外国投资、与国际经济和金融机构合作、实施统一对外贸易政策以及促进和确保国家出口支持系统有效运作。

乌兹别克斯坦共和国已将吸引外资纳入其经济优先发展领域,并颁布了一系列配套法规。在乌兹别克斯坦共和国投资的国际知名企业主要集中在油气开采、汽车制造、电信等领域。乌兹别克斯坦共和国投资相关立法以《乌兹别克斯坦共和国投资和投资活动法》为主,该法内容全面,为吸引海外投资作出了全面的法律保障。全文包括 12 章,69 条,涉及与投资活动有关的方方面面。该法规范投资领域的关系以及外国和国内投资者进行的投资活动,除了与集中投资有关的法律关系,特许经营活动领域的法律关系,生产分享协议签订、执行和终止,投资,共同基金和风险基金,资本市场管理(包括证券交易),公私伙伴关系和经济特区等之外的投资活动皆为该法的调整对象。投资者、投资形式以及投资类型包含广泛,既包括直接投资也包括间接投资;既包括政府投资也包括私人投资;既可用货币、实物投资也可用知识产权、权益等无形物投资;既包括外商投资,也包括本国商业投资。

该法的天平明显偏向海外投资者,其特点体现为对海外投资者的权益保障、投资便利化以及投资政策倾斜等方面。投资者权益保护方面,为对抗对投资者不利的立法变更,该法规定如果乌兹别克斯坦共和国随后的立法使投资条件恶化,则投资之日生效的立法适用于投资之日起 10 年内的投资者。投资者有权酌情适用新立法中改善其投资条件的规定。另外,该法授权设立"保护企业家权利专员",专门负责帮助投资者及投资企业与中央或地方政府机构沟通,为投资者提供法律、政策咨询等方面的帮助,维护其合法权益。投资便利化方面,给予投资者及投资企业外汇自由,且保证投资和其他资产不受国有化限制,除特殊情况不被政府征收;设立"一个窗口",减轻行政程序负累,提高办事效率。投资政策方面,对外商有诸多倾斜,包括给予投资税收抵免,享受投资补贴(如提供工程或通信条件等),发放投资签证,允许投资者在乌兹别克斯坦共和国就业,投资者及家人与本国国民平等享受医疗、教育等服务;提供针对政治风险的投资保险等。投资争端解决方面,先由合作方协商解决,若解决未果,可提交乌兹别克斯坦共和国经济法院裁决,法院可依据乌兹别克斯坦共和国参加的国际协定或协议规定的程序和原则仲裁解决,也可以根据乌兹别克斯坦共和国与他国签订的双边或多边投资协定中约定的投资争端解决条款申请国际仲裁。乌兹别克斯坦共和国自 1995 年成为《承认及执行外国仲裁裁决公约》(《纽约公约》)的成员,并且签署了华盛顿国际投资争端解决中心(ICSID)规则、巴黎国际仲裁法院以及斯德哥尔摩国际仲裁法院规则。

虽然从文本上来看,乌兹别克斯坦共和国投资相关立法技术含量高,覆盖面广,但是由于乌兹别克斯坦共和国法律朝令夕改、人治色彩严重,且各地执法者对法律理解不同,优惠政策很难落地。加之工业配套基础设施建设落后,一些地方政府为完成招商引资任务随意开空头支票,项目启动后多数难以落地,投资者往往遭受巨大经济损失。

乌兹别克斯坦共和国与世界193个国家和地区建立贸易关系,给予包括中国在内的45个国家最惠国待遇。乌兹别克斯坦共和国与白俄罗斯、格鲁吉亚、哈萨克斯坦、吉尔吉斯斯坦、摩尔多瓦、俄罗斯、土库曼斯坦、乌克兰、塔吉克斯坦、阿塞拜疆签订了《关于设立自由贸易区的协议》,对来自这些国家的商品不征收进口关税。2019年前,乌兹别克斯坦共和国三大主要贸易伙伴分别是中国、俄罗斯和哈萨克斯坦。中国主要对乌兹别克斯坦共和国出口机电产品和化工产品,从乌兹别克斯坦共和国进口天然气、服务、黑色和有色金属、食品、面纱等。

乌兹别克斯坦共和国将贸易救济制度中的"两反一保"放到了一部法中,即《乌兹别克斯坦共和国保障措施、反倾销及反补贴法》,该法共4部分,30条。乌兹别克斯坦共和国目前是世界贸易组织的观察员成员,尚未正式加入,但其立法与世界贸易组织的现行相关立法一致。负责调查的主管机关为内阁,贸易救济分为实体与程序两部分。保障措施方面,该法律规定当进口产品数量的急剧增长而给本国产业造成严重损害或严重损害威胁时,可采取临时性的紧急救济措施,即保障措施。保障措施的发起、适用以及终结与《关税与贸易总协定》第19条和世界贸易组织(World Trade Organization,WTO)《保障措施协定》一致。反倾销方面,倾销的认定包括倾销价格、倾销对产业的损害或损害威胁以及因果关系。在确定倾销价格时,以产品出口价与正常价值的差额而定。正常价值的确定方法分为出口国国内市场价格、对第三国出口价格和结构价格,反倾销程序包括初裁与终裁两个阶段。其规定与《关税与贸易总协定》第6条和WTO《反倾销协定》一致。反补贴方面,规定较为简单,该法禁止出口补贴,并以列举的方式规范了被禁止的财政资助。其规定与《关税与贸易总协定》第6条和第16条以及《补贴与反补贴措施协定》一致。

《乌兹别克斯坦共和国保障措施、反倾销及反补贴法》从立法技术角度来看较为简单,将WTO所授权成员方面临他方的不当贸易措施而采取的贸易救济措施,即“两反一保”以及调查程序放在同一部立法中进行规范,并且几乎所有法条照搬自 WTO 相关规定。虽然乌兹别克斯坦共和国目前仅为 WTO 观察员,但其贸易立法如此国际化,与美国对其的帮助不无关系。2019 年 4 月下旬,乌兹别克斯坦共和国副总理加尼耶夫率团访美时,获得美国一系列帮助,包括美国支持乌兹别克斯坦共和国加入世贸组织以及聘请美国国际开发署专家作为乌兹别克斯坦投资和外贸部部长加入世贸组织问题顾问。

第二节　法律法规文本

乌兹别克斯坦共和国投资和投资活动法

2019 年 12 月 9 日经立法会议厅通过

2019 年 12 月 14 日通过参议院批准

塔什干市

2019 年 12 月 25 日

编号:598

(国家法律数据库,2019 年 12 月 26 日,第 03/19/598/4221 号)

第一章　总　　则

第 1 条　目的和范围

本法旨在规范投资领域的关系以及外国和国内投资者进行的投资活动。

本法不规范与集中投资有关的法律关系。

特许经营活动领域的法律关系,生产分享协议签订、执行和终止,投资,共同基金和风险基金,资本市场管理(包括证券交易),公私伙伴关系和经济特区等由单独的法律进行管理。

第2条　投资和投资立法

由本法和其他法案组成关于投资和投资活动的立法。

如果乌兹别克斯坦共和国的一项国际条约规定了乌兹别克斯坦共和国关于投资和投资活动以外的规则，则适用该国际条约的规则。

第3条　基本概念

本法适用以下基本概念：

投资项目——旨在实施或吸引投资以获得经济、社会和其他利益的一整套相互关联的措施。

投资义务——投资人为实现一定目标而承担的义务。

投资政策——相互关联的措施以确保乌兹别克斯坦共和国经济及其各个部门的投资达到所需的水平和结构，增加投资活动主体的投资活动，旨在寻找投资来源并确定其优先使用的部门。

投资活动——投资活动主体参与的与实施投资有关的行动。

投资活动参与者——投资活动的主体，作为命令的执行者或根据投资者的命令确保投资的实施。

投资协议——投资活动主体之间订立的书面协议，确定投资协议各方的权利、义务和责任。

投资——有形和无形的利益和权利，包括知识产权以及投资者为获取利润而在承担风险的基础上对社会领域目标、企业、科学和其他活动进行的再投资，其中包括：

（1）基金、货币资金（含外币）、银行存单、股份、股票、债券和本票等有价证券；

（2）动产和不动产（建筑物、构筑物、设备、机器和其他物质）；

（3）知识产权，包括乌兹别克斯坦共和国法律不禁止的专利或非专利（专门知识）技术、工艺、商业和其他知识，形式采用技术文件、技能和组织特定类型生产所必需的生产经验以及其他价值。

投资者——投资活动的主体，将自有的和（或）借入的资金或其他吸引的投资资源投资于投资活动的对象以获取利润。

国内投资者——乌兹别克斯坦共和国公民、外国公民和具有乌兹别克斯坦共和国居民身份的无国籍人士，包括个体企业家以及开展投资活动的乌兹别克斯坦共和国法人实体。

再投资——投资于企业活动和其他类型活动对象的任何收入，包括利润、利息、股息、特许权使用费、许可证和佣金、技术援助付款、维持费和其他形式的报酬等。

外国直接投资——在没有政府担保的情况下，以外国投资者自有的或借入的资金为代价进行风险承担的投资。

外国投资——对这些投资的有形和无形利益和权利，包括对知识产权对象的权利以及外国投资者对社会领域、企业、科学和其他类型活动对象的再投资。

外国投资者——外国、外国行政或区域机构，根据国家间协定或其他条约成立或属于国际公法主体的国际组织、法人实体，根据外国立法成立和行事的任何其他伙伴关系、组织或协会、外国公民和永久居住在乌兹别克斯坦共和国境外的无国籍人士。

乌兹别克斯坦共和国境内有外商投资企业——外国投资至少占股份（股份、单位）或授权资金（注册资本）15%的企业。

第4条　投资与投资活动的基本原则

投资和投资活动的主要原则：

（1）合法性；

（2）公开和开放；

（3）自由开展投资活动；

（4）投资活动主体的公平与平等；

（5）不歧视投资者；

（6）投资者方面的善意推定。

投资和投资活动立法的基本原则适用于投资过程和投资活动的所有阶段。

第二章　投资、投资活动的客体和主体

第5条　投资类型

本法将投资分为资本投资、金融投资和社会投资。

资本投资包括对固定资产创造和再生产的投资，包括对新建的、现代化的、改造的和技术再装备的投资，以及对发展其他形式的物质生产的投资。

金融投资包括对股票、公司、基础设施和政府债券以及其他类型证券的投资。

社会投资包括在开发人员潜力、技能和工作经验以及在开发其他形式的无形利益方面所作的投资。

第6条 投资形式

投资形式有以下几种：

(1)设立法人实体或参股，包括通过获得财产和股份；

(2)购买乌兹别克斯坦共和国发行的证券，包括债券；

(3)获得特许权，包括勘查、开发、生产或使用自然资源的特许权以及参加生产分享协议；

(4)取得知识产权，包括版权、专利、商标、实用新型、工业品外观设计、商号和专有技术、商业信誉以及贸易和服务项目的所有权及其所在地的土地；

(5)获得拥有和使用地块(包括租赁)和其他自然资源的权利；

(6)投资者可采取不抵触条例规定的其他形式进行投资；

(7)可以通过多种投资形式的组合开展投资活动；

(8)改变投资最初或再投资的形式并不会导致改变其作为投资的资格。

第7条 投资方式

投资方式包括：

(1)现金(含外币)及其他金融资产，包括贷款、股份、股票和证券等有价证券；

(2)动产和不动产(建筑物、构筑物、设备、机器和其他物质)及其权利；

(3)知识产权对象，包括组织特定类型生产所必需的专利或非专利(专门知识)技术、工艺、商业和其他知识，以技术文件、技能和生产经验的形式正式化；

(4)拥有和使用地块和其他自然资源的权利，以及因产权而产生的其他财产权。

第8条 投资对象

投资活动的对象是社会领域的对象、企业、科学和法律不禁止的其他类型的活动。

禁止投资于其创造和使用不符合法律规定及其他要求的卫生和健康、辐射、环境、建筑和城市规划，侵犯法人实体和个人的权利、自由的和受法律保护的利益的对象。

第9条 投资活动主体

投资活动的主体是乌兹别克斯坦共和国的公民、个体企业和法人实体，国家和地方政府机构，外国行政机构，国际组织，外国法人实体和公民以及无国籍人士等。

第10条 投资者权利

投资者有权实施下列行为：

(1)自由开展投资活动，确定与乌兹别克斯坦共和国立法不抵触的投资数量、类型、形式、范围和方向；

(2)与法人实体和个人订立实施投资活动的合同；

(3)拥有、使用和处置其投资和投资活动成果以及出售和输出投资活动成果；

(4)在缴纳税收、费用和法律规定的其他款项后，独立地和自由地处置投资活动所得收入；

(5)以所有权方式使用属于其的财产和任何财产权，作为其承担的所有类型义务的担保，包括旨在吸引借入资金的义务；

(6)在其投资和其他资产被征用、征收时获得适当补偿；

(7)以贷款和借款的形式吸引资金；

(8)因政府机构、地方政府机构及其机关官员的非法行为(不作为)和决定而造成的损失获得赔偿。

第11条 投资者义务

投资者有义务实施以下行为：

(1)缴纳税费；

(2)履行其承担的与投资有关的合同义务；

(3)遵守该立法的要求，包括竞争、反腐败、投资和投资活动、劳工、城市规

划、环境保护要求,以及安全、卫生规范和规则;

(4)赔偿不履行或者不正确履行合同条款给投资活动参与者造成的损失;

(5)遵守国家行政当局授权机构和地方政府机构在其职权范围内提出的要求。

第12条　投资活动参与者的权利

投资活动的参与者有权实施以下行为:

(1)参与交易所、竞争性和招标交易、电子商店和拍卖;

(2)与投资者订立执行其指令的合同;

(3)除非合同另有规定,让其他人参与履行其对投资者的义务。

第13条　投资活动参与者的义务

投资活动的参与者有义务实施以下行为:

(1)遵守立法确立的规范、规则和标准,包括立法关于竞争、反腐败、投资和投资活动、劳工、城市规划和环境保护的要求;

(2)及时地和妥善地履行合同条款;

(3)赔偿因不履行或不当履行合同条款给投资者造成的损失;

(4)遵守国家行政机构和地方政府机构在其权力范围内提出的要求。

第14条　投资定价

投资活动过程中的商品(包括工程、服务等)成本按合同价格确定,但法律规定价格的除外。

作为投资对象的商品(包括工程、服务等)的价格也可以在交换、竞争、拍卖和其他有组织的拍卖中形成。

国有资产在交换、竞争、拍卖和其他有组织的拍卖中形成的出售价格,不考虑这些资产的账面价值和评估价值,均确认为市场价格。

第三章　投资活动主体权利、国家保障与投资保护

第15条　投资活动主体权利保障

国家保障投资活动主体的权利。国家机关及其机关官员无权干涉投资活动主体依法开展的活动。

如果国家机关及其机关官员发现投资活动主体的活动违反法律规定,可采取授权措施,这些措施与消除具体违法行为直接相关。

国家机关及其机关官员不能以违法事实为依据干涉或限制投资活动主体的其他与投资无关的合法活动。

国家保障在公民身份、居住地、经济活动地以及投资者或投资来源国方面不歧视投资者。

投资者行使权利不得侵犯其他投资者的权利和受法律保护的利益。同时,国家作为企业实体的共同创办人与其他创办人享有平等的权利和义务。

本条规则不适用于根据公认的国际法原则和准则确定的与确保乌兹别克斯坦共和国国家安全直接相关的立法行为的通过、修正、增加或取消。

第16条 资金使用保障

投资活动主体因投资活动而收到的收益可在税后和付款后再投资或酌情以任何其他方式使用。

国家机构对使用或强制取用外资和内资企业账户资金的限制只能按照法律规定的方式进行。

第17条 外汇汇兑

在保证投资者缴纳税款和其他应付款项后,将下列收入汇出乌兹别克斯坦共和国:

(1)维持或增加外国投资的初始金额和追加金额;

(2)投资收益;

(3)根据本法收到的补偿损失的资金;

(4)为履行合同条款而支付的款项;

(5)出售全部或者部分外国投资的收益;

(6)因解决争端而产生的付款,包括任何法院或仲裁裁决;

(7)支付给雇员的工资和其他款项;

(8)依法收到的其他来源的资金。

根据乌兹别克斯坦共和国的法律和国际条约规定,在外商投资企业破产或违反债权人权利,外国投资者犯下犯罪行为或行政违法行为,或任何其他需要根据司法或仲裁裁决暂停汇回外国投资者资金的情况下，国家可以不加歧视地适用立法行为，暂停汇回外国投资者资金。

第18条　与终止投资活动有关的外国投资返还担保

外国投资者有权终止在乌兹别克斯坦共和国的投资活动。

在投资活动终止后，外国投资者有权将其因投资活动终止而收到的资产以现金或实物形式自由返还，但不妨碍外国投资者履行对乌兹别克斯坦共和国或其他债权人的义务。

第19条　对投资者不利的立法变更保障

立法行为在其执行损害投资者或投资的情况下不具有追溯力。

如果乌兹别克斯坦共和国随后的立法使投资条件恶化，则投资之日生效的立法适用于投资之日起10年内的投资活动。投资者有权酌情适用新立法中改善其投资条件的规定。

在乌兹别克斯坦共和国随后的立法导致投资条件恶化的情况下，保证在10年内适用投资时生效的立法，此规定适用于以下情况：

（1）引入其他要求，使汇回程序复杂化或减少投资者转移到国外的利润数额，但国家在外商投资企业破产、倒闭或违反债权人权利、投资者实施犯罪行为或行政违法或任何其他需要根据法院或仲裁裁决中止汇回的情况下，依据不歧视适用法律规定，暂停汇回投资者资金的情况除外；

（2）对投资额实行数量限制，并对投资额提出其他额外要求，包括以提高外商投资企业外国投资额最低限额的形式；

（3）对外国投资者在乌兹别克斯坦共和国企业注册资本中的股份参与实行限制；

（4）引进外国投资者登记和延长签证的额外程序以及外国投资者的其他额外要求。

在以下情况下，对投资者不利变化进行担保：

（1）企业设立——从国家登记之日起；

（2）获得乌兹别克斯坦共和国居民发行的财产、利息、股份和其他证券，拥有贸易和服务设施、住宅以及其所在的地块，以及拥有和使用土地和自然资源的权利——从保障所有权或其他财产权的文件生效之日起；

(3)知识产权出资，包括著作权、专利、商标、实用新型、工业品外观设计、商号和专有技术，以及商业信誉——自确认知识产权出资的文件生效之日起；

(4)取得特许权，包括勘查、开发、生产或使用自然资源的特许权——以法律规定的方式从特许权协议登记之日起；

(5)在与乌兹别克斯坦共和国政府签订的投资协议中同时合并投资义务的投资——自协定生效之日起；

(6)以与乌兹别克斯坦共和国立法不抵触的其他形式进行投资——自确认投资者在乌兹别克斯坦共和国境内进行投资活动的文件生效之日起。

本条不适用于根据公认的国际法原则确定的与确保乌兹别克斯坦共和国国家安全利益直接相关的立法行为的通过、修正、增加或取消。

第20条 确保透明度

未正式公布的法规不产生法律后果，因为这些法律尚未生效，不能作为管理投资关系的依据，也不能对不遵守其中所载指示的投资活动主体实施任何制裁。

政府和地方政府机构有义务通过媒体，包括在其官方网站上公布有关其参与投资活动和在投资活动领域所作决定的信息。

向个人和法人实体开放，并允许其易获得关于国家和地方政府机构在投资活动领域的活动及其决定的信息。

第21条 投资保护

国家保证根据乌兹别克斯坦共和国的立法和国际条约保护投资。

投资者的投资和其他资产不受国有化限制。

除自然灾害、事故、流行病、动物流行病和其他特殊情况外，投资者的投资和其他资产不受征用、征收。

由乌兹别克斯坦共和国内阁作出对投资的征用和征收决定，但须符合以下要求：

(1)以投资者为解决本条第3款规定的情况所产生的问题所必需的投资或其他资产的最低数额为限；

(2)按不歧视原则进行;

支付与所造成的损失相当的赔偿金,国家是及时执行这些赔偿付款的担保人。

投资者有权向法院和仲裁庭提出争议,尤其是在下列情形中:

(1)证实征用、征收的合法性;

(2)确认征用、征收的金额;

(3)确认征用、征收投资和其他资产的评估;

(4)确认应支付的补偿金支付的一致性;

(5)确认政府和地方政府机构在实施征用、征收时遵循的程序。

投资者可对投资和风险在自愿的基础上投保。

第22条　附加担保和投资保障措施

其他担保和投资保障措施可包括乌兹别克斯坦共和国政府提供担保、协助投资项目融资、建立特别税收和支付制度、国家监控投资项目的执行情况以及根据与乌兹别克斯坦共和国政府签订的投资协议采取的其他措施。

第23条　冲突规定

如果本法的规定与乌兹别克斯坦共和国立法或国际条约的其他行为有任何不一致之处,应以对投资者最有利的规定为准。

第四章　国家对投资活动的管理

第24条　国家对投资活动管理的目标

国家行政管理机构和地方政府机构对投资活动进行国家管理以执行投资政策,确保完成乌兹别克斯坦共和国及其区域社会经济发展的国家任务,提高投资效率,并确保对乌兹别克斯坦共和国区域各种投资对象的投资有安全的条件。

第25条　国家对投资活动管理的方法

国家通过以下方式对投资活动进行管理:

(1)改善投资活动的法律和监管法律体系;

(2)为发展投资活动创造有利条件,并由乌兹别克斯坦共和国政府提供担保；

(3)在乌兹别克斯坦共和国境内建立经济特区和小型工业区；

(4)授予固定资产加速折旧的权利；

(5)制定技术法规的规范、规则和要求；

(6)采取措施支持竞争；

(7)确定地块和其他自然资源的所有权和使用条件。

不得为投资者提供使其处于市场支配地位的排他性规定和权利。

第26条 在国家管理投资和投资活动方面的授权国家机构

乌兹别克斯坦共和国投资和外贸部是国家管理投资和投资活动的授权国家机构。

授权国家机构在国家管理投资和投资活动方面的主要权力有：

(1)就投资活动的法律、经济和其他问题向潜在投资者提供咨询,并为其解决新出现的问题提供必要的协助；

(2)执行统一的国家投资政策,协调国家机构和组织在投资管理领域的活动；

(3)确保乌兹别克斯坦共和国政府机构、地方政府机构和经济管理机构与外国主管当局、外国政府金融组织和国际金融机构以及公司和潜在外国投资者就投资合作进行互动——必须协调合作方向和项目；

(4)不断向投资者提供反馈以协助区域和国内法人实体吸引投资并组织拟订投资建议；

(5)代表乌兹别克斯坦共和国的利益参与国际投资界的工作；

为进一步改善乌兹别克斯坦共和国境内吸引投资、发展投资环境和改善投资活动领域的监管法律体系制定和提交建议。

第27条 地方政府机构管理投资和投资活动的权力

地方政府机构在其职权范围内,与国家主管投资和投资活动的授权国家机构的地区分支机构一起开展以下工作：

(1)在地方一级执行投资政策,包括吸引旨在刺激本国相应地区扩大投资的投资，进一步改善该地区的投资环境并支持相应地区企业的发展；

（2）根据需要和投资潜力，例如资源、气候和劳动力等方面，研究和确定需要投资的有前景的项目以及空置的国有资产和地块；

（3）审议与投资者活动直接有关的问题，并且在必要时审议通过吸引直接投资实施有前途的创业倡议和项目的建议；

（4）确定妨碍及时有效执行投资项目的因素，包括外国投资在有关区域参与的投资项目并且迅速采取措施以解决问题；

（5）根据对外商投资企业活动的分析以及投资者履行投资义务的情况，提高对相应领土经济吸引的投资的使用效率；

（6）拟订有关区域与外国银行、基金、机构和公司在互利基础上发展投资合作领域并使其多样化的建议；

（7）落实有关地区吸引投资的主要方向和吸引外资方面的措施以创造最有利的条件。

第 28 条　参与吸引投资的国家机构的职能

为了吸引、销售和保护投资，负责国家管理投资和投资活动的授权国家机构、其他国家机构和地方政府机构的职能包括：

（1）编写和传播关于在乌兹别克斯坦共和国投资活动的可能性和条件的信息；

（2）就投资活动的法律、经济和其他问题向潜在投资者提供咨询，并为其解决新出现的问题提供必要的协助；

（3）在其职权范围内代表乌兹别克斯坦共和国参与有关外国投资问题的国际关系。

第 29 条　国家机构控制投资者活动的权力

乌兹别克斯坦共和国政府授权的国家机构在其权力范围内对投资者和投资企业遵守投资和投资活动立法的规定进行监督。

国家机构在行使控制职能时，有义务确保商业秘密的安全。

第五章 国家对投资和投资活动的支持

第 30 条 国家支持投资和投资活动的目标和方法

国家对投资和投资活动的支持是为了创造有利的投资环境,刺激投资于创造新的有竞争力和创新的出口型和(或)进口替代工业,利用现代技术和引进现代管理经验扩大和更新现有工业。

国家通过以下方式支持投资和投资活动:

(1)使用福利和优惠;

(2)为投资项目的联合融资进行集中投资;

(3)提供财政、咨询和信息支持。

第 31 条 与政府机构互动时协助投资者和有投资的企业

负责投资和投资活动的国家监管的授权国家机构按照"一个窗口"的原则组织工作以协助投资者与其他国家机构互动。

为了按照"一个窗口"原则组织工作,国家监管投资和投资活动领域的授权国家机构及其区域分工通过相关公共服务中心确保提供公共服务。

按照"一个窗口"原则安排工作也包括:

(1)对现有公共服务的问题进行接待和咨询;

(2)协助编制、执行和获得公共服务所需的文件;

(3)协助登记电子数字签名、电子申请和其他文件;

(4)投资者在接受政府服务时支持政府和地方政府机构。

在乌兹别克斯坦共和国投资的企业家可向国家投资监管机构提供建议、提出问题,并参与项目的实施。

第 32 条 咨询和信息支持

政府机构和地方政府机构,包括乌兹别克斯坦共和国驻外外交使团和领事机构、乌兹别克斯坦共和国驻国际金融机构代表处,就与其权力有关的问题和为解决投资者困难的问题向其提供咨询和信息支持。

第 33 条 乌兹别克斯坦共和国总统下属专员保护企业实体在投资活动领域的权利和合法利益

乌兹别克斯坦共和国总统下属的投资活动领域保护企业实体权利和合法利益专员的职责包括：

（1）审议在乌兹别克斯坦共和国投资活动过程中出现问题的投资者和投资企业的申请，并提出解决这些问题的建议，包括与政府机构和地方政府机构进行互动；

（2）协助投资者解决庭外和审前程序中新出现的问题；

（3）制定并向乌兹别克斯坦共和国总统提交关于改善投资和投资活动立法的建议；

（4）向投资者说明有关其权利和合法利益的问题，包括其保护的形式和方法；

（5）分析投资者的上诉以及国家和地方政府机构的听证结果；

（6）分析立法并查明侵犯投资者权利或妨碍经济活动进行的规范，并根据结果提出恢复被侵犯的权利、自由和保护投资者合法利益的建议；

（7）向有关政府机构提出建议，旨在恢复投资者被侵犯的权利、自由和合法利益。

接收建议的公共行政机构和地方政府机构应就其审议结果向保护企业家权利专员提供书面答复。

必要时，保障企业家权利专员能够向国家行政管理机构和地方政府机构以及企业、机构和其他组织索取资料，以审议投资者和投资企业的申请所需的资料，但构成国家秘密或受法律保护的其他秘密的资料除外。

第六章　国家支持投资和投资活动的福利和优惠

第 34 条　国家支持投资和投资活动提供福利和优惠

用于国家支持投资和投资活动的福利和优惠可包括：

（1）将国有资产对象或者对其拥有的财产权利以优惠或者零赎回价值转让给投资者；

（2）提供税收和支付利益；

（3）对投资者为实施投资项目而获得的贷款进行利率补贴。

根据以下情况提供福利和优惠：

(1)投资额；

(2)投资项目实施区域的条件；

(3)预期的社会经济效果和创造新的就业机会；

(4)投资项目实施的领域与分支。

按法律规定的方式提供税收和付款方面的利益。

本条第1款规定的国家支持投资和投资活动的优惠可由卡拉卡尔帕克斯坦共和国、各地区和塔什干市部长会议分别作出决定，包括与市政财产有关的物品，费用由卡拉卡尔帕克斯坦共和国预算、各地区地方预算和塔什干市预算支付。

根据本区域基础设施的发展程度，向在本区域投资的投资者提供福利和优惠。

根据立法批准的清单，吸引外国直接投资，对于在经济部门专门生产商品及提供服务的企业，按照《乌兹别克斯坦共和国税法》规定的方式向其提供适用某些税收优惠的具体规定。

第35条　投资税收抵免

为支持投资者，可以向其提供投资税收抵免。这是一种改变履行纳税义务的期限的形式。根据此形式，投资者作为纳税人有机会在一定期限内减少其应缴纳的税款，然后根据乌兹别克斯坦共和国税法分阶段支付贷款数额和应计利息。

第36条　投资补贴

乌兹别克斯坦共和国政府可提供投资补贴，作为以投资优惠形式为实施投资项目提供的财政援助以确保必要的工程和通信条件以及提供福利。

乌兹别克斯坦共和国通过向投资活动对象提供外部工程和通信网络建设，以提供必要的工程和通信条件的形式向投资者提供投资补贴。

投资补贴也可以作为税收和关税福利提供。

经授权的负责投资和投资活动监管的国家机构与乌兹别克斯坦共和国财政部共同按照《乌兹别克斯坦共和国个人和法人实体上诉法》规定的方式

和条件，审议投资者的投资补贴申请，并且向乌兹别克斯坦共和国政府提出建议。

第七章　分散化投资

第 37 条　分散化投资来源

分散化投资来源有：

(1)投资者的自有资金；

(2)乌兹别克斯坦共和国担保的银行贷款，包括外国银行的贷款；

直接外国投资。

非集中投资可来自与立法不抵触的其他来源。

由投资者独立管理分散性投资。

第 38 条　分散性投资决策

由投资者和商业银行(包括外国银行)做分散性投资。

第 39 条　投资项目专家意见

由分散性投资供资的投资项目在满足卫生、健康、辐射、环境、建筑和城市规划及其他要求方面需要国家专家意见。

对于利用银行信贷融资的小企业投资项目，由商业银行对实施该投资项目的可行性进行审查。

第八章　与乌兹别克斯坦共和国政府签订的投资协议

第 40 条　与乌兹别克斯坦共和国政府签订投资协议的程序

乌兹别克斯坦共和国政府通过与外国投资者签订投资协议，确保外国投资者履行义务，并根据双方协议向其提供额外的保障和支持措施，包括福利和优惠。

如果乌兹别克斯坦共和国政府在国家支持投资和投资活动的框架内向外国投资者提供额外的保障和支持措施，包括福利和优惠，则必须与乌兹别克斯坦共和国政府签订投资协议。

在进行投资时，在各具体情况下向外国投资者提供额外的保障和支持措

施,包括福利和优惠:

确保可持续经济增长的优先部门在国家经济中逐步进行技术变革;

确保加强和扩大乌兹别克斯坦共和国具有出口潜力和能够融入世界经济关系的项目优先。

同时,对外商设立的外商投资企业在纳税和支付方面的附加优惠,仅在一定的期限内提供而不是无限制的。

本条并不以任何方式限制投资者与包括政府机构和地方政府机构在内的其他投资活动主体之间签订的投资协议的效力,这些协议旨在确保履行投资项目的义务,而这些投资项目不需要乌兹别克斯坦共和国政府在国家支持投资和投资活动的框架内向投资者提供额外的担保和支持措施,包括福利和优惠。

第 41 条 与乌兹别克斯坦共和国政府签订投资协议的各方

与乌兹别克斯坦共和国政府签订投资协议的各方是外国投资者和乌兹别克斯坦共和国政府,乌兹别克斯坦共和国政府由国家监管投资和投资活动的授权国家机构代表。

第 42 条 与乌兹别克斯坦共和国政府签订投资协议条款

与乌兹别克斯坦共和国政府签订的投资协议必须包括:

(1)投资对象、投资金额、项目开工和竣工时间;

(2)投资协议的条款和条件;

(3)反腐败与反垄断条款;

(4)外国投资者的权利和义务,包括投资额、产品生产、本地化、产品质量、商品和服务出口量,以及遵守法律规定的规范、规则和标准,包括竞争法关于反腐败、投资和投资活动、劳工、城市规划和环境保护的要求;

(5)外国投资者有义务提供符合国际标准以及现代能源效率和环境标准的现代设备和技术;

(6)乌兹别克斯坦共和国政府的权利和义务,包括为投资和投资活动立法规定的权利和义务提供额外的保障和支持措施,包括福利和优惠;

(7)关于资金来源、项目实施时间表、投资项目实施技术监督程序的信息;

(8)外国投资者提交履行义务进展报告的程序和条件;

(9)各方对不遵守投资协议条款的责任,包括对因国家机关官员的非法行为或不作为而造成的损害向外国投资者作出赔偿,以及在外国投资者不遵守或不适当遵守义务的情况下,乌兹别克斯坦共和国有权单方面拒绝履行投资协议规定的义务;

(10)修改程序;

(11)终止程序;

(12)解决投资协议各方与投资协议条款有关的争议的程序、地点和审议机构。

根据投资项目的具体情况,与乌兹别克斯坦共和国政府签订的投资协议可含有其他条件,包括:

(1)双方发展区域内工业和社会基础设施的相互义务;

(2)外国投资者有权从乌兹别克斯坦共和国出口因履行合同条款而生产的产品和获得的利润;

(3)外国投资者履行从乌兹别克斯坦共和国公民中招聘和培训工人的义务,提供技术使用的条件以及投资项目完成后培训所设机构雇员的条件。

在与乌兹别克斯坦共和国政府签订的投资协议中,禁止向外国投资者提供使其在市场上处于支配地位的排他性规定和权利。

第43条 提出与乌兹别克斯坦共和国政府签订投资协议的建议

外国投资者独立提出或与国家和经济管理机构、地方行政当局或企业实体联合提出与乌兹别克斯坦共和国政府签订投资协议的建议。

为了与乌兹别克斯坦共和国政府签订投资协议,外国投资者应独立或与有关项目发起人联合,向负责投资和投资活动的授权国家机构或其在吸引外国投资领域的下属组织提交的信息包括:

(1)一份说明关于签订投资协议和对投资活动对象进行投资的意向的信息,以及关于实施投资项目的经验(如有)的信息;

(2)投资协议草案;

(3)对于根据可行性研究执行的项目经营计划,在法律规定的情况下,该计划应通过授权机构的审查。

负责投资和投资活动的授权国家机构或其在吸引外国投资领域的下属机构接受国家行政管理在以下方面的结论：投资协议草案的法律审查、投资项目的财政和经济评估、向外国投资者和（或）已设立的企业提供投资以及立法规定的保障和支持措施，包括福利和优惠，随后提交乌兹别克斯坦共和国政府审议。

根据乌兹别克斯坦共和国政府达成的肯定结论，外国投资者与乌兹别克斯坦共和国政府之间以书面形式达成投资协议，该协议由国家监管投资和投资活动的授权国家机构代表其签订。

除非本决定另有规定，与乌兹别克斯坦共和国政府签署的投资协议自乌兹别克斯坦共和国总统或乌兹别克斯坦共和国政府作出批准决定之日起生效。

由国家监管投资和投资活动的授权国家机构监控和控制与乌兹别克斯坦共和国政府签订的投资协议的执行情况。

第 44 条 与乌兹别克斯坦共和国政府签订的投资协议终止条款

在国家支持投资和投资活动的框架内的额外保障和支持措施，包括福利和优惠，在与乌兹别克斯坦共和国政府的投资协议期满时终止，或可按本条规定的方式在此种期限期满前终止。

与乌兹别克斯坦共和国政府签订的投资协议可通过以下方式提前终止：

（1）由双方共同协议；

（2）单方面终止。

如果外国投资者不履行或不适当履行与乌兹别克斯坦共和国政府签订的投资协议规定的义务，负责管理投资和投资活动的授权国家机构应向外国投资者发出书面通知，说明需要提交的文件，并说明中止和（或）进一步执行投资项目的理由，以便可能修订与乌兹别克斯坦共和国政府签订的投资协议。

自收到书面通知之日起 3 个月内，如果外国投资者未提交中止和（或）进一步实施投资项目的理由的文件，国家监管投资和投资活动的授权国家机构向乌兹别克斯坦共和国政府提交关于提前终止与乌兹别克斯坦共和国政府签订的投资协议的文件，并且在收到乌兹别克斯坦共和国政府的结论后，向外国投资者发出关于提前单方面终止与乌兹别克斯坦共和国政府签订的投资协议的书面通知。

在与乌兹别克斯坦共和国政府签订的投资协议终止的情况下，外国投资者应缴纳税款和未向预算支付的款项，因为根据与乌兹别克斯坦共和国政府签订的投资协议规定，在国家支持投资和投资活动的框架内提供了额外的保障和支持措施，包括福利和优惠。

在与乌兹别克斯坦共和国政府签订投资协议的外国投资者主动提前终止与乌兹别克斯坦共和国政府签订的投资协议的情况下，该外国投资者单方面支付税款和未向预算支付的款项，原因是根据与乌兹别克斯坦共和国政府签订的投资协议提供了额外担保，并且在国家支持投资和投资活动的框架内采取了支持措施，包括福利和优惠。

如果经双方同意提前终止与乌兹别克斯坦共和国政府签订的投资协议，由双方共同决定进一步义务的履行。

第 45 条　国家对外国投资的承诺

国家只对与外国投资者签订的有关协议中所承担的义务负责，这些协议是由按法律规定的方式确认其权力的人士签署的。

国家不负责承担乌兹别克斯坦共和国居民吸引的外国投资的义务，但这些义务得到国家保障的情况除外。

禁止政府机构、地方政府机构、执法和管理机构和银行对外国投资者和外商投资企业的活动规定额外的要求和限制。

第九章　外国投资法律制度

第 46 条　外国投资者及其在乌兹别克斯坦共和国境内投资的法律制度

外国投资者和外国投资得到公平和平等的待遇、充分和持续的保护以及安全。此制度不能比乌兹别克斯坦共和国国际条约所界定的制度差。

对外国投资的法律制度要求不能低于对乌兹别克斯坦共和国法人实体和个人进行投资的相应制度要求。

根据乌兹别克斯坦共和国的国际条约、公认的国际法原则和准则，乌兹别克斯坦共和国的立法可限制或禁止外国投资者在某些经济领域的投资以保护公共卫生、动植物群和环境，并确保保护乌兹别克斯坦共和国的国家安全利益。

恢复受乌兹别克斯坦共和国法律保障的外国投资者被侵犯的权利和利益，由乌兹别克斯坦共和国的立法和国际条约作出规定。

第 47 条 外国投资者的权利

除本法第 10 条规定的权利外，外国投资者有权自主决定其在乌兹别克斯坦共和国投资活动中获得的发明、实用新型和工业品外观设计在国外和乌兹别克斯坦共和国申请专利。

外国投资者——外国公民，包括外商投资企业的创始人或参与者，以简化的方式在乌兹别克斯坦共和国境内组织生产商品和提供服务的企业进行投资，即可根据乌兹别克斯坦共和国总统决定规定的条件获得乌兹别克斯坦共和国居留证。

外国投资者——外商投资企业的创始人或参与者，有权获得"投资签证"，其家庭成员（包括配偶、父母和子女）根据乌兹别克斯坦共和国总统决定规定的条件，可在"投资签证"有效期内获得访问签证，并且有可能在不离开乌兹别克斯坦共和国的情况下延长其期限。

由乌兹别克斯坦共和国外交部为在乌兹别克斯坦共和国境外的外国投资者签发投资签证，由乌兹别克斯坦共和国内务部为在乌兹别克斯坦共和国境内的外国投资者签发投资签证。

乌兹别克斯坦共和国内阁制定了向外国投资者签发"投资签证"类签证和乌兹别克斯坦共和国居留证的程序。

拥有乌兹别克斯坦共和国居留证或"投资签证"的外国投资者及其家庭成员（包括配偶、父母和子女）有权实施以下行为：

（1）在乌兹别克斯坦共和国境内就业；

（2）平等利用为乌兹别克斯坦共和国公民提供的医疗和教育服务；

（3）在乌兹别克斯坦共和国教育机构接受中等和高等教育。

第 48 条 吸引外籍工人

外国投资者和外商投资企业为开展投资活动，有权与任何外国公民和永久居住在乌兹别克斯坦共和国境外的无国籍人士自由订立劳动合同。这些人有权在获得相应多次入境签证的情况下进入乌兹别克斯坦共和国境内并且在劳动合同的整个有效期内停留。

应在与每位外籍工人签订的劳动合同中解决外籍工人的劳动报酬、休假和退休福利等问题。这些工人的工资和通过合法手段获得的其他收入,在缴纳法律规定的税款和付款后,可由其不受任何限制地转移到其他国家。

外商投资企业可将外国工人的养恤金转入该工人常住国的适当基金。

第49条　自由行动

在乌兹别克斯坦共和国境内从事投资活动的外国投资者、其代表和雇员有权在乌兹别克斯坦共和国境内自由行动。

对自由行动的限制只能为了确保乌兹别克斯坦共和国的国家安全而适用,而且这种限制自由行动的规定必须由法律确定。

第50条　投资保险

投资者享有在乌兹别克斯坦共和国境内合法经营的任何保险组织投保的权利。针对政治和其他风险的投资保险也可以由国际组织、外国机构和其他保险公司进行。

乌兹别克斯坦共和国不对提供投资保险的组织提供担保,但当事人协议规定的情况除外。

投资保险提供针对政治和其他风险的保险和担保,包括:

(1)征用、征收资产,以及任何导致没收或让渡资产、丧失对资产或从资产获得的收入的控制的立法或行政措施;

(2)限制向境外转移外币;

(3)政府机构、地方政府机构及其机关官员对投资者合同关系的干预;

(4)战争、内乱或其他类似事件;

(5)与投资者和外国投资有关的其他类型的政治风险和其他风险。

第十章　外商投资企业

第51条　外商投资企业活动

外国投资者可以在乌兹别克斯坦共和国境内创建外商投资企业,并享有乌兹别克斯坦共和国立法和国际条约为其提供的所有权利、保障和福利。

外商投资企业有权实施下列行为：

(1)在乌兹别克斯坦共和国境内和国外的任何银行开立、使用和管理任何货币的账户；

(2)接收和偿还外币贷款。

第52条 外商投资企业的子公司、分公司、代表机构和其他分支机构

外商投资企业可以在乌兹别克斯坦共和国境内设立子公司、具有法人权利的分支机构、代表处和其他不属于法人的独立部门。

第53条 外商投资企业商会

外商投资企业可自愿在乌兹别克斯坦共和国境内成立协会和其他经济协会，并作为现有经济协会的正式成员加入。

第54条 外国投资者的经济活动

外国投资者的经济活动，包括设立、出售、重组或清算外商投资企业、其子公司、分支机构和其他结构，以及经济协会和工会，设立外商投资企业的基金，签订租赁和其他协议等，由乌兹别克斯坦共和国的法律和国际条约进行规范。

外商投资企业缴纳税费。

外商投资企业以外币支付的一切费用，必须以本企业的外汇收入和法律允许的其他外汇来源支付。也可以在正在建立的协会和其他组织结构的活动框架内确保其自有货币。

外商投资企业依法自主经营进出口业务。自己生产的产品出口不受许可证和劳动配额制度限制。

外商投资企业有权根据乌兹别克斯坦共和国的立法(无须取得许可证)为其生产需要进口产品。乌兹别克斯坦共和国内阁部长制定确定其生产、供出口的产品和企业为自身需要进口产品的程序。

外商投资企业为自身生产需要进口到乌兹别克斯坦共和国的资产，自其国家登记之日起2年内，按照乌兹别克斯坦共和国立法规定的方式免征关税。为外国投资者、外国公民和永久居住在乌兹别克斯坦共和国境外的无国籍人士的个人需要进口的资产，根据与外国投资者签订的劳动合同在乌兹别克斯坦共和

国境内的则不征收关税。

投资的外国投资者和外商投资企业的发明专利和工业品外观设计的引进依照法律规定的方式进行。

外商投资企业自主制定企业资金的形成和使用清单及程序。

外商投资企业为实施投资项目,有权长期租赁非农业用地,租赁期限不超过申请中规定的50年,但也不少于申请中规定的期限。

外商投资企业可以在法律规定的情况和条件下取得土地。

建筑物和构筑物所有权转让以及相关物体转让时,也按照法律规定的方式和条件转让土地使用权。

由出租人根据相关协议的规定向外国投资者出租财产。

由《乌兹别克斯坦共和国劳动法》规定外商投资企业中雇员的劳动关系。

由法律规定外商投资企业职工的养老金。

第55条　担保债务

外商投资企业的财产和财产权可以作为其履行各种义务的担保,包括吸引借入资金。外商投资企业对贸易和服务设施的所有权以及对其所在土地的住宅房舍的所有权,对建筑物、构筑物、设备的财产权以及其他财产权都可作为担保物。

作为属于外国投资者的财产权和所有财产,无论其位于何处,均可作为担保物。

第56条　外商投资企业的重组和清算

外商投资企业可以依照法律规定的方式进行重组或者清算。

外商投资企业在规定期限内未缴足注册资本金的,可以减至实缴数额但不得少于法定最低资本金要求,或者转为其他组织形式和法定形式。

外商投资企业在进行资产清算时应当纳税,其余部分(除组成文件另有规定外)由外商投资企业的参与者按照其在企业财产中所占份额的比例分配。

外国投资者退出外商投资企业或者该企业清算时,有权按照市场价值以现金或者商品形式返还其在该企业财产中的份额。

外商投资企业重组和清算时,应保障被解除劳动合同的职工的权益。

第十一章　在乌兹别克斯坦共和国境外开展投资活动

第 57 条　乌兹别克斯坦共和国境外法人实体和个人的投资活动

个人和法人实体——乌兹别克斯坦共和国居民有权在乌兹别克斯坦共和国境外开展投资活动。

根据本法、投资活动所在国的立法以及乌兹别克斯坦共和国的国际条约，对涉外投资进行管理。

第 58 条　乌兹别克斯坦共和国境外的投资活动

乌兹别克斯坦共和国政府机构有权在乌兹别克斯坦共和国境外开展投资活动。乌兹别克斯坦共和国的财产投资于外国境内法人实体的授权资金(注册资本)须经所有人或其授权的国家管理机构同意。

第 59 条　在乌兹别克斯坦共和国境外进行投资时的投资活动形式

个人和法人实体——乌兹别克斯坦共和国居民在乌兹别克斯坦共和国境外的投资活动可通过以下形式进行：

(1)在乌兹别克斯坦共和国居民(包括个人和法人实体)的投资参与下建立法人实体，以及按照外国立法要求设立子公司、分支机构、代表处和其他独立部门；

(2)取得财产或财产权；

(3)不违反外国立法和乌兹别克斯坦共和国国际条约的任何其他形式。

第十二章　最 终 条 款

第 60 条　投资活动的限制、暂停或中止

投资活动的限制、暂停或中止可由授权国家机构的决定或由法院的决定进行。

在下列情况下，可以作出限制、暂停或中止投资活动的决定：

(1)依照法律规定的程序宣告投资者破产；

(2)存在紧急情况、流行病和对人口生命和健康的其他实际威胁；

(3)不履行和(或)严重违反投资协议规定的义务，该协议包括与乌兹别克

斯坦共和国政府签订的协议；

(4)在投资活动过程中确定可能导致侵犯法人实体和个人的卫生和健康、辐射、环境、建筑、城市规划和其他要求、权利和受法律保护的利益的情况。

限制、中止(与预防紧急情况、流行病和其他对人口生命和健康的真正威胁有关的限制,中止投资活动不超过10个工作日的情况除外)或终止投资活动。

第61条　对国家机关的决定和机关官员的作为或不作为提出上诉

对国家机关的决定和机关官员的行为或不作为侵犯或限制投资活动主体的权利、自由和合法利益的,可向上级当局或法院提出上诉。

第62条　对投资活动主体造成损失的赔偿

由法律确定因限制、中止或终止投资活动而对投资活动主体造成损失的赔偿。

政府机关或者地方政府机关作出侵犯投资活动主体权利的决定,或者非法干预投资活动主体经济活动的,依法赔偿损失。

由于国家机关官员的违法行政行为给投资活动主体造成的损失,由国家根据法院判决予以赔偿或补偿,主要由有关当局的预算外资金支付,随后以追索的方式向犯罪人追偿。

第63条　争议解决

应通过谈判解决外国投资者在乌兹别克斯坦共和国境内进行投资活动时发生的与外国投资有关的投资争端。如果投资争端各方无法通过谈判达成协议解决争端,则必须通过调解解决。

应由乌兹别克斯坦共和国适当法院解决未通过谈判和调解解决的投资争端。

如果无法按照本条第1款和第2款规定的方式解决投资争端,此类争端可以通过国际仲裁解决,前提是乌兹别克斯坦共和国的国际条约和(或)投资者与乌兹别克斯坦共和国签订的协议规定了适当和有效的仲裁条款。

乌兹别克斯坦共和国对投资争端仲裁解决的同意只能是在乌兹别克斯坦共和国已签署有效的国际条约和(或)投资者在申请国际仲裁时已取得与乌兹别克斯坦共和国签订的协议框架内的书面同意的情况下。

第 64 条 本法规定对以前投资的适用性

本法适用于本法生效之前在乌兹别克斯坦共和国境内进行的现有投资。

第 65 条 违反投资和投资活动立法的责任

违反投资和投资活动立法的人员将按照既定程序承担责任。

第 66 条 乌兹别克斯坦共和国部分立法无效

声明无效:

(1)乌兹别克斯坦共和国 1998 年 4 月 30 日颁布的第 609—Ⅰ号法律《外国投资法》(《乌兹别克斯坦共和国议会公报》,1998 年,第 5—6 号,第 91 条);

(2)乌兹别克斯坦共和国 1998 年 4 月 30 日颁布的第 611—Ⅰ号法律《关于保护外国投资者权利的保障和措施》(《乌兹别克斯坦共和国议会公报》,1998 年,第 5—6 号,第 93 条);

(3)乌兹别克斯坦共和国 1998 年 12 月 24 日颁布的第 719—Ⅰ号法律《关于投资活动》(根据乌兹别克斯坦共和国 2014 年 12 月 9 日颁布的第 380 号法律修订)(《乌兹别克斯坦共和国议会公报》,2014 年,第 12 号,第 342 条);

(4)乌兹别克斯坦共和国 1999 年 8 月 20 日颁布的第 832—Ⅰ号法律《关于对乌兹别克斯坦共和国某些法令的修正和补充》(《乌兹别克斯坦共和国议会公报》,1999 年,第 9 号,第 229 条);

(5)乌兹别克斯坦共和国 2003 年 12 月 12 日颁布的第 568—Ⅱ号法律第 22 节和第 24 节“关于乌兹别克斯坦共和国某些立法法案的修正和补充”(《乌兹别克斯坦共和国议会公报》,2004 年,第 1—2 号,第 18 条);

(6)乌兹别克斯坦共和国 2005 年 9 月 16 日颁布的第 SANG—6 号法律《关于〈乌兹别克斯坦共和国税法〉和〈乌兹别克斯坦共和国法律〉的修正和增补和关于外国投资者权益保护的保障措施》(《乌兹别克斯坦共和国议会公报》,2005 年,第 9 号,第 310 条);

(7)乌兹别克斯坦共和国 2008 年 12 月 31 日颁布的第 197 号法律第 23 条、第 24 条和第 27 条“关于修改和补充乌兹别克斯坦共和国与改进税收立法有关的一些法案”(《乌兹别克斯坦共和国议会公报》,2008 年,第 12 号,第 640 条);

（8）乌兹别克斯坦共和国 2012 年 12 月 25 日颁布的第 343 号法律第 3 条“关于修订和补充乌兹别克斯坦共和国与通过 2013 年税收和预算政策主要方向有关的某些立法以及减少纳税申报频率”（《乌兹别克斯坦共和国议会公报》，2012 年，第 12 号，第 334 条）；

（9）乌兹别克斯坦共和国 2014 年 1 月 20 日颁布的第 365 号法律第 16 条和第 17 条“关于乌兹别克斯坦共和国某些立法的修正和补充”（《乌兹别克斯坦共和国议会公报》，2014 年，第 1 号，第 2 条）；

（10）乌兹别克斯坦共和国 2017 年 4 月 18 日颁布的第 429 号法律第 7 条“关于乌兹别克斯坦共和国某些立法的修正和补充”（《乌兹别克斯坦共和国议会公报》，2017 年，第 4 号，第 137 条）；

（11）乌兹别克斯坦共和国 2017 年 9 月 14 日颁布的第 446 号法律第 40 条“关于修订和补充以及废除乌兹别克斯坦共和国某些立法”（《乌兹别克斯坦共和国议会公报》，2017 年，第 9 号，第 510 条）；

（12）乌兹别克斯坦共和国 2018 年 7 月 26 日颁布的第 488 号法律第 2 条“关于修订和补充乌兹别克斯坦共和国有关采取补充措施以确保经济加速发展的某些法令”（《乌兹别克斯坦共和国议会公报》，2018 年，第 7 号，第 433 条）。

第 67 条　确保本法律的执行、传达及实质和含义的澄清

乌兹别克斯坦共和国投资和外贸部、乌兹别克斯坦共和国司法部和其他有关组织应确保执行、与执行人员沟通并向民众尤其是投资活动主体澄清本法的实质和意义。

第 68 条　使立法与本法相一致

乌兹别克斯坦共和国内阁应当确保如下内容：

（1）使政府的决定符合本法；

（2）国家行政机构修改和撤销与本法相抵触的规范性法律法规。

第 69 条　本法的生效

本法自正式公布之日起满 1 个月时施行。

乌兹别克斯坦共和国关于促进吸引外国直接投资的补充措施总统令

塔什干市

2019年4月29日
第4300号总统令
（国家法律数据库，2019年4月29日，07/19/4300/3032号；
2019年11月23日，06/19/5881/4045号；
2020年5月13日，06/20/5992/0581号）

为提高乌兹别克斯坦共和国吸引外国直接投资活动的效率，应向外国投资者告知国家的机会和潜力，改善国家和经济管理机构、地方行政当局在吸引和发展国外投资领域以及在“积极投资和社会发展年”完成《2017—2021年乌兹别克斯坦共和国五个优先发展领域的行动战略》国家方案任务方面的活动协调相关措施包括：

1. 批准乌兹别克斯坦共和国投资和外贸部、经济和工业部、财政部及国有资产管理局关于在以下方面加强吸引外国直接投资的工作建议：

（1）出售化学、石油和天然气工业、机械工程、银行和保险组织等经济实体的注册资本中的国家股份；

（2）执行现有的投资建议以吸引外国直接投资；

（3）广泛利用投资和商业论坛、演讲（“说明会”）和营销活动的机会；

（4）确定公私合作项目优先领域的执行。

2. 批准以下内容：

（1）根据附录1向包括外国投资者在内的投资方出售的企业实体注册资本中的国家股一览表；

（2）按照附录2规定的程序制作的拟出售的国有资产清单；

(3)按照附录3向外国投资者提供的投资建议书一览表；

(4)根据附录4建议乌兹别克斯坦共和国代表参加的2019年国际经济和投资论坛名单。

3. 国家招标委员会(A. N. 阿里波夫)在两周内批准评估和拍卖拟出售给投资者的企业实体的国家股份(国有资产)时间表。

规定国家招标委员会在向外国投资者出售企业实体的国家股份(国有资产)时有权修改出售的条件和方法。

4. 同意乌兹别克斯坦共和国投资和外贸部、经济和工业部、财政部及国有资产管理署关于2019年秋季在塔什干举办塔什干国际投资论坛(以下简称"国际投资论坛")的提议。

5. 根据附录5为筹备和举办塔什干国际投资论坛设立一个组织委员会(以下简称"组织委员会")。

根据附录6批准筹备和举办塔什干国际投资论坛的组织措施计划。

6. 授予组织委员会(阿里波夫)以下权利：

(1)必要时让龙头外国公司参与国际投资论坛的财务、法律和信息支持；

(2)核准举办国际投资论坛的方案和具体日期，以及筹备和举办该论坛的预估费用；

(3)确保在设计组织的参与下，为有前景的投资和基础设施项目编制初步可行性研究报告和其他项目文件。

7. 乌兹别克斯坦共和国工商会确保企业实体积极参与国际投资论坛，向组织委员会提交有前景的投资建议。

8. 乌兹别克斯坦共和国投资和外贸部下属的负责吸引国外投资的机构应实施下列行为：

(1)在2019年期间，定期制订并推出"说明会"计划，访问主要的世界商业和金融中心，并为目标受众做介绍；

(2)与内务部一起，在2个月内根据乌兹别克斯坦共和国总统令2019年1月5日第5611号《关于加快发展乌兹别克斯坦共和国旅游业的补充措施》的法令，制定并向乌兹别克斯坦共和国内阁提交关于在乌兹别克斯坦共和国投资居留的条例草案；

(3)在2个月内开展一个单一、协调的宣传运动——“投资乌兹别克斯坦”，利用最新的营销技术在世界商业舞台上宣传乌兹别克斯坦的正面形象，创建和推广国家的综合品牌，并吸引战略传播方面的国际顾问。

9. 分配以下人员的个人责任：

(1)乌兹别克斯坦共和国投资和外贸部长乌穆尔扎科夫——在筹备国际投资论坛向外国投资者提供的投资项目方面协调各部委与部门的合作；

(2)乌兹别克斯坦共和国外交部长卡米洛夫·赫、各驻外外交使团团长——邀请和确保潜在投资者和外国企业机构代表积极参加国际投资论坛；

(3)部委和部门负责人——制定并向组织委员会提交有关领域有前景的投资和基础设施项目；

(4)卡拉卡尔帕克斯坦共和国内阁部长、各地区省长和塔什干市长——确保积极参加有关地区的国际投资论坛，介绍其投资潜力。

10. 乌兹别克斯坦共和国外交部的职责为：

(1)为乌兹别克斯坦共和国代表团在外国参加“说明会”的代表提供协助；

(2)确保国际投资论坛的外国与会者按照乌兹别克斯坦共和国投资和外贸部的签证要求，以乌兹别克斯坦共和国入境签证规定的方式注册登记，不收取领事和其他费用；

(3)通过乌兹别克斯坦共和国驻外外交使团广泛宣传国际投资论坛。

11. 每月以英文和俄文编写并向卡拉卡尔帕克斯坦共和国内阁、各地区省市和塔什干市提交关于每一地块和空置国有资产的投资项目介绍材料目录，包括以统包方式向外国投资者提供的特别旅游区域内的项目。

12. 乌兹别克斯坦共和国总统管理下的新闻和大众传播机构与投资和外贸部、经济和工业部及其他有关部门应实施如下行为：

(1)截至2019年7月1日，编制好给外国投资者的各领域投资需求与潜在项目的信息资料及必要的介绍材料；

(2)2019年期间应执行一系列措施，向外国企业界、企业家、潜在投资者、国家和公众人物宣传国家大规模改革的进展情况，为投资和改善营商环境创造有利条件；

(3)在国际投资论坛的框架内举行简报会、新闻发布会、“圆桌会议”，讨论正在进行改革的主题、投资项目等，参会人包括各部委和部门负责人、卡拉卡尔帕克斯坦共和国内阁部长、各地区省长和塔什干市长、专业人员和企业家、国内外媒体等；

(4)确保协调国家机构和其他组织在互联网上编制信息资源的工作，提供关于行业改革的主要参数、正在实施的每个投资项目的情况、项目实施的保障、项目的竞争优势等方面的详细和可获取的信息。

13. 乌兹别克斯坦共和国旅游发展国家委员会、文化部、内务部与卡拉卡尔帕克斯坦共和国内阁、各地区省市和塔什干市一道，采取措施，在国际投资论坛期间组织外国高级别与会者访问其各自区域的文化和历史遗址。

14. 确定乌兹别克斯坦共和国内阁储备基金和法律未禁止的其他资源作为举办国际投资论坛和“说明会”、乌兹别克斯坦共和国代表参加国际投资和商业论坛的活动资金来源。

15. 根据附录 7，批准乌兹别克斯坦共和国财政部、投资与外贸部下属的公私合营发展机构制定的 2019 年拟发展公私合营项目清单。

各部委部长负责及时执行必要的财政和经济计算，制定并充分执行本决议附录 7 所述公私合营项目所需的条例。

16. 乌兹别克斯坦共和国总统令 2018 年 9 月 27 日第 3953 号批准的《由国家客户根据直接合同进行采购的货物、工程、服务、清单》第 31 段和第 32 段应补充以下内容：

(1)第 31 段. 向乌兹别克斯坦共和国国有资产管理局及其地方部门(包括外国组织)对作为国家捐助进行私有化或转入企业实体基金的国有资产提供资产评估服务。

(2)第 32 段. 向乌兹别克斯坦共和国国有资产管理局及其地方部门提供投资中介机构、顾问(包括外国顾问)服务，内容包括在国内外证券交易所出售国有股份和增发新股(Secondary Public Offering，SPO)。

17. 本决议的执行由乌兹别克斯坦共和国总理阿里波夫及副总理嘉妮伊娃和库奇卡罗夫负责。

附录 1

乌兹别克斯坦共和国总统令 2019 年 4 月 29 日第 4300 号法令
向投资者(包括外国投资者)出售的企业实体注册资本中的国有股份

编号	企业实体名称	地址	拟出售资产(%)	
			国有份额	管理机构的份额
金融机构				
1	卡福拉特股份有限公司(1)(2)	塔什干市	25.0	—
建筑				
2	克孜勒库水泥股份有限公司(2)	纳沃伊地区	35.9	—
3	石英股份有限公司(1)(2)(6)	费尔干纳地区	74.98	—
油脂工业				
4	埃夫罗斯纳尔有限责任公司	布哈拉地区	51.0	—
5	卡塔库尔贡酸奶股份有限公司	撒马尔罕地区	64.9	
6	乌尔根奇酸奶股份有限公司	花拉子模地区	60.3	—
7	塔什干石油天然气厂股份有限公司	塔什干市	51.0	—
8	费尔干纳酸奶股份有限公司	费尔干纳地区	84.5	—
9	喀什酸奶提取股份有限公司	卡什卡达里亚地区	51.0	—
酒精饮料生产				
10	撒马尔罕霍夫连科酒厂股份有限公司	撒马尔罕地区	71.2	—
11	纳曼干酒股份有限公司	纳曼干地区	57.24	—
12	绍赫鲁德股份有限公司	布哈拉地区	51.0	—
化学工业(1)(2)(5)				
13	费尔干纳氮股份有限公司	费尔干纳地区	48.05	2.95
14	昆格勒碱厂有限责任公司	卡拉卡尔帕克斯坦共和国	—	51.0
15	德赫卡纳巴德碱厂有限责任公司	卡什卡达里亚地区	—	51.0 以上
电力工业				
16	昆格勒纯碱厂股份有限公司	塔什干地区	—	99.0
17	德卡纳巴德苏打水厂股份有限公司	塔什干地区	—	99.59
石油天然气工业				
18	Bukhoroneftgazparmalash 股份有限公司	布哈拉地区	—	51.24

续表

编号	企业实体名称	地址	拟出售资产(%)	
			国有份额	管理机构的份额
19	Uzneftgazkuduktamirlash 股份有限公司	布哈拉地区	—	74.0
20	卡什卡达里亚钻井工程股份有限公司	卡什卡达里亚地区	—	51.0
21	油井测试股份有限公司	卡什卡达里亚地区	—	73.87
22	苏尔汉钻井股份有限公司	苏尔汉河地区	—	51.0
23	安集延石油天然气有限责任公司	安集延地区	—	100
24	费尔干纳油库有限责任公司	费尔干纳地区	—	100
25	古利斯坦石油码头有限责任公司	锡尔达拉地区	—	100

[附录1经乌兹别克斯坦共和国总统令2020年5月12日第5992号法令修订(国家法律数据库,2020年5月13日,第06/20/5992/0581号)]

注解:

筹备和举办塔什干国际投资论坛的组委会有权在必要时对本清单进行修改和增补。

如出售的国有股份或者经济管理机构的份额发生变化,按照实际变化情况出售资产。

(1)大宗股票(股份)的估值由信誉良好的国际估值公司按照公认的国际标准进行估值。当由国际评估公司估值股票(股份)时,无须专家对其可靠性报告进行审查。根据直接合同在最佳报价的基础上选择评估师,其服务费用由企业实体支付,此时企业实体的股份应可出售。

(2)出售国有股份可通过投资中介机构或顾问执行。

(3)增资额在10%以上的必须通过SPO实现。同时,国家国有资产出售招标委员会在潜在投资者在场的情况下,有权决定向其出售额外的股份,但须在前一阶段公开发行股票完成后通过SPO出售。

(4)以核准资本的实际构成部分为基础,计及公开发行股票(Initial Public Offering,IPO)注册资本的10%。国家国有资产出售招标委员会在潜在投资者在场的情况下,有权决定向其出售额外的股份,但须在前一阶段公开发行股票完成后,通过首次公开招股出售。

(5)根据乌兹别克斯坦共和国总统2019年4月3日第PP—4265号《关于进一步改革和增加化工行业投资吸引力的措施》法令和本法令的要求执行。

(6)通过SPO分阶段公开发行20%的股份后,向第三方投资或增发1500万美元的股份。同时,在前一阶段公开发行股票完成后,国家国有资产出售招标委员会有权在潜在投资者在场的情况下决定向其出售额外的股票,但须通过SPO出售。

SPO:Secondary Public Offering 增发新股

附录 2

乌兹别克斯坦共和国总统 2019 年 4 月 29 日第 PP—4300 号法令

按规定方式出售的国有资产

编号	企业实体名称	地址	政府份额(%)
油脂工业企业			
1	图伦霍杰伊利股份有限公司	卡拉卡尔帕克斯坦共和国	79.7
2	耶加·伯鲁尼股份有限公司	卡拉卡尔帕克斯坦共和国	89.3
3	安集延酸奶股份有限公司	安集延地区	58.4
4	朝霞酸奶股份有限公司	安集延地区	51.1
5	科贡酸奶提取股份有限公司	布哈拉地区	51.0
6	纳利唐有限责任公司	吉扎克地区	51.0
7	巴斯顿世界有限责任公司	吉扎克地区	51.0
8	科森酸奶提取股份有限公司	卡什卡达里亚地区	51.0
9	古利斯顿石油提取股份有限公司	锡尔达拉地区	58.9
10	苏尔霍诺齐科夫卡察诺特股份有限公司	苏尔汉河地区	59.9
11	新东农机有限责任公司	苏尔汉河地区	51.0
12	万戈西农产品出口有限责任公司	纳沃伊地区	51.0
13	纳曼干尼奥格－米有限责任公司	纳沃伊地区	51.0
14	乌库尔贡酸奶股份有限公司	纳曼干地区	51.7
15	纳曼干州全织物有限责任公司	纳曼干地区	51.0
16	杨怡酸奶股份有限公司	塔什干地区	51.0
17	九空酸奶股份有限公司	费尔干纳地区	51.0
乌扎格罗基莫亚股份有限公司			
18	撒马尔罕农用化学品股份有限公司(1)	撒马尔罕地区	32.4
19	塔什干农用化学品股份有限公司(1)	塔什干地区	34.8
其他			
20	布霍罗帕兰达股份有限公司	布哈拉地区	36.2
21	布哈拉肉类和牛奶贸易股份有限公司	布哈拉地区	30.8
22	撒马尔罕股份有限公司	撒马尔罕地区	6.9
23	苏尔汉河食品股份有限公司	苏尔汉河地区	100.0

续表

编号	企业实体名称	地址	政府份额(%)
24	纳曼加纳格马什有限责任公司	纳曼干地区	91.5
25	费尔干纳肉类和牛奶贸易股份有限公司	费尔干纳地区	25.0
26	霍拉兹姆苏夫库里什股份有限公司	霍拉兹姆苏夫库里什地区	70.0
27	中亚运输股份有限公司	塔什干市	51.0
28	报刊发行商股份有限公司	塔什干市	26.0
29	乌兹佩克萨洛卡有限责任公司	塔什干市	51.9
30	斯特罗伊斯有限责任公司	塔什干市	21.0
31	德鲁巴设计有限责任公司	塔什干市	32.0
32	伊西克利库瓦塔米尔有限责任公司	塔什干市	51.1
33	SPI & OWT 合资有限责任公司	塔什干市	4.0
34	贝扎克有限责任公司	塔什干市	17.5
35	装修建筑四部有限责任公司	塔什干市	98.6

注解:

筹备和举办塔什干国际投资论坛的组委会有权在必要时对本清单进行修改和增补。

附录 3

乌兹别克斯坦共和国总统 2019 年 4 月 29 日第 PP—4300 号法令
向外国投资者提供的有前景的投资建议

编号	项目名称	地区	能源	预估成本（百万美元）	负责当局（以便拟订项目）
一、燃料、能源和石油化工行业的投资提案（提案数：20，提案费用：44.476 亿美元）					
1	用于生产石油化工产品的裂解馏分的处理（BTK，LAB/LAS）	已确定	8000 吨	250	能源部（苏丹诺夫），投资和贸易部（乌穆尔扎科夫）
2	研究在乌兹别克斯坦共和国投资区域（阿金斯基，纳桑贝克、阿拉莫尔斯基科索斯基、梅谢克利－图斯基、萨姆斯科－科斯布拉克斯基、咸海水域、拜特雷克、锡尔达拉、普里塔什干、中巴沿线、乌宗昆斯基、东苏尔汗等）进行勘探工作的可能性	卡拉卡尔帕克斯坦共和国、苏尔汉河和费尔干纳地区	地质勘查	即将确定（根据研究材料的结果确定投资区块）	能源部（苏丹诺夫），投资和贸易部（乌穆尔扎科夫）
3	在全国范围以内对已经过长期开发、低产量、封存油田和难以开采储量的油田增加液态碳氢化合物	全国范围	取决于储量	取决于储量	能源部（苏丹诺夫），投资和贸易部（乌穆尔扎科夫）
4	建造容量高达 100 兆瓦的太阳能光伏发电厂	纳曼干、布哈拉、卡什卡达里亚、撒马尔罕、苏尔汉河和纳沃伊地区	600 兆瓦	600	能源部（苏丹诺夫），投资和贸易部（乌穆尔扎科夫）
5	建造容量高达 100 兆瓦的风力发电厂	卡拉卡尔帕克斯坦共和国和纳沃伊地区	600 兆瓦	900	能源部（苏丹诺夫），投资和贸易部（乌穆尔扎科夫）
6	实施氨和尿素生产项目	锡尔达拉地区	40 万吨氨和 66 万吨尿素	600	乌兹基迈萨诺特股份有限公司（特米罗夫），投资和贸易部（乌穆尔扎科夫）
7	组织生产硅铁	纳沃伊地区	1 万吨	10	乌兹基迈萨诺特股份有限公司（特米罗夫），投资和贸易部（乌穆尔扎科夫）

续表

编号	项目名称	地区	能源	预估成本（百万美元）	负责当局（以便拟订项目）
8	磷肥生产、硫酸、磷矿加工	纳沃伊地区	100% p. v. 的 27.4 万吨磷肥和 150 万吨硫酸，加工磷矿 240 万吨	950	乌兹基迈萨诺特股份有限公司（特米罗夫），投资和贸易部（乌穆尔扎科夫）
9	组织生产植保化学品	纳沃伊地区	5000 吨	5	乌兹基迈萨诺特股份有限公司（特米罗夫），投资和贸易部（乌穆尔扎科夫）
10	组织生产硫酸钾和其他类型的钾盐	卡什卡达里亚地区	12 万吨	61	乌兹基迈萨诺特股份有限公司（特米罗夫），投资和贸易部（乌穆尔扎科夫）
11	组织生产粒状氯化钾	卡什卡达里亚地区	18 万吨	15	乌兹基迈萨诺特股份有限公司（特米罗夫），投资和贸易部（乌穆尔扎科夫）
12	组织生产使用硫氰酸铵和多硫化钠的硫脲	纳沃伊地区	1 万吨	50	乌兹基迈萨诺特股份有限公司（特米罗夫），投资和贸易部（乌穆尔扎科夫）
13	组织生产干氰醇	纳沃伊地区	1 万吨	30	乌兹基迈萨诺特股份有限公司（特米罗夫），投资和贸易部（乌穆尔扎科夫）
14	组织在 FEZ“安格连”地区生产纺织帘	塔什干地区	3000 吨	20	乌兹基迈萨诺特股份有限公司（特米罗夫），投资和贸易部（乌穆尔扎科夫）
15	组织在 FEZ“安格连”地区生产炭黑	塔什干地区	4 万吨	100	乌兹基迈萨诺特股份有限公司（特米罗夫），投资和贸易部（乌穆尔扎科夫）

续表

编号	项目名称	地区	能源	预估成本（百万美元）	负责当局（以便拟订项目）
16	组织生产各种产品	纳沃伊地区	甲醛4万吨，脲醛树脂4万吨，三聚氰胺甲醛树脂1.5万吨，甲基叔丁基醚350万吨，氯乙酸3万吨，甲胺3万吨	435	乌兹基迈萨诺特股份有限公司（特米罗夫），投资和贸易部（乌穆尔扎科夫）
17	组织生产实验室技术合成洗涤剂	已确定	已确定	58.6	乌兹基迈萨诺特股份有限公司（特米罗夫），投资和贸易部（乌穆尔扎科夫）
18	过氧化氢生产	已确定	1.2万吨	25	乌兹基迈萨诺特股份有限公司（特米罗夫），投资和贸易部（乌穆尔扎科夫）
19	组织生产用于聚氯乙烯的烧碱和氯气	已确定	烧碱6万吨，氯气5.6万吨	213	乌兹基迈萨诺特股份有限公司（特米罗夫），投资和贸易部（乌穆尔扎科夫）
20	组织生产催化剂	已确定	7.5万吨催化剂	125	乌兹基迈萨诺特股份有限公司（特米罗夫），投资和贸易部（乌穆尔扎科夫）
二、冶金、机械、电工、轻工业的投资提案（提案数：13份，提案费用：5.373亿美元）					
21	贵金属富集区的地质研究	纳沃伊和撒马尔罕地区	以勘查结果为准	10	国家地质委员会（伊斯拉莫夫），投资和贸易部（乌穆尔扎科夫）
22	有色金属富集区的地质研究	苏尔汉河和纳沃伊区域	以勘查结果为准	5	国家地质委员会（伊斯拉莫夫），投资和贸易部（乌穆尔扎科夫）
23	稀有金属、稀土元素富集区的地质研究	吉扎克和卡什卡达里亚区域	以勘查结果为准	5	国家地质委员会（伊斯拉莫夫），投资和贸易部（乌穆尔扎科夫）

续表

编号	项目名称	地区	能源	预估成本(百万美元)	负责当局(以便拟订项目)
24	组织生产紧固件(包括螺栓和螺母)	塔什干市乌鲁伯格地区	360 吨	7.2	Uzagrotehsanoatholl-ing 股份有限公司(卡里莫夫),投资和贸易部(乌穆尔扎科夫)
25	轴和齿轮(经热处理和电镀)的生产	塔什干市乌鲁伯格地区	1.2 万台车	12.2	Uzagrotehsanoatholl-ing 股份有限公司(卡里莫夫),投资和贸易部(乌穆尔扎科夫)
26	统一的拖拉机驾驶室生产	塔什干市乌鲁伯格地区	1.2 万台车	3.9	Uzagrotehsanoatholl-ing 股份有限公司(卡里莫夫),投资和贸易部(乌穆尔扎科夫)
27	组织生产专业履带机械、筑路机械和农业机械	塔什干市乌鲁伯格地区	已确定	10	Uzagrotehsanoatholl-ing 股份有限公司(卡里莫夫),投资和贸易部(乌穆尔扎科夫)
28	在塔什干开展珠宝项目,小型企业参与并提供交互合作项目包含:铸造厂、真空铸造法珠宝生产、使用3D技术的珠宝雕刻、一个培训中心、珠宝商培训(安装工、切割工、3D设计师和建模专家)	塔什干市	已确定	已确定	Uzbekzargarsanoati 机构(萨梅托夫),投资和贸易部(乌穆尔扎科夫)
29	由珠宝企业和其他小型企业在旅游中心进行珠宝生产和搭建贸易展馆	布哈拉、撒马尔罕、卡什卡达里亚、花拉子模和纳曼干地区	已确定	已确定	Uzbekzargarsanoati 机构(萨梅托夫),投资和贸易部(乌穆尔扎科夫)
30	组织分阶段生产织物和成品	已确定	已确定	10	Uztekstilprom 机构(海达罗夫),投资和贸易部(乌穆尔扎科夫)
31	建立数据存储和处理中心(数据中心)	塔什干市、费尔干纳和布哈拉地区	高至 10Pb	46.6	通信部(什·萨迪科夫),投资和贸易部(乌穆尔扎科夫)

续表

编号	项目名称	地区	能源	预估成本（百万美元）	负责当局（以便拟订项目）
32	扩大乌兹别克斯坦共和国的宽带接入范围	全境	在62万个港口安装设备	404.5	通信部(什·萨迪科夫)，投资和贸易部（乌穆尔扎科夫）
33	利用NGN技术扩大交换设备配备范围	全境	在55万个房间安装设备	22.9	通信部(什·萨迪科夫)，投资和贸易部（乌穆尔扎科夫）
三、农业和农产品加工领域的项目提案（提案数:26，提案费用:5.512亿美元）					
34	建立一个农业综合体	塔什干地区	10万吨	55.5	农业部（J.霍贾耶夫），投资和贸易部（乌穆尔扎科夫）
35	组织扩大葡萄园及生产葡萄酒	吉扎克地区	3.5万吨	4.4	农业部（J.霍贾耶夫），投资和贸易部（乌穆尔扎科夫）
36	组织生产婴儿食品和其他类型食品	撒马尔罕地区	750万吨	11.8	农业部（J.霍贾耶夫），投资和贸易部（乌穆尔扎科夫）
37	建设综合家禽养殖场	安集延地区	1万吨	50	国家兽医所(B.诺科比洛夫)，投资和贸易部(乌穆尔扎科夫)
38	建立一个每年能容纳5000只鸵鸟的养殖场	吉扎克地区	5000只	1.7	国家兽医所(B.诺科比洛夫)，投资和贸易部(乌穆尔扎科夫)
39	养殖鱼和生产鱼产品	吉扎克地区	2.6万吨	6.7	国家兽医所(B.诺科比洛夫)，投资和贸易部(乌穆尔扎科夫)
40	建立牲畜群	锡尔达拉地区	520万头	45	国家兽医所(B.诺科比洛夫)，投资和贸易部(乌穆尔扎科夫)
41	组织种植基于现代农业技术“Nethaus”的蔬菜产品	全境	0.6万吨	13	农业部（J.霍贾耶夫），投资和贸易部（乌穆尔扎科夫）
42	以现代农业技术“Nethaus”为基础，为德坎地区各农场和家庭地块建立一个农业配送中心（种苗厂、分拣和包装中心、储存仓库）	费尔干纳、安集延和纳曼干地区	20万吨	60	农业部（J.霍贾耶夫），费尔干纳Khokimiyat（什·加尼耶夫），投资和贸易部(乌穆尔扎科夫)

续表

编号	项目名称	地区	能源	预估成本（百万美元）	负责当局（以便拟订项目）
43	建造1000公顷的柠檬温室	全境	15万吨	113	柠檬生产商和出口商协会（科德扎耶夫）农业部（J.霍贾耶夫），投资和贸易部（乌穆尔扎科夫）
44	组织开发核桃、杏仁和开心果果园	已确定	3550万吨	37.7	制造商协会和核桃出口商（阿卜杜勒洛耶夫），投资和贸易部（乌穆尔扎科夫）
45	使用INVITRO实验室组织进行植物微克隆繁殖	撒马尔罕地区	200万克隆	3.2	制造商协会和核桃出口商（阿卜杜勒洛耶夫），投资和贸易部（乌穆尔扎科夫）
46	建立葡萄初级加工点（与乌兹别克斯坦共和国乌兹别克斯坦香槟股份有限公司合作）	塔什干、基布赖区	0.3万吨	1.4	葡萄栽培发展局和酿酒（O.穆斯塔法耶夫），投资和贸易部（乌穆尔扎科夫）
47	组织建设葡萄初制点（与乌兹别克斯坦共和国塔什干联合维诺股份有限公司合作）	吉扎克、扎亚米尼紮亚米尼区	0.5万吨	5	葡萄栽培发展局和酿酒（O.穆斯塔法耶夫），投资和贸易部（乌穆尔扎科夫）
48	组织进行芦苇加工，以及生产纸、纤维板、刨花板（与乌兹别克斯坦共和国WANG DA GROUP盒子公司合作）	卡拉卡尔帕克斯坦共和国	加工10万吨芦苇	5	戈斯科姆莱斯霍兹（N.巴基罗夫），投资和贸易部（乌穆尔扎科夫）
49	通过建立甘草加工厂生产产品（提取物、粉末等）	卡拉卡尔帕克斯坦共和国	加工24万吨甘草	7	戈斯科姆莱斯霍兹（N.巴基罗夫），投资和贸易部（乌穆尔扎科夫）
50	种植白羽扇豆以生产高蛋白鱼饲料，并建立白羽扇豆加工厂（与乌兹别克斯坦共和国Agro GREEN Tec Poonology有限责任公司合作）	吉扎克、扎亚米尼紮亚米尼区	加工2万吨白羽扇豆	3.5	乌兹别克山梨酸协会（O.穆萨耶夫），投资和贸易部（乌穆尔扎科夫）
51	通过建立封闭供水设施饲养鱼产品（与乌兹别克斯坦共和国Sof Havzalar有限责任公司合作）	卡什卡达里亚、尼山区	养殖100吨鱼	0.5	乌兹别克山梨酸协会（O.穆萨耶夫），投资和贸易部（乌穆尔扎科夫）

续表

编号	项目名称	地区	能源	预估成本（百万美元）	负责当局（以便拟订项目）
52	建立鱼类繁育综合体（与乌兹别克斯坦共和国纳穆纳·巴里奇里吉有限责任公司合作）	卡什卡达里亚、喀什地区	养鱼500吨，生产饲料2000吨	2	乌兹别克斯坦共和国山梨酸协会（O.穆萨耶夫），投资和贸易部（乌穆尔扎科夫）
53	建立鱼类繁育综合体（与乌兹别克斯坦共和国 Masterok Garant 有限责任公司合作）	卡什卡达里亚、卡尔西区	养鱼150吨，饲料产量1万吨	0.5	乌兹别克斯坦共和国山梨酸协会（O.穆萨耶夫），投资和贸易部（乌穆尔扎科夫）
54	使用小型集约化水库建立养鱼综合体（与乌兹别克斯坦共和国 FH“OQ Amur Baliqlari”合作）	撒马尔罕地区	养殖鱼类150吨，加工鱼类100吨	1	乌兹别克斯坦共和国山梨酸协会（O.穆萨耶夫），投资和贸易部（乌穆尔扎科夫）
55	组织加工鱼产品	锡尔达拉地区、萨尔多巴地区	100吨	1	乌兹别克斯坦共和国山梨酸协会（O.穆萨耶夫），投资和贸易部（乌穆尔扎科夫）
56	建设具有封闭供水设施的鱼类养殖综合体（与乌兹别克斯坦共和国 Mr-Fish Namangan 有限责任公司合作）	纳曼干、Pap 地区	50吨	1	乌兹别克斯坦共和国山梨酸协会（O.穆萨耶夫），投资和贸易部（乌穆尔扎科夫）
57	组织建设现代化的鱼类繁育综合体（与乌兹别克斯坦共和国 Buston Tourism 有限责任公司合作）	卡拉卡尔帕克斯坦共和国、Ellikkala 地区	40吨	1	乌兹别克斯坦共和国山梨酸协会（O.穆萨耶夫），投资和贸易部（乌穆尔扎科夫）
58	建设农工物流中心（与乌兹别克斯坦共和国 Buston 马铃薯中心有限公司合作）	塔什干地区、博斯坦利克区	冷藏3万吨	10.3	马铃薯生产商和出口商协会（托什普拉托夫），投资和贸易部（乌穆尔扎科夫）
59	建设作物种子生产中心	费尔干纳地区、科坎德市	已确定	10	创新部（阿卜杜拉莫诺夫），投资和贸易部（乌穆尔扎科夫）
四、道路和运输基础设施、市政住房建设和建筑材料生产领域的提案（提案数：5，提案费用：5.343亿美元）					
60	组织生产卫生洁具（水槽和马桶）	塔什干和布哈拉地区	50万件	10.5	乌兹别克斯坦共和国坦材料协会（B.扎里波夫），投资和贸易部（乌穆尔扎科夫）

续表

编号	项目名称	地区	能源	预估成本（百万美元）	负责当局（以便拟订项目）
61	使用天然石材（花岗岩、大理石和石灰岩）生产	撒马尔罕、纳沃伊、布哈拉和纳曼干地区	10 万立方米	6.8	乌兹别克斯坦共和国材料协会(B. 扎里波夫)，投资和贸易部(乌穆尔扎科夫)
62	组织生产加气混凝土砌块	塔什干、费尔干纳、纳沃伊、布哈拉和花拉子模地区	50 万立方米	14	乌兹别克斯坦共和国材料协会(B. 扎里波夫)，投资和贸易部(乌穆尔扎科夫)
63	组织生产墙纸	花拉子模地区	210 万卷	3	乌兹别克斯坦共和国材料协会(B. 扎里波夫)，投资和贸易部(乌穆尔扎科夫)
64	组织生产水泥	苏尔汉河、撒马尔罕、吉扎克、布哈拉、费尔干纳地区	400 万吨	500	乌兹别克斯坦共和国材料协会(B. 扎里波夫)，投资和贸易部(乌穆尔扎科夫)
五、社会、旅游和医药领域的提案（提案数:22，提案费用:1.606 亿美元）					
65	建立实验室诊断中心	塔什干市	已确定	29.5	卫生部（肖德莫诺夫)，投资和贸易部(乌穆尔扎科夫)
66	多学科诊所组织	塔什干市	已确定	15	卫生部（肖德莫诺夫)，投资和贸易部(乌穆尔扎科夫)
67	建设现代化肿瘤诊疗康复中心	塔什干市	已确定	10	卫生部（肖德莫诺夫)，投资和贸易部(乌穆尔扎科夫)
68	建设肿瘤诊所	塔什干地区	已确定	10	卫生部（肖德莫诺夫)，投资和贸易部(乌穆尔扎科夫)
69	建设心脏外科中心，并将其转化为多学科医疗中心	塔什干市	已确定	15.0	卫生部（肖德莫诺夫)，投资和贸易部(乌穆尔扎科夫)
70	组织生产粉末用于制备注射液（与乌兹别克斯坦共和国 Sirdaryo med Farm 有限责任公司合作）	锡尔达拉地区	已确定	17.2	医药工业发展局（卡里耶夫)，投资和贸易部（乌穆尔扎科夫)

续表

编号	项目名称	地区	能源	预估成本（百万美元）	负责当局（以便拟订项目）
71	组织生产输液剂等药品（与乌兹别克斯坦共和国 Temur med Farm 有限责任公司合作）	锡尔达拉地区	已确定	15	医药工业发展局（卡里耶夫），投资和贸易部（乌穆尔扎科夫）
72	组织生产胃肠道病理治疗药物	全境	520 万美元	7	医药工业发展局（卡里耶夫），投资和贸易部（乌穆尔扎科夫）
73	组织生产抗糖尿病药物	全境	1000 万美元	2	医药工业发展局（卡里耶夫），投资和贸易部（乌穆尔扎科夫）
74	组织生产抗癌药物	全境	450 万美元	5	医药工业发展局（卡里耶夫），投资和贸易部（乌穆尔扎科夫）
75	组织生产免疫生物制剂	全境	1850 万美元	6.4	医药工业发展局（卡里耶夫），投资和贸易部（乌穆尔扎科夫）
76	组织生产非甾体消炎药	全境	2200 万美元	5	医药工业发展局（卡里耶夫），投资和贸易部（乌穆尔扎科夫）
77	组织生产治疗心血管疾病的药物	全境	2500 万美元	6	医药工业发展局（卡里耶夫），投资和贸易部（乌穆尔扎科夫）
78	组织生产呼吸病治疗药物	全境	840 万美元	3	医药工业发展局（卡里耶夫），投资和贸易部（乌穆尔扎科夫）
79	组织生产抗生素	全境	600 万美元	4.5	医药工业发展局（卡里耶夫），投资和贸易部（乌穆尔扎科夫）
80	组织开展结核病皮肤试验（DST）以发现儿童早期结核感染	全境	1220 万美元	2.8	医药工业发展局（卡里耶夫），投资和贸易部（乌穆尔扎科夫）

续表

编号	项目名称	地区	能源	预估成本（百万美元）	负责当局（以便拟订项目）
81	组织生产避孕药具	全境	1500 万美元	3.2	医药工业发展局（卡里耶夫），投资和贸易部（乌穆尔扎科夫）
82	组织生产抗病毒药物	全境	700 万美元	4	医药工业发展局（卡里耶夫），投资和贸易部（乌穆尔扎科夫）
83	改善“Nanai”Yangikurgan 地区休闲娱乐区的旅游基础设施	纳曼干地区	已确定	已确定	纳曼干地区州长（巴扎罗夫），国家旅游委员会（阿库洛），投资和贸易部（乌穆尔扎科夫）
84	改善亚米尼紥亚米尼区 Suffa 地区的旅游基础设施	吉扎克地区	已确定	已确定	吉扎克地区的 Khokimiyat（萨利耶夫），国家旅游委员会（阿库洛），投资和贸易部（乌穆尔扎科夫）
85	改善查尔塔克地区的旅游基础设施	纳曼干地区	已确定	已确定	纳曼干地区，Khokimiyat（巴扎罗夫），国家旅游委员会（阿库洛），投资和贸易部（乌穆尔扎科夫）
86	在 Peshkun 地区 Abu Ali ibn Sino 综合体开展旅游服务	布哈拉地区	已确定	已确定	布哈拉地区的 Khokimiyat（巴纳耶夫），国家旅游委员会（阿库洛），投资和贸易部（乌穆尔扎科夫）
共　计				61.31 亿美元	

注解：

筹备和举办塔什干国际投资论坛的组委会有权在必要时对本清单进行修改和增补。

附录4

乌兹别克斯坦共和国总统2019年4月29日第PP—4300号法令建议乌兹别克斯坦共和国代表参加的2019年国际经济和投资论坛

编号	论坛名称	日期	地址	乌兹别克斯坦共和国代表团的组成
1	世界商业论坛	2019年6月5—6日	英国伦敦	投资和贸易部;外交部;工商会;卡什卡达里亚、塔什干和费尔干纳等地区的地方行政部门;私营公司
2	第23届圣彼得堡国际经济论坛——2019年	2019年6月6—8日	俄罗斯圣彼得堡	投资和贸易部;外交部;经济和工业部;卡拉卡尔帕克斯坦共和国内阁;纳曼干、苏尔汉河和费尔干纳等地区的地方行政部门;私营公司
3	全球投资论坛	2019年6月13—14日	瑞士日内瓦	投资和贸易部;外交部;经济和工业部;财政部;卡什卡达里亚、塔什干、费尔干纳等地区和塔什干市的地方行政部门
4	外国直接投资世界论坛 国外直接投资 世界论坛	2019年6月17—19日	澳大利亚悉尼	投资和贸易部;外交部;创新部;信息技术部、国防部;塔什干、费尔干纳大区的地方行政部门
5	2019年东方经济论坛	2019年9月4—6日	俄罗斯符拉迪沃斯托克	投资和贸易部;外交部;经济和工业部;纳曼干和锡尔达拉地区的地方行政部门
6	白俄罗斯工业论坛	2019年9月17—20日	白俄罗斯共和国明斯克	投资和贸易部;外交部;经济和工业部;安集延、布哈拉地区,塔什干市的地方行政部门;工业协会和企业代表;私营公司
7	欧亚经济论坛	2019年10月	意大利维罗纳	投资和贸易部;外交部;议会参议院;工商会、国家银行;Uzsanoatkurilishbank;Asakabank;行业协会和企业代表、私营公司
8	国际投资峰会 未来投资峰会	2019年10月	沙特阿拉伯王国利雅得	投资和贸易部;外交部;工商会;吉扎克、苏尔汉河、锡尔达拉和塔什干市的地方行政部门;私营公司
9	旅游投资论坛	2019年11月	法国巴黎	投资和贸易部;外交部;国家旅游委员会;布哈拉、撒马尔罕、塔什干和花拉子模地区的地方行政部门;私营公司

注解:

筹备和举办塔什干国际投资论坛的组委会有权在必要时对本清单进行修改和增补。

附录 5

乌兹别克斯坦共和国总统 2019 年 4 月 29 日第 PP—4300 号法令
筹备和举办塔什干国际投资论坛组委会

Aripov A. N.	——	乌兹别克斯坦共和国总理、组委会主席
Ganiev E. M.	——	乌兹别克斯坦共和国副总理、组委会副主席
Umurzakov SU	——	乌兹别克斯坦共和国投资和贸易部长，组委会副主席

组委会成员：

Safoev S. S.	——	乌兹别克斯坦共和国议会参议院第一副主席（商定）
Kamilov A. Kh.	——	乌兹别克斯坦共和国外交部长
Allamzhonov K. I.	——	乌兹别克斯坦共和国总统管理下的新闻和大众传播局局长
Khaidarov A. Ya.	——	乌兹别克斯坦共和国国有资产管理局局长
Makhkamov IR	——	乌兹别克斯坦共和国交通部第一副部长
Isakov OR	——	乌兹别克斯坦共和国财政部副部长
Akkulov A. U.	——	乌兹别克斯坦共和国旅游发展国家委员会代理主席
A. A. Nazirov	——	乌兹别克斯坦共和国资本市场发展机构主任
Ikramov AI	——	乌兹别克斯坦共和国工商会主席
Artikkhodzhaev Zh. O.	——	塔什干市行政官员
Kamalov K. Yu.	——	乌兹别克斯坦共和国投资和贸易部下属的吸引外国投资局局长，组委会秘书

注解：

组委会成员将调任相关工作，包括新任命到这些职位或受托履行相关职能。

附录 6

乌兹别克斯坦共和国总统 2019 年 4 月 29 日第 PP—4300 号法令

组织行动计划

塔什干国际投资论坛的筹备与举办

编号	事件名称	执行时间	相关责任人
一、信息和内容部分			
1	与国外专业机构合作拟订塔什干国际投资论坛(以下简称论坛)的内容	2019 年 6 月 1 日前	投资和贸易部
2	拟订论坛外国与会者的构成,特别是:通过外交渠道询问投资者和其他人士的信息,以查看其是否可能参加论坛;向政府机构和组织发出寻找外国投资者的需求;根据所提交材料,编制论坛外国与会者名单,包括关于代表的组织的参考资料	2019 年 7 月 1 日前	投资和外贸部,外交部,有关部委和部门
3	向乌兹别克斯坦共和国总统行政当局提交关于国际组织、外交使团、主要外国投资者和商业机构代表的受邀代表的人数和组成的建议	2019 年 7 月 10 日前	投资和贸易部
4	拟订论坛各国与会者的组成,包括发言者和主持人	2019 年 7 月 15 日前	投资和贸易部,有关部委和部门
5	论坛流程,包括演讲、报告、介绍和补充	2019 年 8 月 1 日前	投资和贸易部
6	拟订专题介绍、讲义、资料和其他参考材料的内容,包括根据本决议为潜力投资和已实施的基础设施项目编制初步可行性研究报告和其他项目文件	2019 年 8 月 15 日前	投资和贸易部,有关部委和部门
二、组织和技术部分			
7	论坛标志(图标)的开发设计	2019 年 6 月 1 日前	投资和贸易部,AIS
8	确保场地预订、创建和启动论坛官网,为希望参加论坛的人员提供公开的在线注册渠道,以便其获取有关议程、活动方案、参与条件以及其他信息和参考资料	2019 年 5 月 1 日前	通信部,投资和贸易部
9	吸引外国媒体机构广泛开展论坛公关活动	2019 年 5 月 15 日	投资促进局、信息和大众传播局
10	确定论坛框架内主要活动的地点	2019 年 6 月 15 日前	投资和贸易部,撒马尔罕地区地方行政

续表

编号	事件名称	执行时间	相关责任人
11	制作关于乌兹别克斯坦共和国投资潜力的视频	2019年8月15日前	NTRK，Uzbekkino机构，投资和贸易部，经济部
12	对相关大学的学生志愿者开展培训，以协助举办活动，及陪同论坛的外国与会者（如有必要）	2019年8月20日前	乌兹别克斯坦共和国青年联盟、高等教育部（UzSUYA、塔什干国立经济大学）、外交部（UWED）
13	按照既定程序向论坛的外国与会者发出邀请，包括其他国家、国际组织、外国公司、机构和其他专门组织的高级官员/管理人员	2019年7月15日前	投资和贸易部、外交部，有关部委和部门
14	制定论坛与会者在乌兹别克斯坦共和国的停留方案并提交乌兹别克斯坦共和国内阁批准，该方案应指明各外国与会者的行程总负责人	2019年8月15日前	投资和贸易部，有关部委和部门
15	安排论坛外国与会者在塔什干国际机场、其他机场（如有必要）、火车站的抵离	以计划为准	乌兹别克斯坦共和国机场公司乌兹别克斯坦铁路股份有限公司
16	按照既定程序为论坛的外国与会者签发入境签证，必要时签发国际机场入境，不收取领事和其他费用	以申请书回执为准	投资和贸易部，MID
17	制作论坛的专题介绍、资料、参考资料和讲义以及主题印刷材料	2019年8月20日前	投资和贸易部，提案拟订者
18	筹备论坛会场的基础设施，包括中心街道和论坛会场、机场、火车站毗邻地区的外观设计	2019年9月1日前	塔什干当局
19	确保论坛活动场地和外国与会者逗留期间的安全	2019年8、9月	内务部、国民警卫队、卫生部
20	落实各项措施以确保论坛各场馆不间断供电	2019年9月前	乌兹别肯戈股份有限公司，塔什干政府
21	按照既定程序，应投资和外贸部的要求，在论坛会场提供必要的扩音和同声翻译设备，以及无线互联网接入，以便在论坛期间能快速交流信息	2019年9月前	通信部，投资和贸易部
22	组织介绍国内主要进行的对投资和商业环境产生积极影响的改革（税务、公共服务、商业等方面）	2019年9月前	投资和贸易部，STC、CCI、各部委和部门
23	为在论坛框架内举行的活动（开幕式和闭幕式、全体会议和分组会议、介绍会等）组织同声传译	2019年9月前	通信部，教育部，投资和贸易部

续表

编号	事件名称	执行时间	相关责任人
24	研究和组织论坛的外国高级别与会者访问撒马尔罕、布哈拉、费尔干纳、花拉子模和塔什干市的文化和历史遗址	2019 年 9 月前	国家旅游委员会、文化部,撒马尔罕、布哈拉、费尔干纳、花拉子模、塔什干市的地方行政部门
25	在媒体上广泛报道论坛的筹备、举行和成果信息,包括通过社交网络、即时通信工具等	2019 年 8、9 月	信息和大众传播局,NTRK,UzA,投资和贸易部,IA “Dunyo”,NAESMI

注解:

如有必要,组委会有权对组织措施计划进行修改和增补,包括在确定论坛的具体日期之后。

附录 7

乌兹别克斯坦共和国总统 2019 年 4 月 29 日第 PP—4300 号法令将于 2019 年发展的公私合营项目

编号	项目名称	地区	成本(百万美元)	阶段和条款	相关责任人
1	建设 100 兆瓦太阳能光伏发电站	纳沃伊地区	100	公布提案招标通告——2019 年 5 月 确定中标单位、签署协议——2019 年第 3 季度 开工——2020 年第 1 季度 试运行——2021 年第 1 季度 相关条款协议的订立——2019 年第 4 季度	能源部(苏丹诺夫),投资和贸易部(乌穆尔扎科夫),纳沃伊地区的地方行政部门(图尔苏诺夫),公私合营项目机构(古尔吉吉托夫)
2	建立血液透析中心并提供血液透析服务	国内各地区	27	公布意向书及邀请——2019 年 2 月 项目概念批准——2019 年 5 月 发布资格预审申请——2019 年 5 月 投标方的评估和遴选——2019 年 7 月 公布招标通告——2019 年 8 月 公布中标单位、签署协议——2019 年 10 月	卫生部(沙德马诺夫),卡拉卡尔帕克斯坦共和国内阁,各地区和塔什干市的地方行政公私合营项目机构(古尔吉吉托夫)
3	国际机场现代化	塔什干市	470	签订国际金融公司提供咨询服务的协议——2019 年 5 月 公私合营项目文件编制——2019 年第 3 季度 发布招标书——2019 年 9 月 投标书的编制和提交(2019 年 12 月评标)——2020 年 1 月 公布中标单位——2020 年 2 月 签署协议——2020 年 3 月 启动项目——2020 年 5 月	交通部(马赫卡莫夫),乌兹别克斯坦共和国机场公司,乌兹别克斯坦共和国航空公司;公私合营项目机构(古尔吉吉托夫)
4	机场现代化	国内各城市	363	签订国际金融机构提供咨询服务的协定——2020 年 5 月 编制公私合营项目文件——2020 年 5 月至 9 月 公布招标书——2021 年 2 月 投标书的编制和提交——2020 年 2 月 评标——2021 年 3 月 公布中标单位——2021 年 4 月 签署协议——2021 年 5 月 启动项目——2021 年 7 月	交通部(马赫卡莫夫),乌兹别克斯坦共和国机场公司,乌兹别克斯坦共和国航空公司,公私合营项目机构(古尔吉吉托夫)

续表

编号	项目名称	地区	成本(百万美元)	阶段和条款	相关责任人
5	修建塔什干——安集延收费公路	塔什干地区、纳曼干地区	待定	与世界银行签署协议——2019年6月 编制公私合营项目文件——2020年1月 发布意向书及邀请——2020年3月 审批项目概念——2020年4月 发布资格预审申请——2020年6月 投标单位的评估遴选——2020年9月 公布提案申请——2020年9月 公布中标单位并签署协议——2020年12月 开工——2021年8月	交通部(马赫卡莫夫),塔什干地区的地方行政部门(伊布拉吉莫夫),纳曼干地区的地方行政部门(博扎罗夫),公私合营项目机构(古尔吉吉托夫)
6	建设200兆瓦太阳能光伏发电站	撒马尔罕地区	200	项目介绍——2019年4月 公私合营项目协议条款的谈判——2019年第2季度 签署协议——2019年第3季度 开工——2020年第1季度 试运行——2020年第4季度	能源部(苏丹诺夫),投资和贸易部(乌穆尔扎科夫),撒马尔罕地区的地方行政部门(图尔迪莫夫),公私合营项目机构(古尔吉吉托夫)
7	供水和排污系统的管理移交	各城市、撒马尔罕、布哈拉、纳曼干、喀什地区	—	与亚洲开发银行签署咨询服务协定——2019年5月 文件编制——2019年5月至9月 公布意向书及邀请——2019年11月 发布资格预审申请——2020年2月 投标单位的评估和遴选——2020年4月 公布提案申请——2020年5月 公布中标单位并签署协议——2020年7月	МЖКО(M.萨利耶夫),撒马尔罕(E.图尔迪莫夫)、布哈拉(巴诺耶夫)、纳曼干(H.巴扎罗夫)和卡什卡达里亚地区的地方行政部门(鲁济耶夫),GCHP机构(古尔吉吉托夫)
8	供热系统的管理移交	塔什干市	—	与亚洲开发银行签署咨询服务协定——2019年5月 文件编制——2019年5月至9月 公布意向书邀请——2019年11月 批准项目概念——2019年12月 发布资格预审申请——2020年2月 投标单位的评估和遴选——2020年4月 公布提案申请——2020年5月 公布中标单位并签署协议——2020年7月	МЖКО(M.萨利耶夫),塔什干政府(阿蒂克霍贾耶夫)、公私合营机构(古尔吉吉托夫)

续表

编号	项目名称	地区	成本(百万美元)	阶段和条款	相关责任人
9	供气系统的管理移交	塔什干市	—	与亚洲开发银行签署咨询服务协定——2019年5月 文件编制——2019年5月至9月 公布意向书及邀请——2019年11月 批准项目概念——2019年12月 发布资格预审申请——2020年2月 投标单位的评估和遴选——2020年4月 公布提案申请——2020年5月 公布中标单位并签署协议——2020年7月	能源部(苏丹诺夫),投资和贸易部(乌穆尔扎科夫),公私合营项目机构(古尔吉吉托夫)
10	电能运输至配电网	塔什干市	—	与亚洲开发银行签订咨询服务协议——2019年第2至3季度 编制文件——2019年第3至4季度 发布意向书——2019年第4季度 审批项目概念——2019年第4季度 发布资格预审申请——2020年第1季度 投标单位的评估和遴选——2020年第2季度 发布招标书——2020年第2季度 公布中标单位、签署协议——2020年第2至3季度	能源部(苏丹诺夫),投资和贸易部(乌穆尔扎科夫),公私合营项目机构(古尔吉吉托夫)
11	建筑物/现代化TES(联合循环)	塔什干地区	500	与国际金融公司签订协议——2019年第2季度 编制文件——2019年第3季度 发布意向书——2019年第4季度 审批项目概念——2019年第4季度 发布资格预审申请——2020年第1季度 投标单位的评估和遴选——2020年第2季度 发布招标书——2020年第2季度 公布中标单位、协议签署——2020年第3季度 开工——2021年第1季度	能源部(苏丹诺夫),投资和贸易部(乌穆尔扎科夫),公私合营项目机构(古尔吉吉托夫)

续表

编号	项目名称	地区	成本(百万美元)	阶段和条款	相关责任人
12	私营企业参与收集和清除家庭废物的服务系统	塔什干市(地区)	—	与亚洲开发银行签署咨询服务协定——2019年5月 文件编制——2019年5月至9月 公布意向书及邀请——2019年11月 批准项目概念——2019年12月 发布资格预审申请——2020年2月 投标单位的评估和遴选——2020年4月 公布提案申请——2020年5月 公布中标单位并签署协议——2020年7月	МЖКО(M. 萨利耶夫),塔什干政府(阿蒂克霍贾耶夫),塔什干地区的地方行政部门(伊布拉吉莫夫),公私合营机构(古尔吉吉托夫)
13	建设联合循环工厂并与Cengiz能源控股有限公司(土耳其)合作发电	塔什干地区	待定	就公私合营协议和其他项目协议的条款进行直接谈判——2019年6月签署协议——2019年7月 施工——第一阶段,自签订购电协议之日起计12个月内进行。 施工——第二阶段,自签订购电协议之日起计24个月内进行	能源部(苏丹诺夫),投资和贸易部(乌穆尔扎科夫),塔什干地区的地方行政部门(伊布拉吉莫夫),公私合营项目机构(古尔吉吉托夫)
14	建设联合循环工厂并与Yildirim能源控股有限公司(土耳其)讨论发电问题	苏尔汉河地区	待定	就公私合营协议和其他项目协议的条款进行直接谈判(2019年6月签署协议)——2019年7月 开始开发项目及选择供应商与承包商——2019年12月 开工——2020年第1季度 投产——自签订购电协议之日起计36个月内	能源部(苏丹诺夫),投资和贸易部(乌穆尔扎科夫),苏尔坎达里亚地区的地方行政部门(博博洛夫),公私合营项目机构(古尔吉吉托夫)
15	修建塔什干——撒马尔罕收费公路并与Cengiz能源工贸公司、“Kalon”、“Colin”(土耳其)公司合作	塔什干、锡尔达拉、吉扎克、撒马尔罕地区	待定	与国际金融机构签订咨询服务协议——2019年第2季度 研究道路路线和进行初步计算——2019年5月 谈判公私合营协议条款——2019年6月 签署协议——2019年7月 开工——2019年第4季度 试运行——2021年第4季度	交通部(马赫卡莫夫),塔什干地方行政部门(伊布拉吉莫夫),锡尔达拉(加尼耶夫),吉扎克(萨利耶夫),撒马尔罕(E. 图尔迪莫夫)地区,公私合营项目机构(古尔吉吉托夫)
共计			1660		

注解:

最终参数与术语将根据项目文件编制的结果确定。

筹备和举办塔什干国际投资论坛组织委员会,如有必要,有权对本名单进行修改和增补,包括替换第13—15条所述的私营合伙企业等。

乌兹别克斯坦共和国保障措施、反倾销税及反补贴法

塔什干市

2003 年 12 月 11 日

第 554—Ⅱ号

(《乌兹别克斯坦共和国议会公报》,2004 年,第 1—2 期。

《乌兹别克斯坦共和国法律汇编》,2008 年,第 52 号,第 513 条)

一、总　　则

第 1 条　本法目的

本法目的是规范进口商品时适用保障措施、反倾销税和反补贴税领域的关系,以消除对经济的严重损害或造成严重损害的威胁。

第 2 条　关于保障措施、反倾销税和反补贴税的法律

关于保障措施、反倾销税和反补贴税的法律包括本法和其他法律文件。

如果乌兹别克斯坦共和国的国际条约所规定的规则与乌兹别克斯坦共和国关于保障措施、反倾销税和反补贴税的法律所规定的规则不一致,则适用该国际条约的规则。

第 3 条　基本概念

本法适用以下基本概念:

(1)经济部门——乌兹别克斯坦共和国所有类似产品的制造商的总和,或其份额占乌兹别克斯坦此类产品总产量大部分的制造商的总和;

(2)对经济部门的严重损害——由于增加商品进口、以倾销价格进口商品或将补贴商品进口到乌兹别克斯坦共和国境内,导致该经济部门的生产、贸易和财务指标明显恶化,或形成明显延迟;

(3)对某一经济部门造成严重损害的威胁——对某一经济部门造成严重损

害是不可避免的,并有证据证实;

(4)通常的贸易过程是在生产国或出口国的国内市场上购买和销售商品,价格由其加权平均成本和平均利润率组成,或是从条件类似的第三国进口到乌兹别克斯坦共和国的类似商品的可比价格;

(5)前期——在提交调查申请之日前的3年,有必要的统计数据;

(6)类似产品——与进口产品完全相同或在功能用途、应用、质量和技术特征以及其他基本属性方面与之相当的产品。

第4条 对保障措施、反倾销和反补贴税适用情况的调查

对保障措施、反倾销税和反补贴税适用情况的调查是为了确定在乌兹别克斯坦共和国关境内是否存在增加商品进口、以倾销价格进口商品或补贴商品进口,以及由此造成的对经济的严重损害或造成严重损害的威胁。此项调查由乌兹别克斯坦共和国内阁确定的授权机构进行。

授权机构向乌兹别克斯坦共和国内阁提交关于实施保障措施、反倾销税和反补贴税的可取性的结论。

第5条 保障措施、反倾销税、反补贴税适用期限的计算

实施保障措施、反倾销税和反补贴税的期限,从乌兹别克斯坦共和国内阁就其适用作出决定之日起计算。

二、保障措施

第6条 保障措施的适用

保障措施是指限制增加商品进口的措施,其适用形式为限制商品进口的数量和(或)价值(进口配额),提高关税或者进行数量限制等。

如果根据授权机构的调查结果,确定进入乌兹别克斯坦共和国关税区的商品的进口数量(绝对数量或与乌兹别克斯坦共和国的生产量相比的数值)和条件对经济部门造成严重损害或造成严重损害的威胁,则由乌兹别克斯坦共和国内阁决定采取保障措施。

在消除因商品进口增加而造成的严重损害或对经济造成严重损害的威胁所需的数量和时间范围内,采取保障措施。

对商品进口实行数量限制形式的保障措施，但不应使商品进口量低于前一时期商品进口的平均价值水平，除非有理由证明确定不同的商品进口水平是为了消除对某一经济部门的严重损害或造成严重损害的威胁。

第7条　确定因商品进口增加而对经济部门造成严重损害或造成严重损害的威胁

确定与商品进口增加有关的某一经济部门的严重损害或造成严重损害的威胁应以证据为基础，包括研究商品进口量的动态、商品进口增加的迹象，以及导致或可能导致该经济部门的生产、贸易和金融指标明显恶化或该经济部门形成显著延迟的其他客观因素。

第8条　保障措施的适用

在特殊情况下，如果在授权机构完成调查之前，确定延迟实施保障措施可能会对经济部门造成严重损害并且以后难以消除，则乌兹别克斯坦共和国内阁可以根据授权机构的初步结论，决定实施临时保障措施。但授权机构必须继续调查，以获得最终意见。

临时保障措施采取提高关税的形式。

如果根据调查的结果，授权机构确定没有因商品进口增加而对经济造成严重损害或造成严重损害的威胁，则应按照法律规定退还关税的方式，将已支付的税款退还给付款人。

若终裁结果低于临时保障措施所确定的关税金额，则退还差额。

若终裁结果高于临时保障措施所确定的关税金额，则无须补足差额。

在法律规定的情况下，应授权机构的要求，乌兹别克斯坦共和国部长内阁可以减少保障措施的数量。

第9条　保障措施的期限

保障措施的期限不得超过4年。

如果授权机构经过反复调查，认为保障措施对于消除对经济的严重损害或造成严重损害的威胁仍然是必要的，则可根据乌兹别克斯坦共和国内阁的决定延长保障措施的有效期。在这种情况下，保障措施的总期限不应超过8年。

临时保障措施的有效期不应超过 200 天。

当乌兹别克斯坦共和国内阁就临时保障措施的适用作出决定时,其有效期应计入保障措施的总期限。

三、反倾销措施

第 10 条 反倾销税的适用

反倾销税是指对以倾销价格进口的商品征收的超过进口关税的关税。

如果根据授权机构的调查结果,确定以倾销价格进口的商品对经济造成严重损害或构成严重损害的威胁,则由乌兹别克斯坦共和国内阁决定适用反倾销税。

倾销价格是指出口到乌兹别克斯坦共和国的商品,其出口价格低于其正常价值。

产品的出口价格是指为出口到乌兹别克斯坦共和国的产品实际支付或应付的价格。

商品的正常价值是指在正常贸易过程中供出口国国内市场消费的类似商品的价格,或者在出口国市场没有销售类似商品或由于其他原因无法进行适当比较的情况下,根据商品原产国的生产成本加上合理的成本和利润确定的价格,或者根据出口到与乌兹别克斯坦共和国在正常贸易过程中处于类似条件的第三国的类似商品的价格。

反倾销税是在为消除因以倾销价格进口商品而对某一经济部门造成的严重损害或造成严重损害的威胁。

反倾销税和临时反倾销税的税率不得超过倾销幅度。

反倾销税可适用于一个或多个商品进口商。

第 11 条 倾销幅度

倾销幅度是指商品的正常价值减去该商品的出口价格后与出口价格的比率,以百分比表示。倾销幅度是通过比较商品的加权平均正常价值与所有比较的出口交易的加权平均价格,或通过比较商品的正常价值与特定交易的出口价格来确定的。

如果商品不是直接从原产国进口，而是从第三国出口到乌兹别克斯坦共和国，则将商品从商品出口国销售到乌兹别克斯坦共和国的价格与商品出口国的可比价格进行比较。如果商品只是通过商品出口国运输，或者这些商品不是在商品出口国生产的，或者在商品出口国没有可比价格，则可以与商品原产国的价格进行比较。

如果调查授权机构没有取得商品的出口价格或有疑问，出口价格可以根据所供商品首次转售给独立于供应商或销售商的买方的价格或授权机构确定的其他基础来计算。

如果经过授权机构的调查，确定倾销价格超过出口价格的2%，或者以倾销价格进口商品时的供货量很大，则对以倾销价格进口的商品征收反倾销税。

如果从被调查的商品供应国以倾销价格进口商品时的供货量超过乌兹别克斯坦共和国所有类似商品供应总量的3%，或者从单独占乌兹别克斯坦共和国类似商品供应总量不足3%的国家以倾销价格进口商品时的供货量合计超过乌兹别克斯坦共和国类似商品供应总量的7%，则被认定为供货量很大。

第12条　确定因以倾销价格进口商品而对某一经济部门造成严重损害或造成严重损害的威胁

确定因以倾销价格进口商品而对某一经济部门造成严重损害或威胁是以证据为基础的，包括研究以倾销价格进口商品时的供货量、该产品的质量、其对乌兹别克斯坦共和国国内市场上类似商品价格的影响以及这种供货对该行业的影响。

在审查以倾销价格进口商品时的供应量时，授权机构应研究所有影响该行业状况的相关因素和指标。

第13条　反倾销税的适用

在特殊情况下，但不早于调查开始后的60日，如果在调查结束前收到的信息表明存在以倾销价格进口的商品，以及进口这些商品造成的严重损害或对经济造成严重损害的威胁，乌兹别克斯坦共和国内阁根据授权机构的初步结论，可以决定适用临时反倾销税。

如果根据调查结果,授权机构确定不存在因以倾销价格进口商品而对经济部门造成严重损害或威胁,那么,已支付的临时反倾销税金额应按法律规定的退还关税的方式退还付款人。

如果征收反倾销税的数额低于临时反倾销税,则应按法律规定的退还关税的方式将差额退还给付款人。

如果征收的反倾销税的数额高于临时反倾销税,则不向付款人收取差额。

反倾销税不能适用于在调查日期之前为自由流通而放行的商品。

反倾销税的适用与法律规定的征税和其他强制性付款无关。

第 14 条 反倾销税的期限

对以倾销价格进口商品和对一个行业的经济造成严重损害或造成严重损害的威胁的情况,从开始实施或最后一次修订开始,反倾销税的期限不得超过 5 年。除非在反倾销税期限结束前启动的审查过程中,授权机构确定终止反倾销税将导致以倾销价格进口商品对经济造成的严重损害或造成严重损害的威胁继续或恢复。在这种情况下,反倾销税将继续适用,直到得出重新调查的结果,这是审查的基础。

为修订反倾销税而进行的重新调查是在授权机构的倡议下进行的,或者在利益相关方提供确认需要修订反倾销税的信息后进行。为修订反倾销税而进行的重新调查必须在决定启动重新调查之日起的 12 个月内完成。

是否需要继续适用反倾销税或修改其税率,由乌兹别克斯坦共和国内阁根据授权机构重新调查结果得出的结论确定。

临时反倾销税的期限最长为 6 个月。乌兹别克斯坦共和国内阁可决定将规定期限延长至 9 个月。

第 15 条 以倾销价格进口商品时的价格义务

以倾销价格进口货物时的价格义务是指作为调查对象的商品的出口商自愿承担修改价格或停止以低于其正常价值的价格向乌兹别克斯坦共和国关境出口货物的义务。

如果授权机构确定接受这种义务将消除对经济的严重损害或造成严重损害的威胁,则在收到出口商以倾销价格进口商品的价格承担的义务后,可以中止或终止调查,而不征收反倾销税或临时反倾销税。

以倾销价格进口商品时,按照价格义务规定的货物价格水平不能高于消除倾销幅度所必需的水平。如果一种商品价格的上涨足以消除对一个经济部门的严重损害或严重损害的威胁,则该价格的上涨可小于倾销幅度。

在授权机构对是否有以倾销价格进口的商品以及这种进口造成的严重损害或对经济造成严重损害的威胁做出初步结论之前,出口商可不接受以倾销价格进口商品时的价格义务。

如果出口商在以倾销价格进口商品时接受价格义务,则可应其请求或经授权机构决定继续进行调查。如果根据调查结果得出结论,认为不存在以倾销价格进口商品、这种进口造成的严重损害或对经济造成严重损害的威胁,则以倾销价格进口商品时价格义务无效,除非该结论在很大程度上是价格义务存在的结果。在这种情况下,这些义务在消除对经济部门的严重损害或造成严重损害的威胁所必需的时期内仍然有效。

如果出口商在以倾销价格进口商品时违反或撤销了价格义务,乌兹别克斯坦共和国内阁可以决定对其适用反倾销税或临时反倾销税。

四、反　补　贴

第16条　反补贴税的适用

反补贴税是对进口补贴商品征收的超过进口关税的关税。

如果根据授权机构的调查结果,确定进口补贴商品对经济部门造成严重损害或有造成严重损害的威胁,则根据乌兹别克斯坦共和国部长内阁的决定适用反补贴税。

补贴商品的进口是指在生产、出口或运输过程中使用了政府补贴的商品进入乌兹别克斯坦共和国。

为了消除因进口补贴产品而对某一经济部门造成的严重损害或威胁,反补贴税的征收数额和期限要在一定范围内。

反补贴税率不应超过进口到乌兹别克斯坦共和国海关境内的相应补贴产品所确定的外国补贴规模。

不允许对一种产品同时适用反补贴税和反倾销税。

第17条 财政资助

财政资助是由外国或外国联盟(以下简称“外国”)的政府或其他机构提供的财政援助,它给予补贴接受者额外的利益,并由外国直接提供或以其名义进行的。

本条第一款所称财政资助,包括:

(1)出口国(地区)政府以拨款、贷款、资本注入等形式直接提供资金,或者以贷款担保等形式潜在地直接转让资金或者债务;

(2)出口国(地区)政府放弃或者不收缴应收收入;

(3)出口国(地区)政府提供除一般基础设施以外的货物、服务,或者由出口国(地区)政府购买货物;

(4)出口国(地区)政府向筹资机构付款,或委托或指示私营机构履行前述(1)至(3)项列举的通常属于政府的一种或多种职能,且这种做法与政府通常采取的做法并无实质不同。

给予补贴接受者额外利益的其他类型的财政援助也可确认为补贴。

调查机构在调查期间确定的补贴金额,如果超过补贴商品价值的1%,则可通过适用反补贴税予以补偿。

如果补贴是特定的,则应征收反补贴税。特定补贴是指提供给特定企业或经济部门、一组企业或经济部门以及位于指定地理区域的特定企业的、获得途径有限的补贴,或旨在刺激商品出口或取代商品进口的补贴。

作为反补贴税对象的补贴的计算程序由乌兹别克斯坦共和国内阁确定。

第18条 确定因进口补贴产品而对经济部门造成严重损害或造成严重损害的威胁

确定因进口补贴产品而对某一经济部门造成严重损害或威胁是以证据为基础的,包括确认进口补贴产品时的供应量、该产品的质量、其对乌兹别克斯坦共和国国内市场同类产品价格的影响以及这种供应对该经济部门的影响。

在审查进口补贴产品的供应量时,授权机构应确认所有影响该行业状况的相关因素和指标。

第19条　反补贴税的适用

在特殊情况下,但不早于调查开始后的60日,如果在调查结束前收到的信息表明存在补贴商品进口,以及进口这些商品造成的严重损害或对经济造成严重损害的威胁,乌兹别克斯坦共和国内阁根据授权机构的初步结论,可以决定适用临时反补贴税。

终裁决定确定不存在实质损害或威胁,退还已支付的临时反补贴关税。

终裁决定确定的反补贴税,高于临时反补贴税的,差额部分不予收取;低于临时反补贴税的,差额部分应当予以退还。

在调查开始之日前为自由流通而放行的商品,不得征收反补贴税。

无论是否征收税款和法律规定的其他强制性付款,反补贴税均适用。

第20条　反补贴税的期限

反补贴税的征收期限不超过5年;但是,经复审确定终止反补贴税有可能导致补贴和损害的继续或者再度发生的,反补贴税的征收期限可以适当延长。

反补贴税生效后,授权机构依职权,或者应利害关系方的请求并对利害关系方提供的证据进行审查后,决定对继续征收反补贴税的必要性进行复审。复审须在启动重新调查之日起的12个月内完成。

是否需要继续适用反补贴税或修改其税率,由乌兹别克斯坦共和国内阁根据授权机构重新调查的结果得出的结论确定。

临时反补贴税的期限最长为4个月。

第21条　进口补贴商品的价格承诺

在收到以下各方作出的自愿价格承诺后,可以中止或终止调查,而不适用反补贴税或临时反补贴税:

(1)出口国(或地区)政府,取消或减少补贴或采取其他适当措施,以消除进口补贴商品的后果;

(2)作为调查对象的商品出口商修改商品的价格,使授权机构确定接受这些价格将消除对经济部门的严重损害或造成严重损害的威胁。根据这种价格承诺,商品的价格水平不能高于补偿补贴对经济部门的影响所需的水平。如果商品价格的提高足以消除对某一经济部门的严重损害或造成严重损害的威胁,那么这种价格的提高可以低于补贴。

在授权机构对进口补贴商品以及这种进口造成的严重损害或对经济造成严重损害的威胁做出初步结论之前,出口商可不接受以补贴商品进口的价格义务。

如果出口商在进口补贴商品时接受价格义务,则可应其请求或乌兹别克斯坦共和国内阁的决定继续进行调查。如果根据调查结果得出结论,认为不存在补贴商品的进口或这种进口造成的严重损害或对经济造成严重损害的威胁,则以补贴商品进口的价格承诺无效,除非该结论在很大程度上是价格承诺存在的结果。在这种情况下,这些承诺在消除对经济部门的严重损害或造成严重损害的威胁所必需的时期内仍然有效。

如果出口商品的外国出口商在进口补贴商品时违反或撤销了价格承诺,乌兹别克斯坦共和国内阁可以决定对其适用反补贴税或临时反补贴税。

五、调　　查

第22条　提出调查请求的程序

调查由授权机构根据代表相关经济部门利益的法律实体或个人提出的书面申请进行。

如果乌兹别克斯坦共和国制造商支持调查申请(以下简称"申请"),其总产量超过乌兹别克斯坦共和国部分制造商所生产的所有同类商品的50%,并以书面形式表达对该申请的意见,则视为提交了调查申请。支持该声明的乌兹别克斯坦共和国生产商的产量必须至少占乌兹别克斯坦共和国同类商品总产量的25%。

申请书必须包含:

(1)申请人名称、申请人在过去一段时间内生产同类商品的情况;

(2)对作为调查对象的进口到乌兹别克斯坦共和国关税领土的商品的说明、货物原产国的名称、关于申请人所知的外国出口商和制造商的资料以及关于他所知的乌兹别克斯坦共和国类似商品制造商的资料;

(3)有关绝对和相对的价格、进口率和进口量的信息,进口商品对国内市场

和经济部门中类似商品价格的影响,对乌兹别克斯坦共和国国内市场中商品份额的影响的信息;

(4)证明存在以倾销价格进口的商品,以及由于以倾销价格进口商品而对经济造成严重损害或威胁的情况,关于这些商品的正常价值和出口价格的信息(适用本法第3款规定的情况);

(5)存在补贴的证明,如有可能,说明此种补贴的数额以及因进口补贴产品而对该经济部门造成严重损害或造成严重损害的威胁(适用本法第4款规定的情况)。

申诉人可以在调查前或调查期间撤回申诉。如果申请在调查开始前被撤回,则被视为未提交。如果申请在调查期间被撤回,授权机构有权继续调查或终止调查。

如果有证据表明商品进口增加、以倾销价格进口商品或进口补贴商品,以及存在这种进口造成的严重损害或对经济造成严重损害的威胁,授权机构可以主动进行调查。

第23条　开始调查的先决条件

在提交申请后的30日内,授权机构必须考虑申请中规定的数据的可靠性和充分性,并决定进行调查或拒绝进行调查,随后向申请人发出书面信息。当作出拒绝进行调查的决定时,授权机构将拒绝的理由通知申请人。

在作出进行调查的决定之前,授权机构无权披露申请的内容、收到申请的事实和有关其审议的信息。

如授权机构认为资料不足,则在收到申请之日起10日内以书面通知申请人,并为其提供更改或补充其申请的机会。

如申请人更改或补充其申请,则对申请的审议期从收到这些更改或补充的日期开始。

如果申请人在收到信息之日起15日内没有提供授权机构要求的补充数据,并且没有要求延迟提供这些数据,授权机构有权拒绝审议该申请,并以书面形式通知申请人。

在开始调查时,授权机构应确定申请人在申请所涉商品总产量中所占的份额,以确保对申请的审议保持客观性,并最大限度地考虑乌兹别克斯坦共和国相关经济部门制造商对申请的意见。为此,授权机构有权征求乌兹别克斯坦共和国同类商品的其他制造商和消费者对此申请的意见。

第 24 条 调查决定和通知

在作出开始调查的决定后,授权机构在 30 日内应实施以下行为:

(1)将即将进行的调查通知所有相关方;

(2)在官方公报上发布开始调查的通知。

开始调查的通知必须包括如下内容:

(1)国家、出口国和被调查产品的名称;

(2)调查开始日期;

(3)确认申请有效的事实概要;

(4)有关各方应将其材料送交的地址,以及提交材料的时间。

调查不应妨碍调查对象的商品的清关和进入乌兹别克斯坦共和国关税领土的放行。

国家当局和管理部门必须协助调查,并根据授权机构的要求提供商品样品和必要的资料,包括保密资料。

第 25 条 调查时间

实施保障措施前的调查期限自调查开始之日起不得超过 9 个月。

实施反倾销税和反补贴税前的调查时间,自调查开始之日起不得超过 12 个月。在特殊情况下,根据授权机构的决定,规定的期限可以延长 6 个月。

如果外国或出口商做出价格承诺,消除对经济部门的严重损害或造成严重损害的威胁,授权机构可以暂停或终止调查。

第 26 条 调查特点

如果确定该经济部门没有受到严重损害或没有可能受到严重损害,授权机构可拒绝进行调查。

如果发现倾销幅度低于按倾销价格计算的商品的出口价格或者进口量的 2%,或者对经济造成严重损害或者造成严重损害的威胁按照法律规定是不显著的,应当立即终止反倾销税调查。

如果确定补贴不超过商品价值的1%，则必须立即终止反补贴税调查。

六、最后条款

第27条　资料的保密性

调查期间向授权机构提供的保密资料，未经当事人书面许可，不得公开。

第28条　取消保障措施、反倾销税和反补贴税

如果确定由于实施保障措施、反倾销税和反补贴税，消除了对经济部门的严重损害或造成严重损害的威胁，授权机构应向乌兹别克斯坦共和国内阁提交取消这些措施的建议。

第29条　争议解决

在实施保障措施、反倾销税和反补贴税方面的争议，按法律规定的方式解决。

第30条　违反保障措施、反倾销税和反补贴税法律的责任

违反关于保障措施、反倾销税和反补贴税的法律的相关方应按规定方式承担责任。

Part 5 第五编

乌兹别克斯坦共和国环境保护与矿产资源法

第一节　概　　述

本编涉及乌兹别克斯坦共和国环境保护与矿产资源立法，包括《乌兹别克斯坦共和国自然保护法》和《乌兹别克斯坦共和国矿产资源法》。

根据《乌兹别克斯坦共和国宪法》，土地、底土、水域、动植物群和其他自然资源是国家财富，应合理利用，并受国家保护。乌兹别克斯坦共和国实行一般和特殊的自然管理。乌兹别克斯坦共和国国家生态和环保委员会（以下简称环保委员会）是环保评估的主管部门。环保委员会由9个局、7个独立处组成，具体为：信息分析综合局，环境污染监测协调局，大气保护局，水土资源和矿产保护局，生物多样性和保护区管理局，废物管理和组织协调局，环境保护和生态检测局，财务局，管理局；文件执行监督处，生态、环保与废物基金管理处，法律处，人事处，国际合作与项目处，媒体联络处，国家服务发展处。1990年12月10日（独立前）乌兹别克斯坦共和国最高苏维埃主席团批准的《国家环境保护委员会条例》和1992年12月乌兹别克斯坦共和国议会通过的《乌兹别克斯坦共和国自然保护法》是乌兹别克斯坦共和国环境保护的法律基础。

《乌兹别克斯坦共和国自然保护法》(以下简称《自然保护法》)共 11 部分，53 条。该法为保护自然环境条件和合理利用自然资源奠定了法律、经济和组织基础,旨在确保人与自然关系的平衡和谐发展,保护生态系统、自然综合体和个体对象,保障公民享有良好环境的权利。根据该法规定公民可免费使用自然资源来满足其生命需求,无须将自然资源分配给个人用户,也无须提供适当的许可证。按照特殊自然管理的顺序,企业、机构、组织和公民根据特殊许可获得、使用或租赁自然资源,以收取一定的实施生产和其他活动的费用。居民在自然保护领域享有权利并承担义务,乌兹别克斯坦共和国居民有权联合起来参加保护自然的公共组织,要求并获得有关环境状况和为保护环境所采取措施的信息。乌兹别克斯坦共和国居民有义务合理利用自然资源,爱护自然财富,遵守环境要求。

《自然保护法》保护对象全面,包括保护土地、矿产、水、动植物群以及大气免受污染、腐坏、损坏、枯竭、破坏和不合理使用的侵害;并且扩大自然保护区范围,使其包括国家保护区,综合(景观)保护区,自然公园,国家自然遗迹,保护、繁殖和恢复个别自然物体和综合体的领地,受保护的景观,管理个别自然资源的领地,国家生物圈保护区和国家公园州际自然保护区。

《自然保护法》立法逻辑清晰,按照主体、内容、争议解决的逻辑结构行文,条理清晰。具体而言,包括管理主体、保护对象、政府权力、权利内容、环境质量监管体系、自然资源利用、环境评估、环境监控、自然保护的经济措施、环境突发事件处理、经济活动和其他活动的环境要求以及争议解决。以经济活动和其他活动的环境要求为例,该法明确要求企业、构筑物和其他设施的安置、设计、施工、改建、扩建及技术改造、运营和清算,必须符合环境安全要求,并采取环境保护措施;企业、机构、组织和个人有义务在生产、储存、运输、使用和处置放射性和化学物质时,遵守环境要求、既定标准和规则,采取措施预防和消除使用这些物质的有害后果,立即通知辐射供应主管部门,并注意超过这些标准时的化学安全性;保护自然免受噪声、振动、电磁场和其他有害物理效应的影响;保护自然免受废物污染以及进行环境认证。

《自然保护法》条文细致，与其他相关立法相互协调，保持法律法规的一致性。例如，关于自然资源利用的规定，分别详细地规范了土壤的利用、矿物资源的利用、水域及水库的利用、大气的利用、野生生物体的利用以及废物管理，其中对于废物管理的规定与《乌兹别克斯坦共和国废物法》联动。该法对环境评估规定较为笼统，但在条文中明确此部分内容未规定之处以《环境专业知识法》为准。既避免法律条文烦琐，又保持相关立法之间的一致性。

乌兹别克斯坦共和国资源丰富，矿产资源储量总价值约 3.5 万亿美元。截至目前，乌兹别克斯坦共和国天然气开采量居世界第 11 位，黄金开采量居第 9 位，铀矿开采量居第 5 位。非金属矿产资源有钾盐、盐岩、硫酸盐、矿物颜料、硫、萤石、滑石、高岭土、明矾石、磷钙土以及建筑用石料等。

乌兹别克斯坦共和国矿业关系的行政管理由总统、内阁、地方当局以及特别授权的国家机构执行。采矿分配由工业安全和采矿管理局提供。矿产使用者可以是法人实体和个人。在定居点、郊区绿化区、工业设施、运输、通信、地下水取水口及其缓冲区以及其他特别保护区的既定边界内，某些矿产土地的使用可能受到限制或禁止。矿产使用是有偿的。

《乌兹别克斯坦共和国矿产资源法》共 10 部分，51 条。该法立足乌兹别克斯坦共和国本国国情，为促进矿业发展以及兼顾环境保护提供法律支持。该法体例清晰，内容全面，立法技术较高。主要特点为：一方面鼓励发现、勘查矿床；另一方面规范矿产开采，并提高在矿产开采过程中的环境保护要求。

第一，规定了中央与地方政府在矿业管理方面各自的权限。中央政府的权限既包括规划、相关工程的核算、相关信息的使用以及勘查、监测等实体权力；也包括确定收取土地使用款项的程序和条件以及与外商投资相关的其他程序性权力。地方政府仅对自己辖区内有关矿产保护与分配、矿产资源的开发与利用以及控制和监督矿产的使用和保护方面负责。

第二，鼓励个人与法人实体发现、勘查矿床。矿床发现者有权获得报酬。支付报酬的程序由内阁决定。发现、勘查以前未知的具有工业价值的矿床，以及在以前已知的矿床中发现额外的矿床或新的矿物原料，显著增加其工业价值的人，被认定为发现者。

第三，规范矿产开发的工业发展。只有已勘查的矿床或其矿床区域，其矿床储量已按既定程序核准，才可转让用于工业发展。尚未制定有效的富集和加工技术方案，供水和废弃物储存问题尚未解决的已勘探矿床应予以养护，不转移到工业发展上。

第四，兼顾环境保护。开采矿物和加工矿物原料的企业以及与开采矿物无关的地下构筑物的设计，是根据核准的储量和对拟议建筑地点底土的研究进行的，同时还应考虑到技术安全和该地区的生态状况。只有在有地质、工程地质、水文地质和其他资料证明有可能进行处置的情况下，才允许设计与处置有害物质、放射性废弃物和工业废料有关的地下构筑物。

第二节　法 律 文 本

乌兹别克斯坦共和国自然保护法

塔什干市

1992 年 12 月 9 日

第 754—Ⅻ号

（《乌兹别克斯坦共和国最高委员会公报》，1993 年，第 1 号，第 38 条。《乌兹别克斯坦共和国议会公报》，1995 年，第 6 号，第 118 条；1997 年，第 4—5 号，第 126 条；1999 年，第 1 号，第 20 条；2000 年，第 5—6 号，第 153 条；2000 年，第 7—8 号，第 217 条；2002 年，第 9 号，第 165 条；2003 年，第 9—10 号，第 149 条；《乌兹别克斯坦共和国法律汇编》，2004 年，第 25 号，第 287 条；2004 年，第 51 号，第 514 条；2006 年，第 41 号，第 405 条；2011 年，第 1—2 号，第 1 条；2011 年，第 36 号，第 365 条；2013 年，第 18 号，第 233 条；2014 年，第 36 号，第 452 条；2017 年，第 24 号，第 487 条；2017 年，第 37 号，第 978 条。

国家法律数据库,2018 年 4 月 19 日,第 03/18/476/1087 号;2019 年 9 月 11 日,第 03/19/566/3734 号;2019 年 11 月 15 号,第 03/19/584/4025 号)

该法为保护自然环境条件和合理利用自然资源奠定了法律、经济和组织基础。旨在确保人与自然关系的平衡和谐发展,保护生态系统、自然综合体和个体对象,保障公民享有良好环境的权利。

一、总　　则

第 1 条　乌兹别克斯坦共和国环境立法

乌兹别克斯坦共和国自然保护和合理利用自然资源领域的关系受本法、土地立法、水立法、林业立法、底土立法、保护和利用大气立法、动植物群立法和乌兹别克斯坦共和国其他立法法案的规管。

卡拉卡尔帕克斯坦共和国自然保护领域的关系也受卡拉卡尔帕克斯坦共和国立法的规管。

第 2 条　自然保护对象和自然保护区

自然保护对象(土地、底土、水、动植物群和大气)应受到保护,免受污染、腐坏、损坏、枯竭、破坏和不合理使用的侵害。

自然保护区包括国家保护区,综合(景观)保护区,自然公园,国家自然遗迹,保护、繁殖和恢复个别自然物体和综合体的领地,受保护的景观,管理个别自然资源的领地,国家生物圈保护区和国家公园州际自然保护区。

第 3 条　自然保育目标

自然保育的目标是:

(1)为人类健康创造有利条件,维护生态平衡,合理和可持续地管理自然,以促进国家社会经济有效和可持续地发展;

(2)保持物种的丰富性和生物界的遗传基金;

(3)维护生态系统,景观和独特自然物体的多样性;

(4)确保环境安全;

（5）保护与自然物体有关的物质文化遗产。

第4条　实现自然保育的目标

为了在经济、管理和其他活动过程中实现自然保护的目标，地方政府机构、部委和部门、企业、机构、组织、农场和合作农场以及个人必须遵循以下原则：

（1）维护作为人类栖息地的生物圈及其生态系统的稳定，并维护人类、人类基因库及其后代的生态安全；

（2）保障公民享有良好自然生活环境的权利，以及在各类教育机构中开展环境教育的义务性质；

（3）科学协调环境、经济和社会利益；

（4）对自然资源的特殊使用和无偿使用要付款；

（5）掌握必不可少的生态专业知识；

（6）促进合理的自然管理和自然保护；

（7）满足自然资源再生的需要，防止对环境和人类健康造成有害的、不可逆转的后果；

（8）宣传解决环境问题；

（9）协调国家、区域和国际在自然保护领域的利益；

（10）违反环境立法要求要承担责任。

第5条　自然资源所有权

根据《乌兹别克斯坦共和国宪法》，土地、底土、水域、动植物群和其他自然资源是国家财富，应合理利用，并受国家保护。

提供、使用和保护自然资源的条件和程序由乌兹别克斯坦共和国立法确定。

第6条　一般和特殊自然管理

乌兹别克斯坦共和国实行一般和特殊的自然管理。

公民可免费使用自然资源来满足其生命需求，无须将自然资源分配给个人用户，也无须提供适当的许可证。

按照特殊自然管理的顺序，企业、机构、组织和公民根据特殊许可获得、使用或租赁自然资源，以收取一定的实施生产和其他活动的费用。

二、国家当局和行政部门在规范保护自然中的法律关系方面的权力

第7条 乌兹别克斯坦共和国议会立法院和参议院在自然保护法律关系管理方面的权限

乌兹别克斯坦共和国议会立法院和参议院的共同管辖权包括：

(1)确定国家自然保护政策的主要方向；

(2)批准国家环境规划；

(3)制定和通过自然保护领域的立法法案；

(4)宣布领土为生态紧急状况区和生态灾难区，建立这些区域的法律制度，确定受害者的地位；

(5)协调对执行环境立法的控制；

(6)确定自然资源使用费的最高金额，以及收取款项的奖励办法；

(7)解决法律规定的其他问题。

第8条 生态环境保护领域的国家行政管理

乌兹别克斯坦共和国内阁、乌兹别克斯坦共和国国家生态环境保护委员会和地方公共当局，根据法律和其他法律法规在乌兹别克斯坦共和国进行生态、环境保护、自然资源合理利用和再生产领域的国家管理。

第9条 乌兹别克斯坦共和国内阁在自然保护领域的权限

乌兹别克斯坦共和国内阁在自然保护领域的权限包括：

(1)推行统一的环境政策；

(2)管理自然资源的使用；

(3)建立国家自然资源地管理秩序并进行维护，批准对共和国具有重要意义的自然资源储备；

(4)制定预防环境危机、自然灾害和大灾难的措施；

(5)采取措施消除自然灾害和重大事故造成的后果；

(6)建立自然资源使用，环境污染、废物处置等各类有害影响造成的损失的支付程序，以及明确对自然资源使用和废物处置的限制；

(7)建立环境教育和培训制度，并确保制度运行；

(8)批准特殊自然管理,自然保护制度和经济活动领域的界限;

(9)在自然保护和自然管理领域发展州际关系;

(10)执行乌兹别克斯坦共和国法律规定的其他措施。

第10条　地方政府和环境当局的权限

地方政府机构和管理部门在自然保护领域的权限包括:

(1)确定其领土内自然保护的主要方向,批准区域内环境方案;

(2)核算和评估自然资源状况,核算环境有害物;

(3)提供自然保护措施的物质技术支持;

(4)按照既定程序颁发自然资源使用权的许可证;

(5)收取自然资源使用费;

(6)控制对自然的保护,就暂停、终止和重新确定对当地具有重要意义的、但对环境有害的对象的活动作出决策;

(7)对乌兹别克斯坦共和国立法规定的其他问题进行监管;

(8)暂停(与预防紧急情况、流行病和其他对人民生命和健康的实际威胁有关的活动暂停不超过10个工作日的情况除外)或终止和重新确定对环境有有害影响的具有地方重要性的对象(企业实体)的活动,均由法院进行。

第11条　乌兹别克斯坦共和国国家生态环境保护委员会的权力

乌兹别克斯坦共和国国家生态环境保护委员会有权开展如下活动:

(1)生态、环境保护、自然资源合理利用和再生产等领域的公共管理;

(2)国家对遵守废物管理立法的控制;

(3)对关于保护和使用土地、底土、水域、森林、保护区、动植物群、大气保护的立法进行国家环境控制;

(4)协调生态和环境保护工作,确保部门间的相互作用,制定和实施统一的环境和资源节约政策。

乌兹别克斯坦共和国国家生态环境保护委员会可根据立法行使其他权力。

乌兹别克斯坦共和国国家生态环境保护委员会在活动中对乌兹别克斯坦共和国内阁负责。

在乌兹别克斯坦共和国国家生态环境保护委员会的权限范围内通过的各

项决定对国家和经济管理机构、地方政府机构、企业实体(无论所有权和部门隶属关系)和公民具有约束力。

三、乌兹别克斯坦共和国居民在自然保护领域的权利和义务

第 12 条 享有适宜生活的自然环境的人权和保护自然环境的义务

乌兹别克斯坦共和国居民有权生活在有利于其健康和子孙后代健康的自然环境中,保护其健康免受不利环境影响。

为此,乌兹别克斯坦共和国居民有权联合起来参加保护自然的公共组织,要求并获得有关环境状况和为保护环境所采取措施的信息。

乌兹别克斯坦共和国居民有义务合理利用自然资源,爱护自然财富,遵守环境要求。

第 13 条 公共环境协会的权力

在自然保护领域开展活动的公共协会的权力由其根据乌兹别克斯坦共和国立法通过的章程确定。

四、自然环境质量监管条例

第 14 条 自然环境质量的规范和标准

经济活动对自然环境的不利影响受到自然环境质量规范和标准的限制,这些规范和标准保障人类的生态安全以及自然资源的繁衍和保护。

在产业群建设,工业、农业的发展,城市和其他住区的建设和重建过程中,需符合环保要求。

第 15 条 环境标准的制定和批准

企业、组织和机构有义务制定环境标准和其他标准,规定环境的最大允许负荷。

环境标准由乌兹别克斯坦共和国国家生态环境保护委员会、乌兹别克斯坦共和国卫生部和乌兹别克斯坦共和国国家工业安全委员会根据其职权批准。

乌兹别克斯坦共和国立法规定,允许在农业中使用化学品。

五、自然资源的利用管理

第16条　自然资源的利用条件

在遵守环境立法、保护自然群落完整性、防止侵犯栖息地和野生动植物生长、防止侵犯其他自然资源使用者权利的前提下,允许使用自然资源。

第17条　土壤利用条件

土壤是由生命活动覆盖的、与植被覆盖层一起发挥作用的地壳表面肥沃层。

土壤可用于获得天然植物和栽培植物的产量而不降低其肥力。

必须清除和转移掉落在构筑物下方土壤的腐殖质层,以增加其他地方的土壤肥力。

第18条　底土和矿物资源的使用条款

允许使用底土和矿产资源,前提是:

(1)确保在开采过程中全面、经济地利用底土和矿产及相关自然资源,防止环境和底土污染;

(2)对在矿物开采时受到影响的土地进行开垦;

(3)仅在其自然再生的限度内使用可再生矿物;

(4)遵守底土和广泛矿产资源使用方面的既定规则;

(5)对矿床开发项目和矿物原料开采加工企业的新建、改建、扩建项目提出国家环境专门知识的积极结论;

(6)获得底土地块使用权许可证或规定底土地块使用的产量分成协议;

(7)堆放覆盖层和围岩、尾矿堆、废料堆时,确保将对环境的有害影响降至最小。

第19条　水域及水库的使用条款

在满足下列条件的前提下,可以使用乌兹别克斯坦共和国境内的地表水、地下水和海水:在自然循环中保持所需水量;确保其标准纯度;保护水生动植物群;防止水体污染;保持水体生态平衡;不会对作为景观要素的水库造成损害。

地方当局、林业和水管理机构有义务在河流形成区和沿海水体地带进行植树造林和重新造林,并确保其安全。

第 20 条 大气层的使用条件

乌兹别克斯坦共和国领土的空域被视为大气层。如果某一地区的空气质量不发生任何变化,其污染或损耗不超过既定标准,则可以使用空气层。

根据国际协定,各部委、企业、机构、组织和个人有义务减少并随后完全停止生产和使用对臭氧层有有害影响的化学品。

第 21 条 野生生物体的使用条款

包括森林、自由生活的动物和其他有生命的有机体在内的自然植物群被认为是生物界的一部分。

使用野生生物体的条件是:

(1)使其保持恢复能力;

(2)保护物种多样性和群落稳定性;

(3)防止生物污染环境。

第 22 条 废物管理条件

废物管理按照法律规定的方式进行。

废物所有者有责任进行环保的废物管理。对于在有关地区设置废物管理设施的决定由地方政府当局执行。

第 23 条 剥夺自然资源的使用权

系统地违反自然资源使用要求的使用者可能被剥夺使用自然资源的权利。

六、环境评估

第 24 条 国家生态专业评估

国家生态专业评估是在作出商业决策之前必须采取的环境保护措施。

国家生态专业评估按照乌兹别克斯坦共和国法律确定的方式进行。

第 25 条 国家生态专业评估的对象

国家生态专业评估的对象由法律规定。

禁止实施未经国家生态专业评估肯定的项目。

第 26 条 公共生态专业评估

公共生态专业评估由独立的专家小组在公共协会的倡议下自费或自愿

开展。

公共生态专业评估的结论本质上是建议性的。

七、环 境 控 制

第 27 条 环境监测

为了确保对环境及其资源状况进行观察、核算、评估和预测，乌兹别克斯坦共和国正在建立国家环境监测系统。

特别授权机构和导致环境状况恶化或可能导致环境状况恶化的企业、组织和机构对自然环境状况和自然资源使用情况进行监测。

特别授权机构以及特定企业、组织和机构有义务将其监测资料免费转交有关国家机构。

环境监测程序由乌兹别克斯坦共和国国家生态环境保护委员会制定，并经乌兹别克斯坦共和国内阁批准。

第 28 条 环境控制的主要任务

环境控制的主要任务是：

(1)防止、发现并制止违反环境保护和合理利用自然资源领域立法要求的行为；

(2)监测环境状况，查明可能造成环境污染、自然资源不合理利用和威胁公民生命健康的情况；

(3)确定计划中的、正在进行的经济活动和其他活动是否符合环境要求；

(4)保障法律实体和个人的权利和合法利益，使其履行在环境保护和合理利用自然资源方面的义务；

(5)向国家、其他组织及公民通报环境变化、环境状况预测情况、自然资源使用情况和所采取的适当措施；

(6)提高环境活动的效率，确保公民自治机构、民间非营利组织和公民参与执行国家和其他环境方案。

第 29 条 国家环境状况监测局

国家环境状况监测局旨在监测环境中发生的物理、化学和生物变化过程，监测大气、土壤、地表水和地下水的污染程度，以及环境污染对动植物群的影响，向感兴趣的组织和民众提供环境变化的最新和紧急信息，并对其状况进行预测。

自然环境状况的相关信息是公开的，其主要指标由国家生态和环境保护机构定期提供并公布。

国家生态和环境保护机构有义务立即向公众通报造成环境过度污染的事故和其他情况。

考虑到自然资源的数量、质量和其他特征，必须保持自然资源的数量、使用方式的性质和国家地籍图标注的情况。

对环境状况产生或可能产生不利影响的对象，进入环境的有害物质的种类和数量，废物的体积和组成也要接受监督并进行国家登记。

乌兹别克斯坦共和国内阁确定了国家环境状况监测局的组成及其组织和运作程序，自然资源国家地籍的维护程序，对环境产生有害影响的物体的国家登记程序。

第 30 条 环境控制领域的法律法规关系

与实施环境控制有关的法律关系，其环境控制主体行使权力受法律调整。

八、确保自然保护的经济措施

第 31 条 确保自然保护的经济机制

保护自然的经济机制规定如下内容：

（1）收取用于自然资源特殊利用，环境污染防治（包括废物处置）和其他类型对环境产生有害影响的费用；

（2）收取为保护环境安全，保护公民健康和环境免受损害，而回收废弃机动车辆与非机动车辆产生的费用（以下简称“回收费”）；

（3）在引进低费和资源节约型技术，开展具有环境和自然恢复效果的活动时，向企业、机构和组织和个人提供税收、信贷和其他优惠；

（4）对使用有害环境的技术和实施其他对环境有害活动的企业、机构、组织征收特别税；

(5)取得排放、排放污染环境物质或者从事其他有害环境活动的执照(许可证);

(6)给企业、机构、组织和公民施加责任,使受其干扰的自然环境恢复到良好状态;

(7)按照既定程序收取因自然对象损坏或毁坏而造成损害的金钱赔偿;

(8)未执行环境保护计划和措施,违反环境保护领域的法规、技术和其他立法要求的,根据主要生产活动成果,全部或部分剥夺官员或其他雇员发放的奖金和其他报酬;

(9)规定环境友好型产品的奖励价格和保费;

(10)对浪费和过度使用自然资源的自然资源使用者实行经济制裁,并对其节约和合理使用实行经济奖励;

(11)对国家、合作社、社会团体和其他企事业组织、团体的集体和职工个人,以及在环境保护和环境友好型产品生产方面取得最高成绩的人员,给予物质奖励。

乌兹别克斯坦共和国法律以及地方国家权力机构和行政机构的决定可为自然保护活动制定其他类型的经济奖励措施。

根据乌兹别克斯坦共和国立法以及地方政府和政府机构的决定,对自然保护活动实施经济奖励措施。

第32条　特殊自然管理和环境污染费用

自然资源特殊用途和环境污染费用包括使用自然资源的税费和其他强制性付款,使用费以及环境污染(排放、污染物排放和废物处理)赔偿金,自然资源保护和再生产费用。

考虑到自然资源的普遍性、质量、可再生性、可用性、复杂性、生产率、位置、废物回收与处置的可能性及其他因素和相应限制,自然资源使用的税率和包括租金在内的其他强制性付款额均应按法律规定的方式核定。

乌兹别克斯坦共和国内阁根据乌兹别克斯坦共和国国家委员会关于生态和环境保护的建议,核准环境污染赔偿金的数额。

自然资源保护和再生产的付款额由乌兹别克斯坦共和国内阁确定。

自然资源的使用费计入企业和自然资源使用者的产品(工程、服务)成本。

从法律实体的收入(利润)中收取环境污染补偿金以及超限(超标)和其他不合理特殊使用自然资源的补偿。

自然资源的使用、保护和再生产的费用由国家预算支付。

向环境排放污染物和处置废物的补偿款由生态环境保护和废物管理基金支付。

使用费的总额记入国库个人收入账户。

法律规定了自然资源专项使用费和环境污染补偿费。

支付自然资源使用费和环境污染赔偿费并不免除法律实体和个人采取环境措施和进行损害赔偿的义务。

第33条 生态、环境保护和废物管理基金

为了资助与生态和环境保护有关的活动,包括废物管理,生物资源的保护与再生产,开展生态学、环境保护和监测领域的研究活动,组织宣传和教育,对生态和环境保护领域的专家进行培训、再培训和高级培训,乌兹别克斯坦共和国国家生态环境保护委员会设立生态、环境保护和废物管理基金。

生态、环境保护和废物管理基金的设立和使用程序由乌兹别克斯坦共和国内阁决定。

第34条 环境保险

在乌兹别克斯坦共和国,如果因环境污染和自然资源质量下降而造成损害,将对企业、机构和组织的财产和收入以及公民的生命健康和财产实行自愿和强制保险。

乌兹别克斯坦共和国立法规定了环境保险的程序和条件。

第35条 环境保护制度中的激励措施

为了促进自然资源的合理利用,将通过以下方式进行环境保护:

(1)为实施合理利用自然资源和保护自然的措施的企业,机构,组织和公民提供税收优惠;

(2)提供短期和长期优惠贷款(贷款),用于确保执行合理利用自然资源和保护环境的措施;

(3)提高固定资产折旧率;

(4)将生态、环境保护和废物管理基金会的部分资金按合同约定转为企业、机构、组织和个人实施污染物减排措施的贷款。

九、环境突发事件

第36条　消除事故及其对环境的有害影响

发生事故时,企业、机构或组织有义务按照其紧急环境状况行动计划立即着手消除。同时,他们应立即通报事故情况及为消除事故采取措施,地方政府当局、环境和环境主管部门以及专门服务局,应消除这些事故的有害环境后果。

第37条　生态紧急与生态灾害区

生态紧急地区是指由于经济活动和其他活动,造成自然力、事故或灾难的破坏性影响而宣布的,包括水和大气空间在内的地区,其环境持续发生负面变化,威胁人类健康和自然生态系统以及动植物遗传基因的状况。

生态灾难地区是指自然环境已经发生或正在发生稳定的或不可逆转的变化,自然平衡和自然生态系统遭到破坏的地区。

宣布生态紧急地区或生态灾难地区的决定,应以法律规定的方式作出。

在环境突发事件和环境灾害地区,应暂停造成突发事件和环境灾害的工作,禁止从事对环境产生不利影响的活动(与公共服务有关的活动除外),采取措施恢复和改善环境。

第38条　对环境有害的情况

乌兹别克斯坦共和国国家生态环境保护委员会将在储存、运输和使用剧毒、高活性毒素、放射性等物质的过程中,造成环境污染威胁加剧、自然系统受损、危害人类健康和生命的情况列为一级危害。

如果在运输路线沿线的相关生产设施周围出现环境潜在危险情况,乌兹别克斯坦共和国国家生态和环境保护委员会的机构将制定特殊的法律制度。

十、经济活动和其他活动的环境要求

第39条　工厂、构筑物和其他设施的选址、设计、建造、重建、运营和清算

的环境要求

工厂、构筑物和其他设施的安置、设计、施工、改建、扩建及技术改造、运营和清算，必须符合环境安全要求，并采取环境保护措施。

企业、组织、机构和个人有义务引进无废和低废技术，减少废物产生，使其无害化、循环利用，并遵守其分类、储存、掩埋和处置的规定。

乌兹别克斯坦共和国内阁根据国家环境专业知识，就国家大型经济设施的开发和安置作出决定，这些设施的活动可能对环境产生重大有害的影响。

禁止调试不符合环境要求的设施。

第40条 处理放射性和化学物质的环境要求

企业、机构、组织和个人有义务在生产、储存、运输、使用和处置放射性和化学物质时，应遵守环境的要求、既定标准和规则，采取措施预防和消除使用这些物质的有害后果，立即通知辐射供应主管部门，并注意超过这些标准时的化学安全性。

在地方政府当局、国家卫生和矿业主管部门在国家生态专业知识的基础上达成一致时，允许处置放射性废弃物和化学物质。

第41条 保护自然免受噪声、振动、电磁场和其他有害物理效应的影响

地方政府当局和管理部门、企业、机构、组织和个人有义务采取措施，防止和消除有害工业噪声、振动、暴露于电磁场和其他具有有害物理效应的因素。

第42条 保护自然免受不受控制的有害生物影响

对自然产生或可能产生有害生物影响的企业、机构和组织有义务采取措施，防止和消除这种影响带来的后果。

仅在国家卫生监督机构作出肯定结论的情况下，才允许接收和使用新的微生物、病毒和细菌，以及将其输入乌兹别克斯坦共和国。

第43条 保护自然免受废物污染

在定居地、自然保护区、健康改善区、娱乐区、物质文化遗产占用地以及可能对公民生命和健康造成威胁以及可能对自然保护对象和自然保护区造成损害的地方，禁止储存和掩埋废弃物。

在特殊情况下，以符合保障公民生命健康安全、环境和自然资源安全要求的专项研究成果为基础，允许在底土中掩埋废弃物。

在国家生态专业知识的肯定结论下,进行垃圾填埋场的垃圾处理、掩埋和储存。

第 44 条 环境认证

如果未获得环境或卫生证书,以及偏离其中规定参数,则禁止其原料和材料的使用以及工艺流程的引进和成品(包括食品)的发布。在法律规定的情况下,还将进行环境认证。

环境认证的命令由乌兹别克斯坦共和国内阁批准。

十一、违反环境立法的责任、自然保护领域争端的解决

第 45 条 违反环境立法的责任

犯有下列罪行的人将承担违反环境立法的责任:

(1)违反自然保护的标准、规范、规则以及其他法规和技术要求的,包括在规划、建设、改建、运营或者清算企业、构筑物、车辆等设施的过程中,出口、进口危害环境的产品时违反领土既定生态容量和环境规范、规则的;

(2)擅自使用自然资源,不符合国家环境专业技术要求的;

(3)拒不支付自然资源使用费、环境污染补偿费和其他有害影响补偿费的;

(4)不履行自然保护设施建设规划和其他保护自然措施的;

(5)未采取措施恢复自然环境,消除对自然环境和自然资源再生产的危害后果的;

(6)不遵守国家对自然保护的控制和监督机构的指示的;

(7)破坏环境保护对象和违反自然保护区法律制度的;

(8)违反对自然环境有害影响规定的;

(9)在储存、运输、使用、处置和处置废物、化学药剂,以及放射性和有害化学品过程中违反环境要求的;

(10)妨碍在环境保护领域行使国家控制和监督职能的官员访问对象的,以及妨碍个人和公共环境组织行使其权利和义务的;

(11)根据乌兹别克斯坦共和国法律,拒绝及时提供关于环境状况及其资源使用情况的可靠信息,将承担纪律、行政、刑事和其他责任的。

第 46 条 限制、中止、终止和重新确定对自然环境产生有害影响物体的活动

如果对人的健康或生活条件、自然资源、自然保护区产生有害影响或这种影响出现了威胁，可限制、中止企业、组织、构筑物和其他对象的活动，如果无法消除有害影响产生的原因，可终止或重新确定其活动。

由国家当局和管理部门、环境和环境当局根据其权限决定是否限制、中止、终止、重新确定此类设施的活动并同时终止其融资。这些措施在司法程序中适用于企业实体，但因预防紧急情况、流行病和其他对人民生命和健康的实际威胁有关的活动暂停不超过 10 个工作日的情况除外。

第 47 条 对违反环境立法造成的损害进行赔偿的义务

对环境造成损害的企业、机构、组织和个人有义务依法进行包括利润损失赔偿在内的赔偿。

违反环境要求的责任人承担行政或刑事责任，并不免除他们对环境造成的损害进行赔偿的义务。

第 48 条 违反环境立法的责任

对不合理的特殊自然管理，向环境过量排放和超标排放污染物，企业、机构、组织和个人的废物处理，将根据乌兹别克斯坦共和国立法增加征税。

在适当情况下，根据地方政府机构、环境和环境保护机构的决定，可暂停对法律实体和个人经济活动的资助，直到消除这些违法行为为止。这一措施适用于法院审理的企业实体，但与预防紧急情况、流行病和其他对人口生命和健康的实际威胁有关的暂停经济活动融资不超过 10 个工作日的情况除外。

第 49 条 官员和其他雇员因违反环境立法而造成损害的责任

根据乌兹别克斯坦共和国法律，官员和其他雇员因其过失而使企业、机构和组织受到损害，并对环境、人民健康和财产以及国民经济造成损害进行赔偿的，应承担物质责任。

第 50 条 关于停止有害环境活动的索赔

法律实体和个人有权向法院提起诉讼，要求终止对环境、健康、人民财产和

国民经济造成损害的有害环境活动。

终止有害环境活动的法院裁决是终止对这些活动供资的基础。

第51条 自然保护领域的国际条约

如果乌兹别克斯坦共和国缔结的国际条约确立了本法或其他关于自然保护的规则,则适用该国际条约,除非乌兹别克斯坦共和国的立法规定了更严格的要求。

乌兹别克斯坦共和国矿产资源法

塔什干市

1994年9月23日

第2018—Ⅻ号

(《乌兹别克斯坦共和国最高委员会公报》,1994年,第10号,第252条。《乌兹别克斯坦共和国议会公报》,1997年,第2号,第56条;1998年,第5—6号,第102条;1998年,第9号,第181条;2000年,第7—8号,第217条)

第一部分 总 则

第1条 立法目的

本法的目的为规范对底土及矿产资源的使用与处置,以确保合理综合地利用底土,以满足矿物原料、地下水和其他需要,保护底土、自然环境和管理安全。在工程中使用底土,保护国家和公民的利益,以及保护底土使用者的权利。

第2条 矿产资源立法

底土及矿产资源的利用适用本法和其他立法规定。

卡拉卡尔帕克斯坦共和国的山区关系也适用卡拉卡尔帕克斯坦共和国立

法的规定。

与土地、地表水、动植物、因使用底土而产生的大气的使用和保护有关的关系，适用相关立法规定。

第3条 底土所有权

矿产底土是国家财产，是乌兹别克斯坦共和国的专属财产。

第4条 国家底土储备中心

国家底土储备中心包括已使用和未使用的底土区，以及人造地层（矿物原料开采和加工产生的废弃物）。

第5条 国际条约和协定

如果乌兹别克斯坦共和国的国际条约或协定对底土作出了乌兹别克斯坦共和国立法规定以外的规定，则应适用该国际条约或协定的规定。

第二部分 国家对矿业关系的调节

第6条 国家调整矿业关系的任务

国家调整矿业关系的主要任务是：

(1)确保矿产资源基地的开发；

(2)确定主要矿物类型的开采量和前景；

(3)确定底土使用费和某些类型矿物原料的价格；

(4)在地质研究和底土保护领域建立规范和规则，合理、综合利用矿产资源，安全开展与底土使用有关的工作；

(5)建立底土使用和保护、底土地质勘查和矿产资源合理利用的管理监督制度。

第7条 矿业关系领域的国家行政管理

矿业关系领域的国家行政管理由乌兹别克斯坦共和国总统、内阁、地方当局以及特别授权的国家机构执行。

矿业关系领域的特别授权的国家管理机构是国家自然保护委员会、工业和采矿安全监督机构、国家地质和矿产资源委员会，它们按照有关规定开展活动。

第8条　内阁在矿业关系领域的职权

内阁的职权包括:

(1)国家底土储备中心的处置;

(2)制定矿产资源基地开发、底土保护、矿产资源合理综合利用的国家规划,并对其实施进行控制;

(3)组织执行底土使用许可证制度;

(4)组织使用底土有关的工程的国家核算和国家登记;

(5)确定建立和维持国家地质信息基金的程序,处置以公共资金为代价获得的信息,资助底土使用工作的法人实体和个人收到的信息的使用;

(6)确定核准勘查储量的程序和维持国家矿产储量平衡、矿床的国家地籍、矿物和人造地层的表现、底土的监测;

(7)制定共同矿物清单;

(8)组织协调国家对底土使用和保护、底土地质勘查和矿产资源合理利用的控制和监督;

(9)确定收取底土使用权款项的程序和条件;

(10)规定将底土地块分配给外国法人和个人、外商投资企业进行地质勘查、采矿和加工矿物原料,以及建造和经营与开采矿物无关的地下设施的程序和条件;

(11)解决立法法规规定的矿业关系管理领域的其他问题。

第9条　地方当局在矿业关系领域的职权

地方当局在矿业关系领域的职权包括:

(1)参与在其领土上制定和实施国家矿产资源基地开发、底土保护、矿产资源合理综合利用的国家规划,并对其实施进行控制;

(2)提供土地分配;

(3)控制和监督底土的使用和保护;

(4)在违反本法要求的情况下,暂停使用底土的工作。

第三部分　底土的使用

第 10 条　底土使用类型

底土供以下用途使用:

(1)地质研究;

(2)采矿;

(3)建造和经营与开采矿物无关的地下设施,包括储存石油、天然气、其他物质和材料、处置有害物质、放射性废弃物和工业废料的设施;

(4)采集宝石原料样品、古生物遗骸及其他地质采集材料;

(5)确保其他的国家和公共的需要。

第 11 条　底土使用者

底土使用者可以是法人实体和个人。

第 12 条　底土使用期限

地下资源的使用可以是无限的。

没有预定期限的底土的使用被认为是无限期的。

底土在许可证规定的期限内提供定期使用。如有必要,这一期限可以延长。

底土使用期限自授予该使用权之日起计算。

第 13 条　地质勘查的准备

地质研究底土是按照既定程序批准的基于地质研究项目提供的。

底土地质研究工作的国家登记和占用地块许可是开展底土地质研究工作的基础。

外国法人、外商投资企业按照法律规定进行地质勘查底土活动。

第 14 条　提供用于采矿和其他目的的底土

用于采矿和其他目的提供底土,以及成因地层,可根据特别许可证(许可证)使用。

开发需要许可证的矿产资源类型清单、底土使用权许可证发放程序以及采矿租约发放程序由内阁确定。

该许可证证明其所有人有权设计与底土使用有关的企业,获得采矿租约,并在此基础上按照许可证规定的条件和要求,在一定底土地区开采矿物、使用人造地层、建造和经营与开采矿物、处置有害物质、放射性废弃物和废弃物生产无关的地下构筑物。

允许向法人实体和个人同时颁发几种类型底土使用许可证。

许可证是底土使用的基础。

核发底土使用权许可证是准予土地核配的基础。土地核配的规定是根据土地立法进行的。

采矿分配由工业安全和采矿管理局提供。

对于按照矿床试验和工业发展许可证提供使用的底土地块(石油和气藏除外),开采淡水地下水,采集宝石原料样品、古生物遗骸和其他地质采集材料,不需要额外区划。

资助地质勘查工作的法人和个人,有取得勘查矿床开发许可证的专有权利。

第 15 条 为家庭和家庭需要使用底土

土地所有人和土地使用者有权使用提供给他们的地块内的底土,无须按照法律规定的方式提供许可证,以便为其经济和生活需要开采广泛的矿物、地下水和建造地下构筑物。

第 16 条 国家生态鉴定

与使用底土和加工矿物原料有关的工程项目须满足国家生态鉴定要求。

不需要国家生态鉴定的目录清单由国家自然保护委员会批准。

第 17 条 限制使用底土

在定居点,郊区绿化区,工业设施、运输、通信区域,地下水取水口及其缓冲区以及其他特别保护区的既定边界内,某些底土地块的使用可能受到限制或禁止。

第 18 条 底土使用者的基本权利和义务

底土使用者有权使用下列对象:

(1)按照土地法规定的方式进行底土地质勘查的地块;

(2)其活动的结果,包括收到的有关底土的资料,以及提取的矿物原料。在某些情况下,内阁可为处理所提取的矿物原料临时建立特殊条件;

(3)在矿物原料的开采和加工过程中获得的技术成因地层,除非许可证另有规定。

底土使用者的义务包括如下方面:

(1)按照预定目的使用底土;

(2)根据项目实施底土使用工程;

(3)地质研究的完整性,底土的合理、综合利用和保护;

(4)防止对矿床富集区的选择性开采、矿物原料提取和加工过程中矿物的过量损失;

(5)核算储量、损失和矿物贫化的状况和移动情况,以及及时重新计算、核准储量和注销储量;

(6)保存和核算附带开采但暂时未使用的矿物;

(7)观察取水口和邻近地区的地下水状态;

(8)立即将地下水状况的变化通知对地下水保护行使控制权的机构;

(9)安全开展与使用地下资源有关的工作,制订应急反应计划;

(10)保护自然环境、建筑物和构筑物免受与使用底土有关的工作的有害影响;

(11)维护底土使用过程中的地质、矿山勘测和其他文件及其安全;

(12)向国家地质矿产委员会下属的国家地质基金(以下简称国家地质基金)提交有关底土的资料以及关于矿产储量及其组成部分的状况和移动情况的数据;

(13)使底土使用过程中受到扰动的地块恢复到适合其进一步使用的状态;

(14)及时支付底土使用费。

第19条 终止底土使用权的理由

下列情况下,底土使用权终止:

(1)规定期限届满;

(2)使用者放弃底土使用权;

(3)向其提供底土供其使用的企业或其他企业实体的清算。

在下列情况下,底土使用权可充分终止、中止或限制:

(1)出现对雇员和人口的生命或健康以及环境状况的明显威胁;

(2)如果底土使用者在 1 年内未开始使用底土;

(3)系统地不支付底土使用费;

(4)底土使用者违反许可证的基本条款;

(5)因其他情况或公共需要而收回底土地块的;

(6)不遵守本法第 24 条、第 30 条、第 33 条规定的。

土地所有者和土地使用者在违反该法律规定的情况下,可能被剥夺底土使用权。

第 20 条　底土使用权的终止

底土使用权因许可证和有关部门颁发的采矿配给证的注销而终止。

第 21 条　底土使用者权利的保护

除法律规定的情况外,不允许政府机构和地方当局干涉底土使用者的活动。

关于中止、限制或终止底土使用权决定的有效性的争议,以及对损失的赔偿,由法院审议。

被侵犯的权利可按法律规定的方式予以恢复。因不正当中止、限制或终止底土使用权而给底土使用者造成的损失,应全额赔偿,包括损失的利润。

第 22 条　底土使用费

底土使用是有偿的,但本法第 23 条规定的情形除外。

该费用是对底土的使用以税收的形式征收的。其数额、计算和支付程序以及福利由法律规定。

第四部分　底土地质研究

第 23 条　底土地质研究的基本要求

进行地质勘查的底土使用者有义务保证:

(1)对底土、采矿、技术、地质、开发已勘探矿床的经济和其他条件进行的地质研究的完整性，为建造和运营与开采矿物无关的地下构筑物提供的底土地块，以及为处置有害物质、放射性废弃物和废弃物生产提供的底土地块；

（2）确定基本矿物和连同这些矿物在内的地下矿物及其所含成分、成因地层的数量和质量的可靠性，研究覆盖层和围岩的性质，以便用于生产和开展土地开垦工作，对矿物原料进行辐射和卫生评估；

（3）采取避免矿产质量下降及不合理损失的方法和方式进行底土地质研究；

（4）研究和选择放置从内部提取的岩石和矿物的地点，排除其对环境的有害影响；

（5）可用于矿床开发和其他生产、经济目的探矿作业和井眼的安全，不允许使用的作业和井眼按规定的方式清理；

（6）地质和执行技术文件、岩石和矿石样本、岩芯样本、矿物复样的安全，这些材料可用于进一步研究底土、矿床的勘查和开发，以及将底土用于与开采化石无关的目的；

（7）使受干扰的土地达到适合其进一步使用的状态。

第24条 为工业发展转让已勘查的矿床

只有已勘查的矿床或其矿床区域，其矿床储量已按既定程序核准，才可转让用于工业发展。

尚未制定有效的富集和加工技术方案、供水和废弃物储存问题尚未解决的已勘探矿床应予以养护，不转移到工业发展上。

第25条 矿床的发现者

发现、勘查以前未知的具有工业价值的矿床，以及在以前已知的矿床中发现额外的矿床或新的矿物原料，显著增加其工业价值的人，被认定为发现者。

矿床发现者有权获得报酬。支付报酬的程序由内阁决定。

第26条 底土信息所有权

地质报告、地图和其他材料中所载的有关底土地质结构、其中的矿物、其技术性质和其他性质、有关矿床开发条件的信息，都是为工程提供资金的客户的财产。以国家财政预算内资金或预算外资金为矿产资源基地提供的再生产资金,以及底土使用者自有资金取得的底土资料,应按规定的形式无偿报送国家地质基金核算、保管、整理。国家地质基金确保传入信息的保密性。

使用底土资料的程序和条件由内阁确定。

底土信息所有权受法律保护。

第五部分　与底土使用有关的企业设计

第 27 条　企业设计特点与底土的使用有关

开采矿物和加工矿物原料的企业以及与开采矿物无关的地下构筑物的设计,是根据核准的储量和对拟议建筑地点底土的研究进行的,同时考虑技术安全和该地区的生态状况。

只有在有地质、工程地质、水文地质和其他资料证明有可能进行处置的情况下,才允许设计与处置有害物质、放射性废弃物和工业废料有关的地下构筑物。

第 28 条　企业设计有关底土使用的基本要求

建设矿物开采和矿物原料加工企业的项目应规定如下内容:

(1)规划企业的生态和经济合理性;

(2)矿床开发的方法和系统,确保完整、全面和经济上可行地从主要矿床和地下矿床中开采矿床,并确保工人和居民的安全;

(3)合理使用覆盖层,并考虑到岩石的性质和土地复垦的要求,合理布置覆盖层;

(4)储存、核算和保存偶然开采但暂时未使用的矿物和人造地层;

(5)地下构筑物施工运营过程中暴露底土的地质研究;

(6)环境影响评估;

(7)生产废料的最完全利用;

(8)有害物质、放射性和其他工业废料、含有害物质废水的处理、中和、利用、掩埋和暂存方法,确保防止污染环境;

(9)采取措施,将有害物质、放射性废弃物和工业废料、废水置于严格界定的边界内,确保防止它们渗入邻近的底土地区、地下水、地球表面和大气层。

第六部分　矿床开发、矿物原料加工和安全工作的基本要求

第29条　矿床开发和矿物原料加工的基本要求

矿床的开发是根据采矿企业核准的项目、采矿作业发展计划、石油、天然气和地下水矿床开发项目和方案以及在矿业关系领域与特别授权的国家管理机构商定的技术操作规则进行的。

在开发矿床和加工矿物原料时，必须提供下列资料：

(1)防止正在进行的采矿作业对已开发的和邻近的矿床及其他底土区域造成损害，并保护底土中保存的矿物储备；

(2)对岩石位移、地表变形、建筑物、构筑物、岩架和采石场边的稳定性等进行仪器观测；

(3)核算和控制矿物原料加工各阶段有用成分的分布和提取程度；

(4)遵守本法第18条第二部分、第28条和第29条的规定。

第30条　与底土使用有关的企业的清算和养护

在下列情况下，矿物开采企业或其部分以及与矿物开采无关的地下构筑物应全部或部分清算和(或)养护：

(1)底土使用期限届满；

(2)提前终止底土使用权；

(3)在缺乏增长前景和不可能使非平衡储量投入使用的情况下，已充分开发矿物的平衡储量；

(4)矿床或其区段存在进一步开发的经济不利因素；

(5)出现洪水威胁或破坏矿井作业的情况以及与开采矿物无关的地下构筑物，而防止这种情况在技术上是不可能的或在经济上是不利的；

(6)不再需要使用与使用底土无关的地下构筑物。

开采矿物的企业或其部分，以及与开采矿物无关的地下构筑物的清算和(或)养护，按照法律规定的程序进行。

在清算过程结束和养护期间，底土使用者根据许可证和本法承担使用底土的所有义务和全部责任。

第 31 条　确保与使用底土有关的工作的安全进行

在开采矿物的企业以及与开采矿物无关的地下构筑物的建造、改建和运营过程中,进行底土地质研究工作和其他与底土利用有关的工作时,必须确保工人、人口和周围自然资源的安全。

确保与使用底土有关的安全工作条件的责任在于企业负责人。

第 32 条　确保与底土使用有关的工作安全进行的基本要求

确保与底土使用有关的安全条例的主要要求是:

(1)研究和执行安全作业的规范和规则,以及计划和执行预防和消除事故的措施;

(2)允许受过特殊训练和有特殊资格的人作业;

(3)为采矿、钻探和其他工作的雇员提供特殊服装、个人和集体防护设备;

(4)使用符合安全卫生标准和法规要求的机器、设备和材料;

(5)爆炸物和引爆手段的衡算、妥善储存及其正确和安全使用;

(6)进行综合地质、矿山勘测和其他观测,以必要和充分地确保工作的技术周期和预测危险情况;

(7)系统监测矿井大气状况、氧气、有害和爆炸性气体及粉尘含量;

(8)及时补充技术文件和应急反应计划,并提供具体说明安全作业区边界的数据;

(9)设计符合固体矿床开发的制度,制定油气田和地下水田开发建设的项目和技术方案。

如果底土的使用状况对人们的生命和健康造成危险,则禁止进行与底土使用有关的工作。

第 33 条　防止和消除露天石油和天然气喷泉的矿山救援单位和服务

组成矿山救援单位,提供防止和消除露天油气喷泉的服务,为底土使用者服务。

第 34 条　地方当局和底土使用者在消除事故中的义务

地方当局以及与使用底土有关的企业发生事故时对底土使用者有义务提供车辆、材料和设备、通信和药品,并提供其他类型的援助以消除事故。

第七部分 底土的使用和保护

第35条 底土合理利用与保护的基本要求

合理利用和保护底土的主要要求是：

(1)遵守法律规定的准予使用底土的程序,防止未经许可使用底土；

(2)确保地质勘查的完整性,底土的合理、综合利用和保护；

(3)禁止在矿区以外开发矿床和以与开采矿物无关的目的使用底土；

(4)确保从矿区内部完整地提取出主要的矿床,以及地下矿物质和相关成分；

(5)可靠核算主要储量所在地内部的可采和存留情况,并联合清除矿床开发过程中的下层的矿物和伴生成分,以及矿物原料加工过程中的有用成分；

(6)确保合理和全面地从提取的矿物原料中提取具有工业重要性的成分；

(7)保护矿床不受损耗、污染、洪水、灌溉、火灾和其他降低矿床质量和工业价值或使矿床开发复杂化的因素的影响；

(8)在与使用底土有关的工作期间,特别是在地下储存石油、气体或其他物质和材料、处置有害物质、放射性废弃物和工业废料期间注意防止底土污染；

(9)遵守采矿企业的清算和与采矿无关的地下构筑物的养护既定程序；

(10)防止不合理和未经授权开发矿床；

(11)防止工业和生活废弃物在集水区和用于饮用水或工业用水供应的地下水的产生地点积聚；

(12)防止与使用底土有关的工作对矿床,作业的、保存的矿山巷道,井眼和地下构筑物的安全产生有害影响；

(13)确保雇员和公众的安全,保护自然环境免受与使用底土有关的工作的有害影响。

第36条 矿产赋存区的开发条件

只有在接收到关于即将进行开发的地点的地下深处没有矿物的数据后,才允许设计和建造定居点、工业产区和其他经济设施。

在例外情况下,经与矿业关系领域国家特别授权的管理机构达成协议,允许开发矿产地(普通矿产地除外)和在矿产地建造与开采矿产地无关的地下构筑物,但条件是可以从内部开采矿产地。

矿产广泛分布的地区的发展规划,以及在矿床地建造与开采矿床无关的地下构筑物,只有经地方当局许可,并在矿业关系领域获得国家特别授权的管理机构同意结论后,才被允许。

如工程项目位于核准的发展及规划项目所界定的界限内,则无须作出此结论。

在特殊情况下,可由内阁作出决定,在矿床地建造大面积的广泛矿床区,并在矿床地建造与开采矿床无关的大型地下构筑物。

第 37 条　矿床相邻地区开发的条件

未经矿业关系领域国家特别授权的管理机构同意,不得开发以下区域:

(1)可用于采矿作业的与矿床相邻的区域;

(2)与矿床相邻的地区,可能受到爆破作业的危害和有害影响,或在这些矿床开发过程中形成滑坡。

第 38 条　保护具有特殊科学或文化价值的底土地区

具有稀有的地质露头、矿物层、古生物物体和其他具有特殊科学或文化价值的底土地区,可按规定的方式宣布为国家保护区或自然、文化古迹。禁止开展任何违反保护这些保护区和古迹的活动。

如果在使用底土时发现稀有的地质露头和矿物层、陨石、古生物、考古和其他对科学和文化有意义的物体,底土使用者有义务暂停在有关场地的工作,并将此情况通知相关国家机构。

对国家自然保护区、自然或文化古迹具有特殊科学、文化价值的底土地块,依法征收。

第八部分　与使用底土有关的工程的国家核算

第 39 条　底土地质研究工作的国家核算和国家登记

底土地质勘查实行国家核算、国家登记。

国家登记和国家登记工作由国家地质基金进行。

未经国家登记,禁止开展底土地质研究工作。

第 40 条　提供使用的底土地块的国家核算和国家登记

为开采矿物、建造和运营地下构筑物以及与开采矿物无关的其他目的而提供的底土地块,必须按照内阁确定的方式按照统一制度进行国家登记。

第 41 条 矿床、矿点和成因地层的国家地籍图

关于矿床、矿点和技术成因地层的国家地籍图应载有每一矿床的资料，包括说明其主要矿物及其地下矿物储量和质量及其所含成分，矿床开发的采矿、技术、工艺、水文地质和其他条件及其地质和经济评估，以及关于矿物每种表现形式的资料。

对于人造地层，地籍图必须载有关于每一储存物体的资料，说明人造地层的类型或类型，表明其定量和定性指标以及采矿和技术储存条件。

矿床、矿点和技术成因地层的国家地籍由国家地质基金管理。

第 42 条 国家矿产储量平衡

维持国家矿产储量平衡必须掌握工业重要矿床的各类矿产的储量、质量和勘查程度，矿床的位置，工业发展程度，生产、损失情况和为工业提供探明储量的情况。

国家矿产储量平衡由国家地质基金维持。

第 43 条 矿产储量审批

已勘查矿床的矿产储量，以及在矿床开发过程中追加勘查的矿产储量，须经批准。

根据矿物原料的种类、数量和质量，矿床的储量由内阁下属的国家矿产储备委员会或国家地质和矿产资源委员会下属的中央矿产储量委员会批准。

第 44 条 矿产储量核销

提取的矿产，以及已失去工业意义、在开采过程中流失、在下一步地质勘查工作或野外开发时未确认的矿产储量，在适当变更国家矿产储量平衡的情况下，从矿产储量中核销。

对已失去工业价值或者在以后的地质勘查、野外开发中未得到确认的矿产储量，由矿产储量审批机构根据国家地质矿产委员会、工业安全生产监督监察机构和矿山监察机构的结论，从底土用户账户中核销。

对开采过程中提取和流失的矿产资源的用户账户核销，由工业和采矿安全监督机构进行。

第 45 条 底土监测

底土监测是对底土状态进行监测的系统，以及时发现变化、评估变化、预防

和消除负面过程的后果。监测的结构、内容和程序由内阁确定。

第九部分　国家对矿产资源的利用和保护的监督管理,矿产资源的地质研究

第46条　国家对底土利用和保护、底土地质勘查和矿产资源合理利用的监督管理任务

国家对底土的使用和保护、底土的地质研究和矿产资源的合理利用进行控制和监督,其任务是确保所有底土使用者遵守规定的底土使用程序,底土使用和保护领域的立法、规范和规则,底土的地质研究、安全工作的要求,防止和消除其对人口、环境、建筑物和结构的有害影响以及维持国家核算和报告的规则。

第47条　对底土的使用和保护、底土的地质研究和矿产资源的合理利用实施国家管理和监督的机构

国家对底土的使用和保护、底土的地质勘查和矿产资源的合理利用的控制和监督由地方当局以及矿业关系领域国家特别授权管理机构按照法律规定的方式进行。

第48条　对底土使用和保护的部门控制

对底土使用和保护的部门控制由底土使用者的地质、矿山勘测或技术服务部门进行。

关于地质和矿山勘测服务的示范条例由内阁批准。

第十部分　解决底土的使用和保护问题上的争端违反矿山法规的责任

第49条　关于底土使用与保护争议解决

关于使用和保护底土的争端由法院审理。

第50条　违反底土法的责任

违反底土立法的主体将依法承担责任。

Part 6 第六编

乌兹别克斯坦共和国知识产权法律选编

第一节 概　　述

乌兹别克斯坦共和国有关知识产权保护的法规有:《乌兹别克斯坦共和国发明、外观设计及工业品外观设计法》《乌兹别克斯坦共和国商标、服务标志及商品原产地名称法》《乌兹别克斯坦共和国计算机程序及信息库法律保护法》《乌兹别克斯坦共和国微型集成电路拓扑图保护法》《乌兹别克斯坦共和国育种成果法》等。其核心内容是规定知识产权法律保护及使用方面的关系,专利权申请、鉴定及证书发放程序,专利保护及利用等。按照乌兹别克斯坦共和国有关知识产权的法律规定,对知识产权侵权行为按照《乌兹别克斯坦共和国行政责任法》和《乌兹别克斯坦共和国民法典》的有关规定处理。《乌兹别克斯坦共和国行政责任法》第177条规定,如果发生侵权行为,对责任人和领导人分别处以1—3倍及3—5倍最低工资的罚款。

本编收录的《乌兹别克斯坦共和国商标、服务标志及商品原产地名称法》于2001年8月30日起颁布施行,共38条。该法规定了商标、服务标志和商品原产地名称的法律保护和适用,还详细规定了商标、服务标志和原产地名称的定义、法律保护,知识产权局的权限，商标、原产地名称和原产地名称使用权的注册申请，申请注册商标、原产地名称和原产地名称使用权的要求，不得作为商标注册的名称，不得作为原产地名称注册的名称，商标的优先权，国家对商标、原产地名称使用权注册申请的审查，对商标、原产地名称和原产地名称使用权注册申请的正式审查，对国家审查结果提出上诉，转让或撤回商标、原产地名称和（或）原产地名称使用权的注册申请，登记信息的公布，商标证书和原产地名称使用权证书，商标证书和原产地名称使用权证书的有效期，商标证书和原产地名称使用权证书有效期的延长，商标证书和原产地名称使用权证书的修改，对商标证书或商品原产地名称使用权证书无效的认可，撤销原产地名称注册、终止商标证书或者原产地名称使用权证书，商标专用权，商标的使用，原产地名称的使用，商标权的转让，商标所有人于法人重组时的商标转让，商标重新注册的条件，驰名商标及其法律保护，专利费，专利代理人，争议解决，违反商标和原产地名称法律的责任。该法详细全面地规范了商标、服务标志和原产地名称领域的相关内容，内容翔实，体系框架鲜明，对于乌兹别克斯坦共和国商标、服务标志和原产地名称的申请注册、审查、转让或者撤回，证书的发放、使用权证书的修改、有效期等都做了详细规定，对于侵犯商标、服务标志和原产地名称使用权的所有权人利益追求相应法律责任。

第二节　法律文本

乌兹别克斯坦共和国商标、服务标志及商品原产地名称法

塔什干市

2001年8月30日

第267—Ⅱ号

（《乌兹别克斯坦共和国议会公报》，2001年，第9—10期，第178条；2002年，第9期，第165条。《乌兹别克斯坦共和国法律汇

编》,2007 年,第 37—38 期,第 379 条;2011 年,第 52 期,第 555 条;2013 年,第 1 期,第 1 条;2017 年,第 16 期,第 265 条;第 37 期,第 978 条。国家法律数据库,2020 年 1 月 7 日,第 03/20/600/0023 号;2020 年 10 月 5 日,第 03/20/640/1348 号)

第 1 条 本法的目的

为了调整商标、服务标志和原产地名称的法律保护和使用领域的关系,制定本法。

第 2 条 关于商标、服务标志和原产地名称的法律

关于商品商标、服务标志和原产地名称的法律由本法和其他法律组成。

如果乌兹别克斯坦共和国签订的国际条约规定的规则与乌兹别克斯坦共和国关于商品商标、服务标志和原产地名称的法律规定不同,优先适用国际条约。

第 3 条 商标和服务标志

商标和服务标志(以下简称商标)是以规定方式注册的名称,用于区分某些法人和个人的商品和服务(以下简称商品)与其他法人和个人的类似商品和服务。

商标既可以是个人的,也可以是集体的。

个人商标是独立的法人或个人拥有的商标。

集体商标是由法人和(或)个人组成的协会的商标,旨在指定由他们生产和(或)销售的具有相同质量或其他共同特征的商品。

以任何颜色或颜色组合的图形、文字、形状标志和其他名称或其组合都可注册为商标。

第 4 条 商标的法律保护

根据本法以及乌兹别克斯坦共和国的国际条约规定的方式,对商标提供法律保护。

商标可以以从事企业活动的法人或自然人的名义注册。

第5条 商品原产地名称

商品原产地名称是指用于指定某一产品的国家、聚居区、地方或其他地理对象(以下简称地理对象)的名称,其特殊属性完全或主要由特定地理对象特有的自然条件、其他因素或自然条件与这些因素的组合所决定。

第6条 原产地名称的法律保护

根据本法以及乌兹别克斯坦共和国的国际条约规定的方式,对商品原产地名称提供法律保护。

商品原产地名称可以由位于特定地理位置的一个、多个法人或个人注册,其名称用于指定其生产的货物。

注册了产品原产地名称的人,如果该人生产的产品的特殊属性完全或主要由特定地理对象的自然条件或其他因素决定,或由自然条件和这些因素的组合决定,则该人获得该产品的使用权。

以本法规定的方式注册的商品原产地名称的使用权可以授予位于同一地理区域并生产具有相同特殊性质的商品的另一个法人或个人。

第7条 国家授权机构

在保护商品的商标和原产地名称领域的国家授权机构是乌兹别克斯坦共和国司法部下属的知识产权局(以下简称该局)。

经办机构的职权包括以下方面:

(1)参与制定和实施商品商标和原产地名称领域的统一国家政策;

(2)受理商标、商品原产地名称和商品原产地名称使用权的注册申请,对其进行国家审查;

(3)办理商标、商品原产地名称和商品原产地名称使用权的注册,以及商标权转让协议;

(4)维护国家商标登记册和国家商品原产地名称登记册(以下简称登记册),以及乌兹别克斯坦共和国驰名商标名单(以下简称驰名商标名单);

(5)颁发商标证书和原产地名称使用权证书;

(6)发布关于商标注册和授予商品原产地名称使用权的官方信息,以及关于在乌兹别克斯坦共和国被认定为知名商标的信息;

(7)依法行使其他权力。

第8条 商标、原产地名称和原产地名称使用权的注册申请

商标、原产地名称和原产地名称使用权的注册申请,由法人或者个人(以下简称申请人)通过国家信息系统向经办机构提交。

集体商标的注册申请是以法人和(或)个人组成的协会的名义,根据其参与者关于使用集体商标的协议提出的。

商标、原产地名称和原产地名称使用权的注册申请日期以经办机构收到申请的日期为准。

一份列出了几种商品的商标注册申请,在申请人的要求下,可以分成两个或更多,但必须保持原申请的提交日期。

以前受乌兹别克斯坦共和国国际条约保护的商标的注册申请,按照经办机构规定的方式提交。

第9条 申请注册商标、原产地名称和原产地名称使用权的要求

商标、原产地名称和原产地名称使用权的注册申请必须与某一商标或原产地名称有关。

该申请必须包含:

(1)申请将名称注册为商标,原产地名称或使用原产地名称的权利;

(2)所申请的名称的图像;

(3)申请商标注册的商品清单,按照《商标注册和服务的国际分类》进行分组;

(4)申请注册商品原产地名称或商品原产地名称使用权的商品种类名称,说明其在地理对象范围内的生产地点以及对其特殊属性的描述。

该申请必须附有以下文件:

(1)确认缴纳专利申请费用的文件;

(2)在通过专利代理人提出申请的情况下,由申请人出具的委托书;

(3)证明申请人位于规定的地理位置并生产的商品,其特殊性质与该地理位置特有的自然条件或其他因素或自然条件与这些因素的结合有关的文件;

(4)确认外国申请人有权在商品原产国使用所申报的原产地名称的文件。

提交商标、原产地名称和原产地名称使用权注册申请所需文件的要求由经办机构制定。

第 10 条　不能作为商标注册的名称

以下名称不能作为商标注册：

(1)国徽、国旗、国家奖励的图像和名称。

(2)国家正式名称、国际或政府间组织的简称或全称。

(3)官方管制、保证和检验标志、印章。

(4)在乌兹别克斯坦共和国使用的公共服务标志和标志的图像。

(5)不具显著性的名称。

(6)已普遍用作某种商品名称的名称。

(7)作为普遍接受的符号和术语的名称。

(8)对商品的类型、质量、数量、性质、用途、价值以及生产或销售的地点和时间等特征的标识。

(9)虚假的制造商或者可能误导消费者的制造商的名称。

(10)在形式上表明货物的真实生产地,但使人误以为商品来自另一地区的名称。

(11)代表或包含识别矿泉水、葡萄酒或烈酒的地名的名称,以指定非原产于某地的商品,或它们被翻译成或与“种类”“类型”“风格”等词结合使用。

(12)违背社会利益、人类原则和道德的名称。

(13)相同或相似的名称：

与先前在乌兹别克斯坦共和国以他人名义注册或申请注册的商标,以及根据乌兹别克斯坦共和国的国际条约未经注册而受到保护的商标,或在同种商品上具有较早的优先权的商标有相同或相似的名称。

在任何商品上使用其他人的商标,并以规定的方式确认为知名商标。

与根据本法受保护的商品原产地名称有关,但将其作为未受保护的元素纳入以有权在任何商品上使用该名称的人的名义注册的商标的情况除外。

具有按照既定程序注册的认证标志。

(14)相似或相同的名称：

①在乌兹别克斯坦共和国境内已知的品牌名称(或部分品牌名称),属于在收到与类似商品有关的商标申请之日前已获得这些名称的权利的其他人士;

②工业设计的名称,其在乌兹别克斯坦共和国的权利属于其他人;

③在乌兹别克斯坦共和国境内已知的科学、文学和艺术作品名称、其中的文字或未经版权持有者或其继承人(继承人)同意的引文、艺术作品或其片段;

④如果名人的名字属于乌兹别克斯坦共和国的历史和文化遗产,则不得未经名人、其继承人或国家机构的同意,使用名人的姓氏,名字,化名及其衍生词、肖像和传真。

本条第1款第1—4项规定的名称,经有关国家机构或其所有人同意,可以作为不受保护的内容列入商标;本条第1款第5—8项规定的名称,如果在商标中不占支配地位,可以作为不受保护的内容列入商标。

本条第1款第5—8项规定的名称可以被允许注册,只要这些名称由于其使用而实际获得了可区分性。

对与本条第1款第13项第2目和第3目所示商标相似的名称,经商标所有人同意,可以允许注册。

第11条 不得作为原产地名称注册的名称

下列名称不得作为原产地名称注册:

(1)地名使消费者对商品的产地产生误解;

(2)在形式上表明商品的真实产地,但让人误以为产品来自另一地区的;

(3)含有与商品生产地无关并在乌兹别克斯坦共和国作为某一类商品的名称而普遍使用的地名。

第12条 商标的优先权

商标的优先权自向经办机构提出商标注册申请之日起确立。

如果加入《保护工业产权巴黎公约》的国家收到商标注册申请后的6个月内批准了商标注册申请,那么商标的优先权可以通过在该国家提交第一份商标注册申请的日期来确定(公约优先)。

在加入《保护工业产权巴黎公约》的国家之一的领土上举办的官方或官方认可的国际展览会的展品上使用的商标的优先权,如果经办机构在公开展出该展品之日后的6个月内收到商标注册申请,则展览优先权自该展品公开展出之日起确定。

要求享有展览优先权的申请人,必须在提交商标注册申请时或在该机构收到申请后的2个月内说明,并附上必要的文件确认该要求的合法性,或在该机构收到商标注册申请后的3个月内提交这些文件。

商标注册申请分案的,各申请的优先权应以原申请的优先权日期为准。

商标的优先权可以根据乌兹别克斯坦共和国的国际条约保护的商标的优先权日期来确定。

第13条　国家对商标、原产地名称和原产地名称使用权注册申请的审查

国家对商标、原产地名称和原产地名称使用权注册申请的审查由该机构进行,包括正式审查和对申报名称的审查。

在国家对商标、原产地名称和原产地名称使用权注册申请的审查期间,申请人有权主动更正、澄清或补充申请材料中不改变申请实质的信息。

在国家对商标注册申请作出决定之前的审查期间,申请人有权将初始申请分成两份或更多的申请,在各申请之间分配初始申请中所列的商品。

在国家审查过程中,该机构有权要求申请人提供补充材料,没有这些材料就无法进行审查。

应国家审查的要求,必须在向申请人发送请求之日起3个月内提交补充材料。根据申请人的要求,这一期限可以延长,但不超过6个月。如果申请人没有在规定的时间内提交所要求的补充材料或延长提交时限的申请,应视为撤回申请。

申请人错过的期限可由该机构根据申请人的要求恢复,最迟在期限届满后2个月内提出。

第14条　对商标、原产地名称和原产地名称使用权注册申请的正式审查

对商标、原产地名称和原产地名称使用权注册申请的正式审查,应在向该机构提交申请之日起30日内进行。

在正式审查期间,将检查商标、原产地名称和商品原产地名称使用权注册申请的内容、必要文件的可用性,以及它们是否符合既定要求。根据正式审查

的结果，申请人将被告知该机构接受申请或拒绝申请的决定。

第 15 条 对所申报的名称进行审查

对申报指定的审查由该机构根据关于接受商标、原产地名称和(或)原产地名称使用权注册申请的决定进行，审议时间为自申请之日起 7 个月，但不早于 6 个月。

在审查商标时，以及在审查原产地名称和(或)授予原产地名称商品使用权时，要检查申报的指定是否符合本法第 3 条第 1 款和第 10 条的规定(第 10 条第 1 款第 14 项除外)，以及是否符合本法第 6 条和第 11 条。

经办机构根据审查结果作出注册商标、商品原产地名称和(或)授予其使用权或者不予注册的决定，并通知申请人。

根据本法第 12 条的规定，在收到优先权的申请时，该机构的商标注册决定可以被修改。

第 16 条 对国家审查结果提出上诉

申请人有权在决定作出之日起 3 个月内向乌兹别克斯坦共和国司法部上诉委员会(以下简称上诉委员会)就国家审查结果提出上诉。

在上诉委员会对国家审查结果提出上诉的程序由乌兹别克斯坦共和国司法部制定。

申请人有权在上诉委员会作出决定之日起 6 个月内，向法院提出上诉。

第 17 条 转让或撤回商标、原产地名称和(或)原产地名称使用权的注册申请

商标、原产地名称和原(或)产地名称使用权的注册申请在其审议的任何阶段都可以由申请人转让或撤回，但不得迟于商标、原产地名称和(或)原产地名称使用权的注册日期。

第 18 条 商标、原产地名称和(或)原产地名称使用权的注册

根据国家审查结果，经办机构应当自收到专利费缴纳文件之日起 3 个工作日内，将商标、原产地名称和原产地名称使用权在有关登记簿上登记。

登记资料的组成由原申请机构确定。

第 19 条　登记信息的公布

有关商标、原产地名称和(或)原产地名称使用权的注册信息公布在该机构的官方公告中,也公布在其官方网站上。公布信息的构成由该机构决定。

第 20 条　商标证书和原产地名称使用权证书

商标证书证明了作为商标申报的名称的注册事实、商标的优先权和商标所有人对证书中所列商标的专用权。

商品原产地名称使用权证书证明了作为商品原产地名称申报的注册事实,以及证书所有人在证书中指定的商品类型上使用该名称的权利。

商标证书和原产地名称使用权证书应在商标、原产地名称和(或)原产地名称使用权在相关登记册上注册后 10 个工作日内由该机构颁发。证书的形式和其中所示信息的构成由该机构规定。

第 21 条　商标证书和原产地名称使用权证书的有效期

商标证书或者原产地称谓使用权证书自申请之日起 10 年内有效。

第 22 条　商标证书和原产地名称使用权证书有效期的延长

商标证书或原产地名称使用权证书的有效期可以根据所有者的请求延长,在其有效期的最后 1 年内提出,每次延长 10 年。

本条第 1 款规定的申请必须附有以下文件:

(1)确认支付专利费的文件;

(2)在通过专利代理人提出申请的情况下,由申请人出具的委托书;

(3)确认拥有商品原产地名称使用权的人位于该地理位置并生产具有证书中规定的特性的商品的文件。

关于延长商标证书或原产地名称使用权证书有效期的记录应记入相关登记簿。

本条第 1 款规定的提出申请的期限,可应证书所有人的请求延长,并在证书期满后 6 个月内提出。

第 23 条　商标证书和原产地名称使用权证书的修改

商标所有人或原产地名称使用权证书所有人应将其名称、姓氏、名字或父姓的变更、与商标注册或商品原产地名称有关的其他变更,以及商标注册的商品清单的减少和不改变其本质的商标个别元素的变更，通知该经办机构。有关这些变化由该机构在商标证书或原产地名称使用权证书以及相应的登记册中进行记录。

在认定商标证书无效发生争议的情况下，应商标所有权人的请求，对一种产品或部分商品的单独商标注册与对几种商品有效的商标注册分开。

第24条 对商标证书或商品原产地名称使用权证书无效的认可

如果商标证书是在违反本法第4条第2款和第10条第1款第1项至第12项规定的情况下颁发的，则该商标证书在整个有效期内全部或部分失效；如果商标证书是在违反本法第10条第1款第13项和第14项规定的情况下颁发的，则自该商标证书在该机构的官方公报上公布商标注册信息之日起5年内失效。

如果商标所有人的行为按规定方式被认定为构成不正当竞争的，则商标证书在该机构官方公告中公布其注册信息之日起3年内全部或部分失效。

如果原产地名称使用权证书是在违反本法规定的要求的情况下颁发的，则该证书在其有效期内无效。

根据上诉委员会或法院的决定，商标证书或原产地名称使用权证书将全部或部分失效。

第25条 撤销原产地名称注册、终止商标证书或者原产地名称使用权证书

因下列原因取消商品原产地名称登记：

(1)某一地理目标所特有的条件消失，并且不可能生产出具有注册中所显示的特性的商品；

(2)外国法人或个人在商品原产国丧失了对该商品原产地名称的权利。

商标证书或原产地名称使用权证书因其有效期的届满而终止。

如果商标在其有效期的最后3年内没有被连续使用，或违反了集体商标的使用协议，可以根据法院的决定提前全部或部分终止商标证书。在决定因未使用而提前终止商标证书时，可以考虑商标所有人因其无法控制的情况而提出的不使用商标的证据。

根据本法第27条的规定，商标的使用应被视为其使用的证据。商标所有

人提供的商标使用证明必须参照申请中规定的期限。

商标证书或者原产地名称使用权证书的有效期应当根据下列情况提前终止：

(1)上诉委员会的决定；

(2)所有人向经办机构提交的申请；

(3)法院判决。

第 26 条　商标专用权

商标所有人对商标享有专用权和处分权。

商标专用权对证书上标明的商品有效，并在注册期内从该局官方公报公布之日起行使，该公报也公布在其官方网站上。

侵犯商标专用权的行为被认为是未经授权制造、使用、进口、提供销售、以及其他为进入民事流通而使用商标或储存商标的产品，或与之相似的名称，与类似商品造成混淆。

其他人在由商标所有人直接或经其同意合法进入民事流通领域的商品上使用该商标，不属于侵犯商标专用权的行为。

第 27 条　商标的使用

商标的使用被认为是由商标所有人或根据本法第 30 条在许可协议基础上被授予这种权利的人在商标注册的商品和(或)其包装上的使用。

该使用在下列情形中也可以被认定为是对商标的使用：

(1)在广告、印刷出版物、官方信笺、招牌上，在展览会和交易会上展示展品时，在生产、销售或以其他方式进入民间流通领域，或为此目的在储存和(或)运输或进口到乌兹别克斯坦共和国境内的商品的标签、包装上的使用；

(2)与商品进入民间流通领域有关的文件；

(3)非法使用商标或者与商标近似到混淆程度的商品名称、标签、商品包装的商品为假冒商品。

从事中介活动的法人和个人，可以根据协议，将其商标与商品制造者的商标同时使用。

第 28 条　原产地名称的使用

商品原产地名称的使用被认为是在商品、包装、招牌、官方信笺、广告、印刷出版物和其他与商品进入民间流通领域有关的文件中的使用。

不允许转让、交易使用原产地名称的权利，以及在许可协议基础上授予使用原产地名称的权利。

不允许没有原产地名称使用权证书的人使用已注册的商品原产地名称，即使标明了商品的真实原产地，或将该名称翻译使用或与“属”“型”“式”等字样结合使用，以及对任何商品使用类似的名称，都可能在商品的原产地和特殊属性方面误导消费者。

第 29 条 警告标识

商标所有人或原产地名称使用权证书所有人可以在商标或原产地名称旁边以拉丁字母“R”或“®”的形式贴上警告标记，表明该产品或包装上的名称是在乌兹别克斯坦共和国注册的商标或原产地名称。

第 30 条 商标权的转让

商标专用权可以由商标所有人根据协议转让给他人。

如果商标权的转让会在产品或其制造商方面误导消费者，则不允许转让。

商标的使用权可以由商标所有人（许可方）根据许可协议授予他人（被许可方）。

许可协议必须包含一个条件，即被许可人的商品质量不低于许可方的商品质量，并且许可人将监督这一条件的履行情况。

商标权转让协议或者许可协议应在经办机构登记。

集体商标及其使用权不能转让给他人。

第 31 条 商标所有人法人重组时的商标转让

在法人（商标所有人）合并的情况下，商标被转移到新注册的法人。

当法人（商标所有人）被分割时，商标被转移到新注册的法人，商品的生产被转移到该法人。如果商标所有人保留一部分使用注册商标的商品生产，两个法人根据他们的协议（合同），可以被承认为商标的共同所有人。这方面的协议（合同）须在该经办机构登记。

当一个法人（商标的所有者）与另一个法人联合时，商标权将转移给后者。

第 32 条　商标重新注册的条件

证书已过期的商标,在商标证书终止之日起 3 年内,不得以他人名义重新注册。这一规定也适用于商标所有人在商标证书有效期届满前拒绝其申请的情况。

第 32 条—1　驰名商标

驰名商标是指应公司或个人的申请在乌兹别克斯坦共和国境内注册而受保护的,在乌兹别克斯坦共和国未注册但符合乌兹别克斯坦签订的相关国际条约的,在乌兹别克斯坦没有被法律保护但作为商标符号被使用的,自申请之日起,此类商标或符号被相关公众知晓并大量使用的商标。

驰名商标受本法对商标的法律保护。

第 32 条—2　驰名商标的法律保护

驰名商标的法律保护是根据上诉委员会的决定,按照法律规定的程序提供的。

被认定为驰名的商标,由经办机构录入驰名商标名录。

驰名商标的相关信息在该局的官方公告中公布,在其被列入驰名商标名单后,在其官方网站上公布。公布信息的构成由该机构决定。

驰名商标证书的颁发由该机构在商标进入驰名商标名单之日起 10 个工作日内进行。证书的形式和其中显示的信息组成由该机构确定。

驰名商标的法律保护是无限期的。

第 33 条　专利费

对与商标注册、原产地名称或原产地名称使用权有关的具有法律意义的行为,要征收专利费。

专利费的数额和支付条件、免缴、减缴或返还的理由以及专利费的使用程序均由法律规定。

第 34 条　专利代理人

专利代理人在经办机构代表法人和个人行使权利。

专利代理人可以是长期居住在乌兹别克斯坦共和国境内的公民。法律规定了对专利代理人的资格要求及其认证和注册程序。

永久居住在乌兹别克斯坦共和国境外的个人或外国法人,可通过在该机构注册的专利代理人进行商品的商标和原产地名称的注册案件,并进行与之相关的具有法律意义的行动。

永久居住在乌兹别克斯坦共和国,但暂时在境外的个人,在指定乌兹别克斯坦共和国境内的通信地址时,无须专利代理人,就可以进行商品的商标和原产地名称的注册业务,并进行与之相关的具有法律意义的行动。

专利代理人的权力由委托书证明。

第 35 条 在其他国家注册商标和原产地名称

乌兹别克斯坦共和国的法人和个人有权按照规定的方式在其他国家注册商品的商标或原产地名称。

第 36 条 外国法人和个人的权利

外国法人和个人在与乌兹别克斯坦共和国法律实体和个人平等的基础上或在互惠原则的基础上享有本法规定的权利。

第 37 条 争议解决

与商品的商标和原产地名称的法律保护和使用有关的争议,按法律规定的方式解决。

第 38 条 违反商标和原产地名称法律的责任

违反商品的商标和原产地名称法律的人应按规定的方式承担责任。